U0461100

海南闽语调查研究

张珍妮　著

重慶大學出版社

内容提要

本书内容主要分为五章：第一章为引论，主要对海南闽语研究现状和历来分区情况进行了详细介绍；第二章为海南闽语的共时语音比较，侧重各地声、韵、调的对比，以及和普通话音系的比较；第三章为海南闽语的历史音韵比较，从中古切韵音系出发，考察切韵音系统与今读的声、韵、调比较；第四章为海南闽语字音对照表，收录了六个调查地的字音，每个调查地收录1000条例字；第五章为陵水椰林闽语词汇表，收录1200条词汇。

图书在版编目（CIP）数据

海南闽语调查研究 / 张珍妮著. -- 重庆 : 重庆大学出版社, 2024. 11. -- ISBN 978-7-5689-4757-2

Ⅰ. H177

中国国家版本馆CIP数据核字第2024BM6713号

海南闽语调查研究

HAINAN MINYU DIAOCHA YANJIU

张珍妮　著

责任编辑：陈筱萌　　版式设计：陈筱萌

责任校对：关德强　　责任印制：张　策

*

重庆大学出版社出版发行

出版人：陈晓阳

社址：重庆市沙坪坝区大学城西路21号

邮编：401331

电话：（023）88617190　88617185（中小学）

传真：（023）88617186　88617166

网址：http：//www.cqup.com.cn

邮箱：fxk@cqup.com.cn（营销中心）

全国新华书店经销

重庆升光电力印务有限公司印刷

*

开本：720mm × 1020mm　1/16　印张：17.5　字数：256千

2024年11月第1版　2024年11月第1次印刷

ISBN 978-7-5689-4757-2　定价：68.00元

前言

“闽语”是一种汉语方言。根据《中国语言地图集·汉语方言卷》（第2版）（2012），闽语主要分布在福建、浙江、江西、台湾、广东、海南、广西7个省区，总人口7500万，共154个县市。闽语共分为8片，下含16个小片。海南岛的闽语属于闽语琼文片，下分5个小片，分别为府城小片、文昌小片、万宁小片、崖县小片、昌感小片。

海南岛内的语言资源非常丰富，有14种语言和方言，其中广为通行的是海南闽语，当地人称之为海南话。在普通话普及之前，海南话可以充当全岛的媒介用语。例如，早年间，说儋州话、临高话的人，离开家乡，在全岛谋生时，为方便沟通和交流，都会主动学习海南话。外省来海南工作的人，也会优先学习海南话。久而久之，海南岛内各语言和方言的接触、融合，都会在海南闽语内部有所体现。所以，作为一个汉语方言学的研究者，如果想对海南岛的语言和方言进行深入研究，一定要对海南闽语有所了解。

海南闽语在全岛的分布并不均匀，沿海岸线展开，主要分布在海南岛西北部、北部、东北部、东部、东南部、南部、西南部，并未形成闭环。海南岛西部是儋州话和临高话的大本营，而中部是黎语的大本营。在海南闽语区内部，各地的势力也并不均匀，说海南话的人往往认为海南岛东北角的文昌话是最正宗的海南话，位于海南岛北部的海口市因为是省会，所以海口话较为强势。

本书为了确保调查结果的准确，采取了如下三种方式：

其一，录音。在调查时，除了传统的纸笔记录外，采用由上海师范大学和陕西师范大学开发的计算机辅助语言调查分析系统——斐风软件（Field Phone）对所有的调查条目（包括单字和词汇）都进行了录音，每一条调查条目生成一条录音，可搜索、可查阅，方便后期语音校对和分析。

其二，核对同音字汇。每个重点调查点调查结束后，立刻整理资料，形成同音字汇，再和发音人约时间，同发音人一起对同音字汇进行核对，查漏补缺，改正错误。

其三，借助语音软件，查看语图。在书稿的撰写过程中，使用Praat软件和南开大学开发的桌上语音工作室（Mini Speech Lab），查看录音条目的语图，核对纸笔记录是否正确。

此外，在本书撰写过程中，如果遇到了问题，也会再次联系发音人，求证核实，只为使本书内容尽量准确。

本书的“海南闽语字音对照表”部分，列出了1000条单字调查条目。这1000条单字调查条目是从每个重点调查点的3000多条单字调查条目中选出的，为的是方便和2023年出版的《中国语言资源集·海南（汉语方言）》中的单字部分进行对照，两者数量相同、条目相同，更方便查阅。

需要说明的是，在“海南闽语字音对照表”中，如果一些单字调查条目在表头中规定了义项，则表中只填写表头限定中的义项。例如，“0182会$_{开\sim}$”，在陵水光坡，“会”有三个读音，分别是“会不会”中的ʔoi^{43}，“开会”中的ɦui^{43}，“会计”中的ɦui^{454}。而表头的调查条目中限定了“开会”这个义项，则表中只填写“开会”义项中的读音，不列出其他读音。

虽然本书已经再三订正，但因时间、精力、能力等的限制，还是不可避免会出现些许错漏，恳请各位读者批评指正。

张珍妮

2024年4月

凡例

本书使用国际音标时一般不加方括号“[ ]”，声调一律用阿拉伯数字标注在音节的右上角。例如，“米”在万宁万城中读为bi^{31}。

本书标记中古音的声纽、韵摄，以及作为讨论对象的文字的注释和说明用下标标记在文字的右下角。例如，命$_{算命}$$mia^{33}$，左$tɔ^{31}$$_{果开一}$。

本书在使用其他学者的调查研究材料时，一般不改动原作者的标记符号，在引用时一般不作改动。

本书的表格一律统一编号，以章为单位。

目录

第一章　引论

第一节　海南闽语研究现状综述

海南省位于中国南端，历代移民众多，这造成了海南岛内语言资源非常丰富的现状。海南岛内主要使用的语言和方言有14种，分别为海南闽语、儋州话、军话、客家话、迈话、疍家话、付马话、黎语、村话、那月话、海南苗语、临高话、回辉话、普通话。其中，属于汉语方言的有7种，分别为海南闽语、儋州话、军话、客家话、迈话、疍家话、付马话。属于少数民族语言的有6种，分别为黎语、村话、那月话、海南苗语、临高话、回辉话。本节的综述对象是海南闽语，是海南岛汉族居民使用的最主要的汉语方言，使用范围非常广。

使用现代语音学对海南闽语进行分析始于19世纪后半叶，截至目前150余年的时间里，国内外的学者们合力对海南闽语的语音、词汇、语法部分进行了详细的研究。其中，海南闽语语音研究的关注度最高，其次是词汇，最次是语法，成果亦如是。研究海南闽语的方法也经历了从传统的田野纸笔调查，到用声学实验研究，再到跨学科的软件工程专业通过生理语言学、语音识别技术等进行研究的过程。目前，传统的田野调查仍是主流，但新兴的研究方法可能在未来会把海南闽语的研究水平提高到历史新高度。从研究者来看，随着海南闽语调查研究的深入，单个学者单枪匹马的调查形式将无法应对日益繁重的调查任务，团队调查将是未来海南闽语调查的主要形式之一。

本节拟从研究内容入手，从语音、词汇、语法、其他四个角度分别论述海南闽语的研究现状，并在此基础上总结和展望海南闽语未来的研究方向。

一、海南闽语的语音研究

目前，海南闽语的语音研究取得了丰硕的成果，既有深入的单点研究，也有着眼于海南岛全岛的比较研究。目前的研究成果主要集中在文昌、海口闽语，进而辐射其周边地区，故海南岛北部、东部的闽语研究较为充分，而海南岛南部、西部的闽语研究成果较少，但这一地区的海南闽语呈现出了许多新的语音特点，有待进一步深入研究。海南闽语语音的主要差异在于内爆音声母的有无、送气音声母的有无、塞音韵尾的分合等。

1.早期的海南闽语语音研究

这一时期海南闽语语音的研究特点：一是调查多为单点调查，调查成果还没有集中成片；二是多位海外专家对海南闽语语音进行了研究。

根据辛世彪的介绍，这一时期海外研究海南闽语的专家主要有：英国的史温侯（Robert Swinhoe），美国的纪路文牧师（Frank Patrick Gilman），法国的马特罗列（Claudius Madrolle），法国神父萨维纳（Marie Savina），美国女传教士孟言嘉（Mary Margaret Moninger）等。1868年，时任英国驻厦门领事的史温侯对海南话进行了考察，调查结果两年后发表于《凤凰》（*The Phoenix*）杂志，记录了185条常用词汇和短语，只记声韵母，不记声调。后有美国长老会纪路文牧师于1890年发表《海南方言札记》，指出海南闽语没有送气音，有7~8个声调。1898年，法国旅行家兼学者马特罗列出版《华南的人群及其语言》，指出海南话中存在s>t，p>b和t>d的演变。20世纪20年代，法国学生、在越南北部传教的萨维纳神父，用越南“国语”字母记音，记录了琼山府城话17个声母（不包括零声母）、6个主元音和8个声调。1930年代，美国长老会女传教士孟言嘉编写了两卷本《海南话英语词典》（*Hainaness-English Dictionary*），但并未出版。

日本的桥本万太郎在《言语研究》（1960）上发表“*The Bon-shio*（文昌）*Dialect of Hainan — A Historical and Comparative Study of Its Phonological Structure, First part: The Initials*”（《海南文昌方言——音韵结构的历史比较研究，第一部分：

声母》)。

国内专家的研究主要有:1930年1月的《中央研究院院务月报》第一卷第七期记载李方桂先生在广州记录琼山、乐会(今琼海市)两处方言,发现有bʿ、dʿ等“吸气转音”(inspiratory consonants or clicks)。李方桂还用音浪计作了“乐会语吸气音之曲线图”,他指出吸气音的曲线向下,与普通音完全相反。赵元任先生在《中国方言当中爆发音的种类》(1935)中列举了汉语方言的10种爆发音,第十类是ˀb,举例是文昌的“板ˀban”。文中说,这类音听起来和读起来都有一点——在爆发的时候,声门那里因为紧缩的缘故,出来的气太少,因不够充满而增加口腔的容量,结果气反而往里吸进来一下,就发生了一种高音的音彩。梁猷刚在《海南岛海口方言中的吸气音》(1953)中指出,海口方言有作为声母的带音吸气音ɓ、ɗ,并把ɓ、ɗ的中古音来源做了详细归类。詹伯慧在《万宁方音概述》(1958)中描写了万宁音系,从声母、韵母、声调三方面整理了北京音和万宁音的对应关系。

1974年丁邦新主持了“海南岛汉语方言调查计划”,目前该计划能查到的成果有:张贤豹(后改名张光宇)的台湾大学硕士论文《海口方言》(1976)、何大安的论文《海南乐会方言音韵研究》(1976)(未刊稿)和《澄迈方言的文白异读》(1981)、丁邦新的专著《儋州村话》(1986)、杨秀芳的论文《试论万宁方言的形成》(1987)。这些论文和专著中调查研究的发音人都是迁移到台湾的海南人,调查地点均在台湾。《海口方言》分为正文和附录两部分,正文系统讲述了海口方言的声韵调系统,并撰写了海口话文白异读之比较、海口话和四个闽方言之比较、海口话与中古音的比较这三个部分。此文附录是正文篇幅的两倍,附录有121句会话、2篇韵文和所有调查单字组成的词组。《海南乐会方言音韵研究》并未刊稿,但在杨秀芳的《试论万宁方言的形成》中引用了此文的部分音韵情况,可参考。《澄迈方言的文白异读》描述了澄迈方言的音韵系统,解析了澄迈方言在闽南方言中的地位,探讨了澄迈方言文读音情况,从中古音出发归纳澄迈方言文白异读的音韵特点。《试论万宁方言的形成》描述了万宁方言的声韵调系统,讨论了万宁方言在闽方言中的地位、万宁方言的文白异读问题。《儋州村话》的研究内容是儋州话，不在本书海南闽语的研究范围，故暂列不表。

2.20世纪80年代至今的海南闽语语音研究

这一时期的海南闽语语音研究的主要特点：一是引入了方言分区的概念，在调查的基础上，对海南闽语进行了分区；二是海南闽语的研究成果快速增加，由点到面，汇聚成片。

（1）分区问题

梁猷刚的《广东省海南岛汉语方言的分类》（1984）讨论了海南岛汉语方言的分区问题。陈波的《海南语言的分区》（1986）在此基础上讨论了海南岛内汉语方言和少数民族语言的分区。陈波是梁猷刚的学生，他继承了梁猷刚的分区，并对梁猷刚的分区名称略作修改，在每一片下又分为若干小片。梁猷刚和陈波的分区被1987版、2012版《中国语言地图集》采纳。张惠英2006年发表了《海南方言的分区（稿）》，同时她也是2012版《中国语言地图集》中“海南省的汉语方言”的作者。以上专家们对海南闽语分区的意见是比较一致的，基本上均把海南闽语称作闽语琼文片，下分为五个小片，分别为府城小片、文昌小片、万宁小片、崖县小片、昌感小片。

刘新中的专著《海南闽语的语音研究》（2006）和辛世彪的专著《海南闽语比较研究》（2013）也分别对海南闽语进行了分区，与之前学者的观点均有出入。刘新中把海南闽语分为四片，分别为海府片、文万片、昌感片、四镇片。辛世彪把海南闽语分为两区四片，两区分别为北区和南区，各区再分别分出东片和西片，即北区东片、北区西片、南区东片、南区西片。

（2）专著

其一，单点研究。

云惟利的《海南方言》（1987）和陈波的《海南方言研究》（2008）中的海南方言均以文昌方言为例，除了均对文昌方言语音进行了详细的描述，《海南方言》还论证了海南语音（声母、韵母、声调）与切韵语音的对应关系，《海南方言研究》还讨论了海南闽语的分区情况，海南方言的历史来源、主要语音特点、词汇特点、常用词及若干本字考证、主要语法特点，海南方言与普通话异同对比等。

梁明江的《海南方言说要》(1994)中的海南方言以琼海话为例，归纳了海南闽语语音、词汇、语法的特点，特色是语料丰富，提供了海南方言常用字、常用词、常用句式的语料。

杜依倩的《海口方言语音研究》(2009)以海口方言为研究对象，讨论了海口方言同音字汇、海口方言音系与北京音系的比较、海口方言音系与中古音系的比较、海口方言的训读和文白异读。

张惠英等人的《海南澄迈方言研究》(2023)以澄迈方言为研究对象，对澄迈方言的语音、词汇、语法作了比较全面的描写，书后附有10篇长篇语料，并附有详细的注释和普通话翻译。

其二，多点研究。

刘新中的《海南闽语的语音研究》(2006)，是以其2004年暨南大学博士论文为基础出版的专著，有30多个调查点，调查点覆盖了整个海南岛。此书主要讨论了海南岛的历史沿革与语言分布、海南闽语语音的共时描写与历史音韵、海南闽语的训读和文白异读、从方言地理学的角度看海南闽语语音特点、海南闽语中的一些语音现象与周边民族语言中相关现象的比较。

辛世彪的《海南闽语比较研究》(2013)调查了海南闽语的28个点，调查点覆盖了整个海南岛。此书主要讨论了海南闽语的分区、海南闽语声母的特征、海南闽语韵母的特征、海南闽语声调的特征、海南闽语音变研究、海南闽语的内外关系等。

其三，比较研究。

刘新中的《广东、海南闽语若干问题的比较研究》(2010)，从广东省的闽语和海南省的闽语出发，阐述了两省闽语的分布情况及特点，从语音系统与语音格局中的声母，几个声母的语音学研究，中古鼻、塞音韵尾等角度出发，对两省闽语进行了比较研究。

张惠英的《海南岛及周围语言比较研究》（2017）收录了30篇文章，均以海南岛语言和周围语言为主要研究对象。全书分为四个部分：第一部分是“海南岛的语言”，以汉语方言为主；第二部分是“临高话”；第三部分是“黎语”；第四部分是“海南岛周围语言”，主要是壮侗语言和汉语方言的比较。

（3）论文

其一，声母研究。

陈波的《谈海南方言“波”、“刀”声母的性质》（1986）研究了“波”“刀”的声母，即现在经常记为ɓ、ɗ的这套音。黄谷甘的《论海南话的声母系统》（1998）以海南岛东、西海岸沿线10个地点方言的声母为材料，从内部比较它们的异同，分析它们的特点，指出海南话的声母不是直接承接厦门一带的“十五音”系统，古精、庄、章组字读t-声母的历史源头是秦汉时期的南楚方言。辛世彪的《海南闽语送气音的消失及其相关问题》（2005）认为，中古次清声母的字自北而南渐次变为与塞音、塞擦音同部位的擦音，其演变顺序为先塞擦音后塞音，塞音中先舌根音，然后舌尖音，最后双唇音，而这一演变是由语言接触造成的；辛世彪的《海南闽语精庄章组声母的塞化与底层语言的影响》（2005）讨论了海南闽语古精、心、邪、庄、生、章、船、书、禅九母塞化为t-的问题，文章认为先是精庄章母塞化，然后是其他声母，塞化自北而南逐渐展开，这一演变是在临高话影响下音位重组时发生链变的结果。刘新中的《中古唇音字在海南文昌话中读音的语音学分析》较早使用语音实验的方法对文昌方言中古唇音字进行分析。

其二，韵母研究。

刘新中和詹伯慧的《海南诸语-om -ɔm -op -ɔp的相关分布》（2006）认为，海南闽中的韵母-ɔm、-ɔp是借临高话的相关词语以后产生的，在海南闽语借用-ɔm、-ɔp的过程中，起主导作用的是词的意义。借了-ɔm、-ɔp之后，对语音系统而言，首先是多了一些一般闽语所没有的相关音节，它们是海南岛诸语言的主要区域特征之一。

其三，声调研究。

黄谷甘等人的《文昌方言两字组的连读变调》（1993）、辛世彪的《闽方言次浊上声字的演变》（1999）和《海口方言入声演变的特点》（2001）、符其武和李如龙的《海南闽语声调的演变》（2004）、刘新中的《海南闽语声调的调值与调类研究》（2006）、冯法强的《海南闽语声调演变补论》（2023），这一系列文章形成合力，对海南闽语声调的两字组连读变调、次浊上字声调的演变、入声声调的演变、调值和调类等问题进行了深入分析。

其四，文白异读研究。

刘新中的《海南闽语文昌话的文白异读》（2006）和杜依倩的《海口方言的文白异读》（2007），分别对文昌方言和海口方言中的文白异读进行了分析。《海南闽语文昌话的文白异读》通过对前人文白异读的比较，确立了本文界定文白异读的原则，从古今对照的角度分析了海南闽语文昌话的文白异读在声母、韵母、声调中的不同表现形式。《海口方言的文白异读》搜集了229个海口方言的文白异读字，分别从声母、韵母、声调方面进行讨论。

其五，声、韵、调综合研究。

梁猷刚的《海南岛琼文话与闽语的关系》（1984）通过比较研究，认为“海南岛琼文话是一种闽语方言”这一说法可以成立。

梁猷刚的《海南岛文昌方言音系》（1986），冯成豹的《崖州话的语音特点》（1986）、《海南省板桥话的语音特点》（1989）、《海南省琼海方言记略》（1992），黄谷甘的《海南省乐东县黄流话音系》（1988）、《海南省三亚市汉语方言的分布》（1991），杜依倩的《海口方言音系与北京音系的比较》（2006）、《海口方言（老派）同音字汇》（2007），王彩的《海南西南闽语九所话音系研究》（2009），陈江雨的《海南屯昌闽语语音研究》（2020），林明康的《海南陵水闽方言同音字汇》（2023）分别对其文章题目所在地的方言进行了音系的描写，提供了翔实的材料。

冯成豹的《综论海南话语音若干特点》（1991）和梁明江的《海南方言的特点》

（1994）则综合论述了海南话的若干特点。《综论海南话语音若干特点》以5片的13个点为例，从古今音关系方面，综合论述海南话若干特点，讨论了ʔb、ʔd声母的通行范围，声母t的来源，透溪等送气音的变化，入声尾。《海南方言的特点》以琼海话为基础来研究海南方言，从语音、词汇、语法三方面论述海南方言的特点。

二、海南闽语的词汇研究

相较海南闽语语音研究而言，海南闽语词汇研究起步较晚、成果较少。学者的主要研究成果集中在以下三方面。

1.海南闽语的训读字研究

梁猷刚的《琼州方言的训读字》（1984）和《琼州方言的训读字（二）》（1984）两篇文章共列举了95个训读字。陈鸿迈的《琼州方言训读字补》（1993）在梁猷刚《琼州方言的训读字》基础上补充了62条。杜依倩的《海口方言训读字再补》（2008）又补充了14条。

张惠英等人在《海南澄迈方言研究》（2023）中提到，在“中国语言资源保护工程”的单字1000条调查条目中，澄迈方言中，训读就有74条。在此基础上，此书还另外补充了56条训读字。

2.海南闽语的字词典研究

（1）专著

梁猷刚的《海南音字典（普通话对照）》（1988）是一本为了推广普通话，将普通话与方言对照的字典，此字典收录的各字，均注明普通话的读音、意义和用法，以及海南方言的读音，个别字还注明方言的特殊意义和用法。

陈鸿迈专著有两部：其一，《海口方言词典》（1996）是《现代汉语方言大辞典》系列书目中的一本，主编是李荣，此书主体是词典正文，前有引论，后有义类索引与条目首字笔画索引；其二，《海口话音档》（1997）的主编为侯精一，是现代汉语方言音库计划成果之一，包括5项内容：语音系统、常用词汇、构词法举要、语法例句、长篇语料。此书配有一盒录音带，录有以上5项内容。

（2）论文

林永锐的《〈海南音字典〉增补刍议（上）》（2012）和《〈海南音字典〉增补刍议（下）》（2012）共增补97个单字，其中《海南音字典》所无的字有58个，《海南音字典》有此字无此音义的字有39个。

3.海南闽语的其他词汇研究

（1）专著

符其武的专著《琼北闽语词汇研究》（2007）是根据其2007年厦门大学博士毕业论文而撰写的。其主要内容包括海南闽语音系特点简述、海南闽语的特征词、琼北闽语的词汇特点（上、下）、琼北闽语词汇的计量对比。

刘剑三的《海南地名及其变迁研究》（2008）包括海南的居民和地名、海南地名的特点、海南地名蕴含的文化信息、海南地名变迁的类型和原因、海南地名变迁的结果、海南地名变迁反映的文化信息。地名是语言研究的重要抓手，可为后期的海南闽语研究提供思路。

（2）论文

比较海南闽语和普通话词汇异同的有冯成豹的《海南话与普通话常用词比较述略》（1990）和吴惠娟的《海南闽语与普通话常用词汇的异同比较研究》（2011）。《海南话与普通话常用词比较述略》以琼海话为例，比较海南话与普通话常用词的异同。吴惠娟的硕士毕业论文《海南闽语与普通话常用词汇的异同比较研究》对海南闽语和普通话常用词语言面貌进行了比较全面的描写和解释，阐释了海南闽语及普通话常用词汇形成差异的原因。

对字词进行古汉探源的有：陈鸿迈的《海口方言的“妚”》（1992）对海口方言中“妚”字的用法、特点及它的词性进行了初步探讨；《海南方言词探源》（1992）对海南话中的“侬”“澈”等14个词进行古汉探源；魏桂英的《海南方言词语——“硬”和“险”初探》（2001）说明了这两个字的词义和词性、造句功用和使用特点。

符其武的系列文章《海南闽语的“异序词”》（2008）、《海南话中的闽语特征词》（符其武、梁鲜，2008）、《海南闽语语素分析》（2010）对海南闽语的“异序词”、特征词、语素等词汇相关问题进行了分析。

刘剑三的《从地名看海南闽语的分布》（2001）对海南省19个县市的自然村名进行了全面的考察，找出海南汉语各方言共有的地名常用字和海南闽语特有的地名用字，通过这些地名用字的分布来考察海南闽语在海南的分布情况。《海南汉语方言姑姨舅类亲属称谓研究》（2001）认为，海南岛汉语方言中的姑、姨、舅类称谓是汉语方言和非汉语语言长期接触、交往而形成的结果。

翁培的《海南方志方言词研究》（2022）以海南省县级及以上的方志和方言志中的方言词为研究对象，共辑得52部新、旧方志，304个旧志方言词，4758个新志方言词，建立了“海南方志方言词数据库”。

此外，上文“海南闽语的语音研究”中提到的专著《海南方言研究》有部分章节也讨论了海南闽语词汇。

三、海南闽语的语法研究

海南闽语的语法研究相对于语音和词汇来说，成果更少，目前仍有一定研究空间。

1.专著

钱奠香的《海南屯昌闽语语法研究》（2002），依托于作者1999年的博士毕业论文《屯昌方言语法研究》而撰写。钱奠香是海南屯昌人，此书以普通话语法为参照系，通过历时与共时方面的比较研究，描述共时层面海南屯昌闽语在句法（含构词法）方面的基本特点和历时层面屯昌闽语的特殊语法现象。

王彩的《琼南闽语语法研究》（2009），从词法和句法对琼南闽语语法进行研究，进而探索琼南闽语的规律性。

2.论文

（1）词类研究

黄谷甘的《文昌方言常用虚词的用法》（1993）选取了文昌方言中一些常见常用的虚词，逐一分析它们的意义和用法特点。

罗海燕的《海南闽语人称代词研究》（2003）以海南闽语中的人称代词为研究对象，对其单数、复数、领属格以及自称、别称、共称代词进行了详细描写，并与其他闽语方言作共时比较。

柴俊星、孙丹的《海南文昌话语气词的功能表达义》（2015）研究了文昌方言语气词在表达话语人态度、情状和行为意图中的方式及在日常交际中是如何展现特殊的交际功能的。

以上三篇文章分别以虚词、人称代词和语气词作为研究对象。

（2）个别字词研究

魏桂英的《海南方言程度词语初探》（2002）着眼于“死”和“坏”二字，文章认为这两个字在海南方言中可以作程度副词，并从造句功用、组合对象、使用特点三方面进行解释说明；王连清的《海南方言的通用连词“枚”》（2010）着眼于“枚”和“个”二字，研究其通用、替换和互补的条件，并结合其他方言类似的现象，探讨汉语方言通用量词的特点；罗丽丽的《海南闽语乐东话中的“无”字考察》（2019）着眼于“无”字，从语义、语法和语用三个方面对乐东话中的“无”进行了较为细致、全面的描写。

此外，还有徐辉丽的《海南话谚语修辞特点的探析》（2023），王彩的《琼南闽语的语法特点及其研究状况》（2005）以及上文“海南闽语语音研究”中提到的专著《海南方言研究》有部分章节讨论海南闽语语法，专著《海南岛及周围语言比较研究》中也有一些篇目涉及海南闽语语法，如“海南方言量词mo考”等。

四、其他

除了传统的语音、词汇、语法研究外，近年来海南闽语的研究有两个亮点：一是“中国语言资源保护工程”中的海南闽语研究成果；二是基于计算机技术的海南闽语语料库建设和语音识别。

1.中国语言资源保护工程

自2015年开始，教育部、国家语言文字工作委员会启动“中国语言资源保护工程”，在全国范围开展以语言资源调查、保存、展示和开发利用等为核心的各项工作。2016年起，海南省开始实施“中国语言资源保护工程”海南项目，调查海南岛的汉语方言和少数民族语言。就汉语方言而言，2016—2022年，来自省内外的专家团队调查了11个海南汉语方言调查点，分别为海口闽语、三亚闽语、文昌闽语、琼海闽语、定安闽语、万宁闽语、屯昌闽语、乐东黄流闽语、澄迈闽语、东方闽语、五指山闽语；8个濒危汉语方言调查点，分别为儋州客家话、海口大昌土话、东方军话、三亚军话、新洲点儋州话、三亚崖城迈话、陵水闽语、琼中客家话。

各调查点的调查内容包括纸笔调查和影像摄录两部分。纸笔调查内容有1000条单字、1200条词汇、50条例句等。影像摄录内容包括所有纸笔调查内容及口头文化内容等。所有的影像资料都上传到了“中国语言资源保护工程采录展示平台”上。

2.基于计算机技术的海南闽语语料库建设和语音识别

以往一般是汉语方言学界对海南闽语进行关注，但随着计算机技术的发展，2019年和2020年，连续两年有两名软件工程的硕士研究生不约而同地把研究目光放在了传统的海南闽语研究和软件工程研究相结合上，进行海南闽语语料库建设和语音识别方面的研究。这或许是未来海南闽语研究的新方向之一。

刘祉成的《文昌方言多模态生理语音数据库的建立和语音特征分析研究》（2019）构建了一个基于海南文昌方言和普通话多模态的生理语音数据库。余旭文的《基于深度学习的海南方言语音识别》（2020）初步搭建了一个基于深度学习的海南方言语音识别系统，验证了深度学习在海南方言语音识别中的可行性。

五、总结和展望

运用现代语音学对海南闽语进行研究，至今已经有150多年的时间了，这期间，海南闽语研究取得了丰硕的成果。下面主要探讨海南闽语研究的不足和未来方向。

1.田野调查下的海南闽语研究

海南闽语研究在语音、词汇、语法方面各自获得很大进展，但三者之间的研究成果并未能很好地互相佐证、互为补充，研究语音的学者往往仅关注语音，研究词汇和语法的学者亦然，需要后来者整合语音、词汇、语法三方面的研究成果。

除此之外，海南闽语的研究仍有很多发展空间，例如：海南岛西南部的闽语研究不足，缺乏详细的单点描写材料；海南闽语的地理语言学研究有待成型；海南闽语的历史演变研究有待深入；海南闽语与岛内诸语的接触研究有待深入等。

2.计算机实验背景下的海南闽语研究

使用实验的手段进行海南闽语研究开始很早，可以追溯至1930年，李方桂在广州记录琼山、乐会（今琼海市）两处方言时，用音浪计作了“乐会语吸气音之曲线图”。可惜的是，后来的专家学者很少借助实验的手段对海南闽语进行研究，直到2006年刘新中在专著《海南闽语的语音研究》中使用Praat语音分析软件，对海南闽语的语音进行了尝试性分析。2008年，刘新中在借助KAY公司的CSL-4400语音分析的基础上，撰写了《中古唇音字在海南文昌话中读音的语音学分析》。整体而言，这方面的成果较少，是后期海南闽语的一个研究方向。

3.海南闽语的语料库建设和语音识别

海南闽语的语料库建设和语音识别方面的研究，还处在起步阶段。可喜的是，2023年公布的国家社会科学基金中，海南师范大学冯法强的“海南汉语方言地图集编制及其方言特征调查研究”项目被列为重点项目，这会对海南闽语语料库建设有很大帮助。

第二节　海南闽语的分区

分区是一个很重要的问题，可以加深对语言内部现象的研究和解释。随着对海南闽语研究的逐渐深入，海南闽语的分区问题也进入了专家的视野。从1984年梁猷刚的《广东省海南岛汉语方言的分类》开始，一些学者对海南闽语进行了分区。这些分区意见中，可以分为三派，具体如下。

一、以《中国语言地图集》为代表的分区

“梁猷刚（1984）—陈波（1986）—《中国语言地图集》（1987）—张惠英（2006）—《中国语言地图集》（2012）”这五组对海南闽语分区的内核是一致的，分区名称和分区范围一脉相承，基本延续了梁猷刚（1984）提出的观点，其他学者在其研究的基础上不断细化和订正，所以放在一起讨论。

1.《广东省海南岛汉语方言的分类》（1984）

对海南全岛语言进行了分区，其中属于闽语系统的琼文话下分五片。

（1）府城片

府城片包括海口市中心区及东郊、南郊，琼山府城镇及本县西部靠近府城的部分，澄迈中部、南部，定安、屯昌大部分地区，琼中北部汉语地区。特点是声母用f-、v-，不用-ɸ、-b（海口与琼山府城、澄迈没有-ʔ韵尾，定安、屯昌等有-ʔ韵尾）。

（2）文昌片

文昌片包括文昌、琼海、琼山靠近文昌县的部分地区。特点是声母用ɸ-、b-，不用f-、v-，另有声母g-，文昌口语中还有d-，有-ʔ韵尾。琼海话还有一个特点，有韵母iɛ，各县琼文话中的e、ue两韵，在琼海都读iɛ。

（3）万宁片

万宁片包括万宁大部分地区、陵水南部。特点是声母用ɸ-、b-，韵尾只有-n、-ŋ和-t、-k，没有-m、-p。

（4）崖县片

崖县片包括三亚市（原崖县）南部、乐东南部。特点是有f-、v-声母，没有-m、-p韵尾。

（5）昌感片

昌感片包括东方（东方县旧称感恩县）西部、昌江北部。方言复杂，讲琼文话的多来自本岛各县，口音不一，两县境内矿山、港口、林场等地还有其他汉语方言。

2.《海南语言的分区》(1986)

陈波是梁猷刚的学生，对海南岛全域方言进行了系统分区研究，不仅局限于汉语方言。在海南闽语分区方面，陈波对梁猷刚的分区命名进行了细微调整，但总体仍划分为五大片区，具体包括文琼片、海定片、万陵片、崖州片、昌感片。虽然这些片区的覆盖范围与梁猷刚的划分保持一致，但陈波进一步将每一大片区细分为若干小片，以深化对方言地理分布和语言特征的理解。

(1)文琼片

主要分布：文昌县县城文城镇及全县26个区；琼海县县城嘉积镇及除了本县西南角外的绝大部分区乡；万宁县北部的龙滚一带；琼山县东部的大致坡一带。

文琼片又可分为三个小片，即文昌小片、琼海小片、琼山文昌交界小片。

特点：唇音声母用双唇的pɸ‘和b；古疑母字在口语中读舌根浊塞音ɡ；古透母字和定母平声字读舌根清擦音x；古晓母和匣母均读浊音ɦ；元音没有o和ɔ的区别，也不区分e和ɛ；韵母in、im、un及it、ip、ut均带有过渡音，如in的实际读音是iᵉn，ip的实际读音是iᵉp，入声韵母有-p、-t、-k、-ʔ四套，声调方面有较明显的连读变调；文白异调现象较显著。

(2)海定片

主要分布：海口市区及东郊、南郊；琼山县县城府城镇及该县的中部、南部地区；西南部的东山一带；定安县几乎全境；屯昌县除西部边缘地带外的大部分地区；澄迈县除北部沿海和西南角外的大部分地区；琼中县县城营根镇及该县北部的湾岭、红岛一带。另外，自治州[1]首府通什镇、保亭县县城保城镇、白沙县县城牙叉镇，以及昌江县县城石碌镇的部分地区，均使用类似海定片的海南话。

海定片又可分为五个小片，即海府小片、琼山北部小片、定昌小片、澄迈小片、自治州。

特点：唇音声母用唇齿音f和v；古疑母字在口语中通常读舌根鼻音ŋ；古透母字

1 注：海南黎族苗族自治州为今海南省内的一个旧地名，时归广东省海南行政区管辖，亦是广东省内唯一的自治州，级别相当于地级市，州府驻地通什市（后改称五指山市）。

和定母平声字读喉部清擦音h，与古晓母合流，有部分地区存在o和ɔ、e和ɛ的区别；韵母in、im、un及it、ip、ut不带过渡音；有些地方有-p、-t、-k、-ʔ四套韵尾，有些地方缺少其中的-ʔ；声调方面没有明显的连读变调；文白异调现象也不显著。

（3）万陵片

主要分布：万宁县的东部和中部地区；陵水县的南部沿海一带。

万陵片又可分为两个小片，即万宁小片、陵水小片。

特点：唇音声母使用pɸ‘和b；古透母字和定母平声字读x；有别致的入声韵auʔ、iauʔ，这是海南其他地方所没有的；失落闭口韵尾-m、-p；没有韵母ou（并入au）。

（4）崖州片

主要分布：三亚市南部沿海及东部沿海；乐东县西南部沿海和西部沿海，以及县城抱由镇的一部分。

崖州片又可分为两个小片，即三亚小片、乐东小片。

特点：唇音声母用f、v；有送气声母t‘、k‘，这是该片的最大特色；有独特的韵母eu，有些地方还有iə和uə；失落闭口韵尾。

（5）昌感片

主要分布：东方县南部沿海新龙到板桥一带，北部沿海墩头到四更一带，以及县城八所镇的一部分；昌江县北部沿海昌化、昌城的一部分。

昌感片又可分为四个小片，即感城小片、墩头小片、四更小片、昌城小片。

特点：唇音声母通常用唇齿音f、v；大多数地方有送气声母k‘；文琼、海定、万陵各片中的ue读成oi或ui，没有闭口韵尾-m、-p；上声调值为中降调42，这跟一般海南话读成低降调21颇为不同。

3.《中国语言地图集》（1987）

1987年版《中国语言地图集》中没有海南方言专图，只附见于B12闽语图。B12闽语图中，海南省的闽语称为琼文区，下分为府城片、文昌片、万宁片、崖县片、昌感片五片，此分区采用了梁猷刚的命名。

4.《海南方言的分区（稿）》（2006）

张惠英2006年在《方言》杂志上发表了《海南方言的分区（稿）》，内容和2012年出版的《中国语言地图集·汉语方言卷》（第2版）一致，因为她就是《中国语言地图集·汉语方言卷》（第2版）（2012）中“海南省的汉语方言”文字稿的作者。

5.《中国语言地图集·汉语方言卷》（第2版）（2012）

2012年的《中国语言地图集·汉语方言卷》（第2版）中闽语不再分区，直接分片，并有了海南方言专图B2-7。图中，海南闽语从琼文区改为琼文片，原来的方言片依次改为小片，下分府城小片、文昌小片、万宁小片、崖县小片、昌感小片。

（1）府城小片

府城小片包括5县市（海口市、琼山市、澄迈县、定安县、屯昌县），以海口话为代表，主要特征是有前喉塞音声母ʔb、ʔd，舌根擦音声母有x与h之分，入声除了阴入5调和阳入3调，还有一个长入55调。此小片特征依据是陈鸿迈的《海口方言词典》（1996）和杜依倩的《海口方言（老派）同音字汇》（2007）。

（2）文昌小片

文昌小片包括2市（文昌市、琼海市），以文昌话为代表。文昌小片跟府城小片相似，也有前喉塞音声母ʔb、ʔd，舌根擦音声母有x与h之分，但也有自己的特点。文昌小片有双唇擦音声母ɸ，入声韵尾有-p、-t、-k、-ʔ，共4个，而府城小片是没有-ʔ尾的。文昌小片去声除了阴11调和阳去42调外，还有一个高去53调。此小片特征依据是梁猷刚的《海南岛文昌方言音系》（1986）。

（3）万宁小片

万宁小片包括两县市（万宁市、陵水黎族自治县），以万宁话为代表，有送气塞音声母p‘，入声韵尾只有-t、k、-ʔ，共3个，去声除了阴去13调和阳去42调，还有一个高去的51调。此小片特征依据的是《万宁县志》第133—134页，此小片的举例来自刘新中的《海南闽语的语音研究》（2006）。

（4）崖县小片

崖县小片包括6县市（三亚市、乐东县、白沙县、保亭县、琼中县、五指山市），有三个送气塞音声母p^h-、t^h-、k^h-，入声韵只有-t、-k两个，有阳上42调。此小片特征依据的是黄谷甘的《海南省三亚市汉语方言的分布》（1991）。

（5）昌感小片

昌感小片包括两市县（东方市、昌江市），以东方市板桥墟话为代表，有4个送气塞音、塞擦音声母p^h、t^h-、k^h-、ts^h-；有齿间擦音声母，一般闽语读θ-声母的字，板桥墟话多读为s-；入声韵尾只有一个-ʔ尾。此小片特征依据的是冯成豹的《海南省板桥话的语音特点》（1989）。

二、《海南闽语的语音研究》的分区

刘新中（2006）把海南闽语分为四片，主要依据的特征：①“我”的声母是g，“汝”的声母是d。②滂母读f：有e和ɛ、ɔ和o的对立。③端组、精组、见组中有送气音t^h、ts^h、k^h，“车”“娘”“惊”的韵母都是iə。④滂组读p^h，“我”的声母是v，“汝”的声母是l，“车”和“惊”的韵母是ia。

四片分别为海府片、文万片、昌感片、四镇片。具体说明如下：

1.海府片

海府片主要分布在海口、琼山、定安、澄迈、屯昌。这一片的特点是有两个唇齿音声母f和v；古疑母字读作ŋ；古透母字和定母平声读喉部清擦音h，与古晓母合流；古溪母、群母读x；有-m、-n、-ŋ、-p、-t、-k六个辅音韵尾，没有喉塞尾-ʔ，连读变调不突出，文白异读丰富。

2.文万片

文万片包括文昌、琼海及琼山与文昌交界的部分地区、万宁、陵水、三亚的中部与东部沿海地区。文昌话是海南闽语的代表。主要特点是双唇音有ɸ、b和ʔb；古疑母字在口语中读作g；古透母字和定母平声字读舌根清擦音h；古晓母和匣母以及溪母、群母也读作h；韵母in、im、um、it、ip、ut等中间带有过渡音e；有-m、-n、-ŋ、-p、

-t、-k、-ʔ七个辅音韵尾；有明显的连读变调和文白异读现象。

3.昌感片

昌感片又可以分为三个小片。

（1）崖城小片

崖城小片分布在三亚市南部、西部的沿海地区，乐东西部、东南部的沿海地区。这一片的特点是有两个唇齿音f和v；有两个送气音t^h和k^h，有eu、iɛ、uɛ等韵母；三亚的某些审母和心母字读作f；黄流、莺歌海镇的ŋ声母变为n声母。

（2）感城小片

感城小片分布在东方的八所及南部新龙到板桥一带、昌江县北部沿海的昌城的一部分。这一片的主要特点：古帮母字读作p；多数审母和心母字读作s和θ；韵母an与aŋ有混同的趋势；大部分地区的古端母字读作t。

（3）昌化小片

昌化小片是零星分布的新近开拓的地方，包括乐东县城抱由镇、昌江县城石碌镇、昌江西部港口昌化镇、东方北部的新街与四更等地方。这一小片的特点与四镇片最为接近，但又有许多崖城片的特点，因此把它归在昌感片。

4.四镇片

四镇片指的是琼中、五指山（原名通什）、白沙（牙叉）、保亭的市县所在地，原自治州四镇是通什、保亭、牙叉、石碌，与我们所讲的四镇不完全相同。

三、《海南闽语比较研究》的分区

1.2003年辛世彪提出两区四片说

陵水以南为南区，以北为北区，南北两区各分东西两片。南区为送气音保留区，南区东片为三亚、乐东，有先喉塞音；西片为东方的板桥、感城，无先喉塞音。北区为送气音消失区，北区东片为文昌、琼海、万宁、陵水，有普通浊塞音，透母读同溪母；西片为定安、屯昌、澄迈、琼山、海口，没有普通浊塞音，透母读同晓母。南部的昌江昌城语音特征介乎南北区之间。

2.2013年辛世彪改进后的两区四片说

根据辛世彪本人对28个点的调查，依据先喉塞音ʔb-、ʔd-的有无，送气音p^h、t^h、k^h是否齐全，是否有普通浊塞音b-、g-，把海南闽语分为两区四片。

（1）北区

北区为北部与东南沿海，内部分为东西两片，这是海南闽语的主体，共同特征是有ʔb-、ʔd-，送气音p^h-、t^h-、k^h-不全或没有送气音。北部方言有21个，具体分区如下。

北部西片：海口市区、澄迈金江、澄迈永发、澄迈福山、琼山谭文、定安龙塘、屯昌新兴、屯昌枫木、乐东莺歌海。

北部东片及东南片：文昌文城、文昌文教、文昌锦山、文昌铺前、琼海塔洋、琼海博鳌、万宁和乐、万宁东澳、陵水黎安、陵水长城、三亚藤桥、三亚林旺。文昌、琼海的6个点属于北部东片，万宁、陵水、三亚的6个点属于北部东南片。

（2）南区

南区为南部与西南部，内部也分为东西两片，这是海南闽语的异变区，处在黎语的边缘地带，人口较少，许多特征与典型的海南闽语很不相同。这一区的共同特征是送气音p^h-、t^h-、k^h-俱全，没有普通浊塞音b-、g-。南部方言有7个，具体分区如下。

南部东片：三亚港门、三亚梅山、乐东九所、乐东佛罗。

南部西片：东方板桥、东方感城、昌江昌城。昌城方言有些特征介乎南北之间。

综上所述，海南闽语的分区问题基本分了三派，每一派都有自己的分区依据。因为各自的分区标准不同，所以作出了不同的分区意见，给读者提供了思考。本书主要参照《中国语言地图集·汉语方言卷》（第2版）（2012）的分区意见，以万宁小片（即万宁市和陵水黎族自治县）为例，研究海南闽语。

第二章 海南闽语的共时语音比较

第一节 声、韵、调的比较[1]

一、声母

表2.1 各地声母汇总表

	双唇音	舌尖中音	舌尖前音	舌面音	舌根音	舌根擦音/喉音	喉塞音	数量（个）
万宁龙滚	ɓ、b、pʰ、m	ɗ、t、n、l	ts、s、z	dʑ、tɕ、ɕ	g、k、ŋ	h、ɦ	ʔ	20
万宁山根	ɓ、b、pʰ、m	ɗ、d、tʰ、t、n、l	ts、s、z	dʑ、tɕ、ɕ	g、k、ŋ	h、ɦ	ʔ	22
万宁万城	ɓ、b、pʰ、m	ɗ、d、t、n、l	dz、tθ、θ、s	dʑ、tɕ、ɕ	g、k、ŋ	h、ɦ	ʔ	22
陵水光坡	ɓ、b、pʰ、m	ɗ、t、tʰ、n、l	dz、ts、s	dʑ、tɕ、ɕ	k、ŋ	h、ɦ	ʔ	20
陵水椰林	ɓ、b、pʰ、m	ɗ、t、n、l	ts、s、z	dʑ、tɕ、ɕ	g、k、ŋ	h、ɦ	ʔ	20
陵水英州	ɓ、b、pʰ、m	ɗ、t、tʰ、n、l	ts、s、z	dʑ、tɕ、ɕ	g、k、ŋ	h、ɦ	ʔ	21

万宁小片各地声母的主要差别如下。

其一，浊音的数量存在差别。

除了都有浊内爆音ɓ、ɗ和双唇浊塞音b外，其他普通浊塞音、浊塞擦音有区别：万宁山根、万宁万城有舌尖浊塞音d；陵水光坡无舌根浊塞音g；万宁龙滚、万宁山根、陵水椰林、陵水英州有舌尖前浊塞音z；万宁万城、陵水光坡有舌尖前不送气浊塞擦音声母dz，各地的z和dz形成对应关系。

1 表中万宁（詹）、万宁（杨）、万宁县志三地没有标注调查地点，其余调查地点按照空间顺序，由北到南依次分布。

其二，送气音多寡不同。

万宁山根、陵水光坡、陵水英州有p^h、t^h两个送气音。

其三，零声母。

零声母音节有的方言点记为喉塞音ʔ声母，二者形成对应关系。

二、韵母

表2.2　各地韵母汇总表

<table>
<tr><th>调查地</th><th colspan="2">韵母</th><th colspan="2">数量（个）</th></tr>
<tr><td rowspan="3">万宁龙滚</td><td>阴声韵母（开尾）</td><td>a、ɛ、ɔ、i、u;
ai、oi、ou、au、ia、iɛ、io、iu、ua、ui;
iau、uai</td><td>17</td><td rowspan="3">42</td></tr>
<tr><td>阳声韵母（鼻尾）</td><td>am、im、iam、an、en、in、un、uan;
aŋ、oŋ、iaŋ、ioŋ、uaŋ</td><td>13</td></tr>
<tr><td>入声韵母</td><td>ap、ip、iap;
at;
ak、ek、ok、iak、ik、iok、uk、uak</td><td>12</td></tr>
<tr><td rowspan="3">万宁山根</td><td>阴声韵母（开尾）</td><td>a、ᴇ、ɔ、i、u;
ai、oi、au、ia、ie、io、iu、ua、uɛ、ui;
iau、uai</td><td>17</td><td rowspan="3">38</td></tr>
<tr><td>阳声韵母（鼻尾）</td><td>an、en、ian、ien、un、uan;
aŋ、oŋ、iaŋ、ioŋ、uaŋ</td><td>11</td></tr>
<tr><td>入声韵母</td><td>at、iat、ut、uat;
ak、ek、ok、iak、ik、iok、uak</td><td>11</td></tr>
<tr><td rowspan="3">万宁万城</td><td>阴声韵母（开尾）</td><td>a、ᴇ、o、i、u;
ai、oe、au、ou、ia、iɛ、io、iu、ua、uɛ、ui;
iau、uai</td><td>18</td><td rowspan="3">34</td></tr>
<tr><td>阳声韵母（鼻尾）</td><td>aŋ、eŋ、oŋ、iaŋ、iŋ、ioŋ、uaŋ、uŋ</td><td>8</td></tr>
<tr><td>入声韵母</td><td>ak、ek、ok、iak、ik、iok、uak、uk</td><td>8</td></tr>
<tr><td rowspan="3">陵水光坡</td><td>阴声韵母（开尾）</td><td>a、e、ᴇ、o、i、u;
ai、oi、au、ia、io、iu、ua、ui;
iau、uai</td><td>16</td><td rowspan="3">37</td></tr>
<tr><td>阳声韵母（鼻尾）</td><td>am、iam;
en、in、un、uan;
aŋ、oŋ、iaŋ、ioŋ、uaŋ</td><td>11</td></tr>
<tr><td>入声韵母</td><td>at、it、iet、ut、uat;
ak、iak;
ek、ok、iok</td><td>10</td></tr>
</table>

续表

调查地	韵母		数量(个)	
陵水椰林	阴声韵母(开尾)	a、e、ε、o、i、u; ai、oi、au、ia、io、iu、ua、ui; iau、uai	16	38
	阳声韵母(鼻尾)	am、iam、in、uam、um; aŋ、eŋ、oŋ、iaŋ、ioŋ、uaŋ	11	
	入声韵母	ap、ip、iep、up、uap; ak、ek、ok、iak、iok、uak	11	
陵水英州	阴声韵母(开尾)	a、e、ε、o、i、u; ai、oi、au、ia、io、iu、ua、ui; iau、uai	16	38
	阳声韵母(鼻尾)	am、iam、uam; in、un; aŋ、eŋ、oŋ、iaŋ、ioŋ、uaŋ	11	
	入声韵母	ap、op、iap、uap; ut; ak、ek、ok、ik、iak、iok	11	

万宁小片各地韵母的主要差别如下。

其一，从元音看，陵水光坡、陵水椰林、陵水英州有a、e、ε、o、i、u六个基础元音，且e和ε存在对立；其余调查点有a、ε(ᴇ)、o、i、u五个基础元音。

其二，从鼻音韵尾看，万宁龙滚m、n、ŋ三个韵尾齐全；万宁万城只有ŋ一个韵尾；其他调查点有ŋ、m(n)两个韵尾，没有m和n韵母的对立。

其三，从入声韵尾来看，万宁龙滚有p、t、k三个塞音韵尾；万宁万城只有k一个塞音韵尾；其他调查点均有两个塞音韵尾。

三、声调

表2.3 各地声调汇总表

	阴平	阳平	阴上	阴去	阳去	阳上去	高去	阴入	阳入	数量(个)
万宁龙滚	23	21	31	312		42	454	5	3	8
万宁山根	24	22	32	212		41	354	5	4	8

续表

	阴平	阳平	阴上	阴去	阳去	阳上去	高去	阴入	阳入	数量(个)
万宁万城	33	22	31	212		42	454	45	32	8
陵水光坡	33	21	31	34		43	454	45	3	8
陵水椰林	22	21	41	13		31	453	5	42	8
陵水英州	22	21	31	213		43	454	5	3	8

万宁小片各地声调的主要差别如下。

在调值上，阴去是否为曲折调。阴去调在万宁龙滚、万宁山根、万宁万城为曲折调，其余为升调。

第二节　海南闽语与普通话音系的比较

一、声母

海南闽语各方言点声母的数量，包括零声母在内，一般有20~22个。普通话则有22个声母。

从音值和声韵拼合关系来看，海南闽语和普通话声母主要的异同如下。

1. 相同点

①海南闽语中的双唇浊鼻音m、舌尖中不送气清塞音t、舌尖中浊鼻音n、舌尖中浊边音l、舌尖前不送气清塞擦音ts、舌尖前清擦音s、舌面前不送气清塞擦音tɕ、舌面前清塞擦音ɕ、舌面后不送气清塞音k这9个声母与北京话的音值大致相当。

②海南闽语中的声母双唇送气清塞音p^h大致对应普通话中的声母双唇送气清塞音p^h，但闽语中的p^h还有一个音位变体——双唇清擦音ɸ，在实际发音中，有时候发音为p^h，有时候发音为ɸ，两者不区别意义。

2. 不同点

①海南闽语的双唇内爆音ɓ、双唇不送气浊塞音b、齿龈内爆音ɗ、舌尖前浊塞音z、舌尖前不送气浊塞擦音dz（舌面前不送气浊塞擦音dʑ）、舌根不送气浊塞音ɡ、舌根浊鼻音ŋ、喉清擦音h、喉浊擦音ɦ，这9个声母普通话没有。

②普通话中的双唇不送气清塞音p、唇齿清擦音f、舌尖后不送气清塞擦音tʂ、舌尖后送气清塞擦音tʂ^{h}、舌尖后清擦音ʂ，这6个声母海南闽语没有。由此可以得出，舌尖后tʂ组声母普通话有，但海南闽语没有。

③海南闽语中送气音声母较少。普通话p组、t组、k组、tɕ组、ts组声母中，送气音p^{h}、t^{h}、ts^{h}、tɕ^{h}、k^{h}齐全。闽语万宁小片中，各地均有p^{h}声母（有些实际读音为ɸ）。万宁山根、陵水光坡、陵水黎安（张）、陵水英州有t^{h}声母。ts^{h}、tɕ^{h}、k^{h}则只见于陵水黎安（张）中，均只有个别字，且主要用来模仿普通话读音。

④海南闽语中的零声母与普通话中的零声母虽然都称作零声母，但海南闽语中的零声母实际发音为喉塞音声母ʔ。

⑤海南闽语今音没有撮口呼，只有开口呼、齐齿呼、合口呼。普通话四呼齐全。

⑥海南闽语今音没有舌尖元音ɿ、ʅ，普通话中的舌尖元音ɿ、ʅ，在海南闽语中改读其他舌面元音。

表2.4比较海南闽语和普通话声母的对应关系，表中先列海南闽语的声母，再列普通话声母，然后是例字。海南闽语中，各地声母也有区别。下面以陵水椰林为例，对照海南闽语的声母和普通话声母。

表2.4　海南闽语和普通话声母对照表

海南闽语	普通话	例字
ɓ	p	八搬半拔报博败布
	p^{h}	盘平赔排
	f	房肥飞
b	m	米马麦梅眉买卖庙
	ø	味武尾无忘文

续表

海南闽语	普通话	例字
m	m	棉命名毛骂明门目
	∅	问舞魏
p^{h}	p^{h}	铺破泼皮屁泡盆朋
	f	浮富扶芳蜂访费法
ɗ	t	答单刀低店灯毒岛
	t^{h}	庭塘甜特
	tʂ	猪桌直竹
	$tʂ^{h}$	迟茶肠厨
t	t	叨掉蹲[1]
	ts	早醉罪走灶祖
	s	丝四三伞酸笋送
	tʂ	朱主纸斩知砖
	ʂ	扇是视书声山蛇屎
	ɕ	斜写雪想西信谢新
n	n	泥娘脑男南农闹奴
	ʐ	软弱
	l	烂拎
l	l	梨篮量雷老留路龙
	ʐ	汝
z（dz）	ʐ	热任入仍荣容融辱
	∅	右运原用勇
ts	ts	组最坐灾责座
	tʂ	抓债追枕蒸斋
	tɕ	井姐精晶净
	$tɕ^{h}$	晴
s	ts	贼燥
	ts^{h}	脆错财菜村葱
	s	酥赛碎搜苏塑

1　海南闽语读为 t 声母且普通话读为 t 声母的字，字数非常少，主要为模仿普通话读音的字。

续表

海南闽语	普通话	例字
s	tʂʰ	除柴炒插唱超橙出初
	ʂ	深暑帅室
	tɕʰ	清枪千全漆泉
	ɕ	醒寻惜昔
dʑ	n	尿
	ʐ	然燃认仁日让肉扰
	∅	雅语于余娱预遇宇
tɕ	ts	紫自
	tʂ	制蜘智指止志找赵
	tʂʰ	痴
	ʂ	石
	tɕ	借聚际挤剂蕉酒就
	tɕʰ	侵寝
	ɕ	续
ɕ	tsʰ	刺疵次磁词
	s	斯私司寺森
	tʂʰ	池驰朝尺仇沉尘厂
	ʂ	舒手树师士事史市
	tɕʰ	妻歧秋迁枪墙请
	ɕ	徐绪取趣笑七亲
g	n	牛
	∅	牙月外我
k	tɕ	机见久惊加救军江
	tɕʰ	旗棋裙桥
	ɕ	咸吸
	k	龟官赶瓜哥柜狗国
	x	猴
ŋ	∅	午硬饿误藕五颜岸

续表

海南闽语	普通话	例字
h	t	动
	t^h	土兔腿徒图台态听
	tʂ	柱住
	$tʂ^h$	锄筛锤窗虫
	tɕ	菌局
	$tɕ^h$	区球去骑器起期气
	ɕ	溪
	k	概
	k^h	科课苦库考开块快
	x	缓
ɦ	t	蝶
	f	肺风疯
	n	年
	s	岁宿
	tɕ	冀
	ɕ	虾夏蟹戏喜校闲嫌
	x	火河好华虎海灰坏
	∅	鱼雨害伊耳危瓦晕
ʔ	ɕ	鞋厦闲乡
	x	画红旱盒话
	∅	医姨碗影腰羊盐芋

二、韵母

海南闽语中，韵母数量集中在34～42个，普通话韵母则有39个。海南闽语中，韵母数量的差异主要在于入声韵母的多少。有些调查点（如万宁龙滚），其入声韵韵尾-p、-t、-k保留比较完整，韵母数量就比较多；有些调查点（如万宁万城），其入声韵韵尾合并后只保留了-k尾，韵母数量就比较少。

从音值和声韵拼合关系来看，海南闽语和普通话韵母主要的异同如下。

1.相同点

海南闽语的a、o、e、i、u、ai、au、ia、iu、ua、ui、iau、uai、an、en、ian、un、uan、aŋ、oŋ、iaŋ、ioŋ、uaŋ这23个韵母与普通话相应韵母的音值大致相同或相近。

2.不同点

（1）有无撮口呼韵母

海南闽语没有撮口呼韵母，普通话读为撮口呼的韵母在海南闽语读为齐齿呼或合口呼。

（2）鼻音尾韵母的种类

-m、-n、-ŋ三个鼻音韵尾中，普通话有n、ŋ两个韵尾，海南闽语中有些调查点-m、-n、-ŋ三种韵尾齐全，有的调查点只有两种韵尾，有的调查点只有一种-ŋ韵尾。

（3）有无入声韵韵尾

普通话没有入声韵韵尾。万宁小片中，有些调查点-p、-t、-k三种入声韵韵尾齐全，有的调查点只有两种入声韵韵尾，有的调查点只有一种-k韵尾。

表2.5比较海南闽语和普通话韵母的对应关系，表中先列海南闽语的韵母，再列普通话韵母，然后是例字。海南闽语中，各地韵母也有区别。下面以陵水椰林为例，对照海南闽语的韵母和普通话韵母。

表2.5 海南闽语和普通话韵母对照表

海南闽语	普通话	例字
a	ᴀ	巴坝答踏搭蜡拉塔
	iᴀ	甲鸭
	ɑu	饱早炒
	iɑu	咬巧
	an	三衫胆敢
e	ai	代袋
	iɛ	爷姐
	uo	坐座
ɛ	ᴀ	骂爬马茶
	ɤ	责册客隔
	ai	百白脉债
	əŋ	冷
	iŋ	病姓井静

续表

海南闽语	普通话	例字
o	o	波坡婆播
	ɤ	哥鹅可河饿
	u	楚素
	uo	左锁所做锣错托躲
	yɛ	学
	ɑu	保宝刀报号桃好嫂
	ɑŋ	肠糖堂扛缸钢糠烫
	iɑŋ	秧
	iŋ	影
	uɑŋ	床
i	ɿ	丝四紫辞司私寺慈
	ʅ	时是氏视迟池市止
	ɚ	二耳
	ɤ	舌
	i	比鼻米弟梨李喜离
	u	舒
	y	旅玉具遇区取趣于
	ei	备被
	iɛ	铁鳖憋
	uei	味
	iɛn	鞭辫棉钱见年天鲜
	an	扇
u	u	部府武朱输主猪薯
	y	句锯鱼去
	iou	旧牛久有
	uei	龟
ai	ʅ	知屎驶使
	i	西里
	u	母拇
	ai	败排耐猜菜海害财
	ei	眉楣
	an	板蚕
	iɛn	前千肩闲

续表

海南闽语	普通话	例字
oi	ᴀ	八
	ʅ	誓
	i	皮低第题蹄例黎鸡
	uᴀ	话画
	iɛ	街解蟹鞋
	yɛ	雪缺血
	ai	改矮买卖
	ei	飞尾微霉
	uai	快
	uei	会岁税
	ian	县
	uan	关
	əŋ	横
ia	ʅ	食亦斥赤
	i	寄壁锡蚁
	ɤ	车遮蔗射
	iᴀ	厦雅鸦霞
	iɛ	斜写邪谢
	əŋ	声城正成
	iŋ	兵饼名庭领岭情镜
io	ʅ	石尺
	i	席
	iɛ	借茄
	ɑu	照
	iɑu	票钓尿轿桥叫腰药
	ɑŋ	场上
	iɑŋ	姜墙箱想粮凉枪羊
iu	u	梳树鼠
	ou	收守受抽手周舟愁
	iou	酒秋右又油救求球
ua	ʅ	纸
	ᴀ	杀辣大沙
	ɤ	蛇割科课渴和
	o	破磨拨泼

续表

海南闽语	普通话	例字
ua	uA	抓挂跨刮
	ai	蔡
	uai	外
	uo	惰阔拖活
	an	搬半满山伞汗赶炭
	uan	官棺宽换碗
ui	i	屁梯
	yɛ	月
	ei	肥沸雷累美每费肺
	uei	水罪队柜贵胃腿退
	ən	门本
	uan	酸砖算断软乱
	uən	问村
	yan	园远
	uɑŋ	黄光
au	ɑu	包枣扫闹老抄草考
	ou	走斗豆楼狗够偷厚
	iou	留刘九韭
iau	u	数兔柱
	ɑu	赵招超潮肖
	ou	臭售
	iɑu	标秒条吊调交校窍
uai	uai	乖怪坏怀块
am	an	班办男南甘感贪暗
	iɛn	监鉴
iam	an	闪占
	ən	针砧
	iɛn	甜点店尖咸减剑盐
in	an	善战然
	ən	身神肾真珍认根肯
	in	新信银进亲紧近勤
	iɛn	篇仙联浅件烟燕连
	yan	券劝捐卷
	əŋ	凳滕
	iŋ	轻苹

续表

海南闽语	普通话	例字
uam	an	判潘
	uan	团断段端观馆款完
	yan	原元源愿
um	ən	分闷笨盆忍
	uan	船蒜
	uən	孙笋准轮春棍寸稳
	yn	运军裙群
	an	蛮慢犯难安凡帆干
aŋ	ɑŋ	帮房放忙岗方访旁
	əŋ	封蜂
	uɑŋ	网
	uŋ	送宋粽铜笼虫桶红
eŋ	əŋ	胜灯登蒸整证橙乘
	iŋ	冰评京亭灵精清庆
	yŋ	琼
oŋ	əŋ	朋碰蒙丰凤峰奉缝
	iɑŋ	讲
	iŋ	营
	uŋ	荣姓董冻通童洞公
	yŋ	永泳咏
iaŋ	ɑŋ	伤胀障商伤
	iɑŋ	良亮江降翔祥阳养
	iŋ	映
	uŋ	钟种肿众
	uɑŋ	双窗
	yŋ	穷胸
ioŋ	yŋ	凶熊雄匈
uaŋ	əŋ	风疯
	uɑŋ	庄壮广慌框旺矿往
ap	ʅ	十虱
	A	纳达袜法
	i	力
	ɤ	鸽盒合
	iɛ	节别
ak	o	墨
	ɤ	壳鹤

续表

海南闽语	普通话	例字
ak	u	缚毒读目幅伏
	ei	北
	uo	落剥
	iau	角
	iou	六
	yɛ	确
ek	ʅ	识值侄质
	ɤ	色侧择德
	i	逼积激极益夕碧敌
	iɛ	杰切窃烈
ok	ɤ	恶阁喝
	o	博握
	u	木谷独速督福服禄
	y	育局狱域
	ou	粥
	uo	国默卓
	yɛ	岳
iak	i	一壹
	y	绿菊曲浴
	u	熟赎鹿烛
iep	ʅ	汁
	ɤ	摄涉
	i	粒辑缉
	iA	夹峡狭
	iɛ	帖劫协胁业
	an	陕
ip	ʅ	执湿翅失直
	i	立急及习集笔必七
	u	入
	y	聚橘
	iɛ	列灭结
iok	u	竹蜀肃
	ou	肉
	uo	弱
	yɛ	雀约虐觉爵

续表

海南闽语	普通话	例字
up	o	佛
	u	出术卒骨突忽述入
	y	律
	uA	滑猾
	uo	脱
uap	ei	没疫
	uA	发
	uo	末沫夺
	yɛ	决绝越粤
uak	uo	廓

三、声调

普通话有阴平、阳平、上声、去声4个调类。海南闽语有8个调类。从调值来看，海南闽语和普通话声调主要的异同如下。

1.相同点

①普通话的阴平、阳平分别和闽语万宁小片的阴平、阳平中古来源基本一致。

②普通话的上声和海南闽语的阴上中古来源基本一致。

2.不同点

①普通话的入声都舒化了，海南闽语存在入声。

②普通话只有平声分阴、阳，即阴平和阳平。海南闽语的上声、去声、入声均分阴、阳。

海南闽语内部声调的调类和调值也各有差异，表2.6以陵水椰林为例，比较海南闽语和普通话声调的异同。

表2.6　海南闽语和普通话声调对照表

普通话 / 陵水方言	阴平55	阳平35	上声214	去声53
阴平22	多歌波菠锅沙纱家			病汗豆料

续表

陵水方言 \ 普通话	阴平55	阳平35	上声214	去声53
阳平21	搬	柴城庭无 糖河茶牙	薯	
阴上41			米我马井 短斧武买	
阴去13	钢			个四戏智 顾半笑贵
阳上去31		镯	五午舞雨	是弟谢社 倍罪厚后
高去453	八鳖搭插 拆鸭压押	答责	铁甲百雪 跑秒塔奖	电视壁各 燕杜泰币
阴入5	吸汁失七 出激漆夕	急得竹菊 烛吉国德	笔骨法角	刻色益祝 育恶略雀
阳入42		盒习极读 十直值独		业粒六袜 日灭复立

第三章　海南闽语的历史音韵比较

海南岛汉族之间主要通行海南话，海南话和汉语方言之间的关系如何，历来专家有所考证，具体如下。

1984年，梁猷刚在《方言》杂志上发表了《海南岛琼文话与闽语的关系》，认为海南岛的琼文话是一种闽语方言。文章参照1984年《方言》杂志上发表的《闽语的特征》一文中的闽语特征，通过对比琼州府城话（海南话）和厦门话的异同来支持这一观点，从声母对应关系、词汇对比、语法特点分析等方面证明琼文话是闽语方言。

从移民的角度来看，2000年方志出版社出版的《文昌县志》中介绍："宋、元、明、清数代，文昌各姓氏的祖先或官或商，或迁或戍，相继从福建莆田地区（闽南）渡琼落籍文昌；也有一部分是从中原直迁来的。以操闽南方言的海南话为主，普通话也较通用。随着汉人迁入的增多，黎汉杂居的情况也日益普遍，自然融合，黎人汉化。明洪武二十八年（1395年）文昌白延峒（即斩脚黎）黎民曾经一度反对官府，此后没有发生过。明永乐十年（1412年），全县有民户7078户，23363人，其中黎人308户，739人。文昌汉民祖先从闽南迁来者居多，故称'琼者莆之枝叶、莆者琼之本根'。"这段记录说明操海南方言的文昌先祖来自福建，所以文昌话为福建闽语的分支也不足为怪。

文昌话在海南闽语中地位崇高，也是不争的事实。学者云惟利的《海南方言》和陈波的《海南方言研究》两本专著中，虽然题目均有"海南方言"的字样，但是均以文昌方言为例，研究海南闽语的语音、词汇、语法的问题。海南当地的方言电视节目，也均以文昌方言作为标准音。

从语言事实和移民历史的角度来看，海南岛汉族人所操的海南方言是闽语的一支，是确定无疑的。而以现代方音系和中古切韵、广韵音系作比较，从而探讨语音分化和演变的历史线索，是近世汉语方言研究方面的惯例。虽然切韵音的地域问题，学者间有分歧，但现在各地方音的系统或多或少均有切韵音系的对应关系，也是不争的事实。

所以本书以海南闽语和中古切韵音作比较。本书对中国社会科学院语言研究所的《方言调查字表》中所收的3700多字略作删减，分别从声韵、韵母、声调三方面考察闽语和中古音的对应关系。

下文所有中古声、韵、调的主要今读类型均列表说明，表中注明调查地点、主要今读类型、最重要今读及最大比。其中，“主要今读类型”和“最大比”提供了百分比数据，为的是给读者提供一个确切的数据，提高可读性，摒弃了以往很多的古今音对应关系研究中，多用“大部分今读为”“小部分今读为”“一部分今读为”等比较模糊的说法，用数据给予读者更为直观的阅读体验。

但是，需要说明的是，海南闽语中存在非常多的训读和文白异读现象，会对百分比数据造成一定影响，下面来分别说明。

其一，训读。海南闽语的训读是非常多的，梁猷刚的《琼州方言的训读字》和《琼州方言的训读字（二）》两篇文章共列举了95个训读字。陈鸿迈的《琼州方言训读字补》在梁猷刚的《琼州方言的训读字》基础上补充了62条。杜依倩的《海口方言训读字再补》又补充了14条，这已经有171条训读字了。此外，张惠英等人的《海南澄迈方言研究》一书中提到，仅“中国语言资源保护工程”的单字1000条调查条目中，在澄迈方言中，训读就有74条。在此基础上，此书还另外补充了56条训读字。为了全面地记录闽语的语音情况，本文把训读音也当作今读音来处理，但这样做会带来一个副作用，即统计古今音演变时，训读音会对今读类型的百分比数据造成一定影响。

其二，文白异读。海南闽语的文白异读现象非常普遍，有些字甚至有多个文读音，分别来源于不同的历史层次。但是不同发音人，由于受教育水平的不一致，是否能读文读音，以及能读出几个文读音，都是不同的。这会对数据的百分比造成微小的影响。

但是，在3000多条语料的数据中，训读和文白异读虽会对百分比造成影响，也仅是个位数的影响，不影响全局。只不过，在看待下文的百分比数据时，要清楚训读和文白异读有一些小小的干扰。

第一节　海南闽语声母与中古声母的比较

一、帮系

帮系中，古今演变可分为三组：帮组的帮母、滂母、并母为一组，非组的非母、敷母、奉母为一组，帮组次浊明母和非组次浊微母为一组。

帮母、滂母、并母的今读主要为ɓ和p^h，其中帮母主要今读为ɓ，次要今读为p^h；滂母主要今读为p^h，次要今读为ɓ；并母平声主要今读为p^h，仄声主要今读为ɓ。

非母、敷母、奉母的主要今读均为p^h，次要今读均为ɓ和ɦ。

明母和微母的主要今读为b和m，其中明母的主要今读为m，次要今读为b；微母的主要今读为b，次要今读为m，但在明母和微母中，今读为b的字，均以口语常用字为主。

1.帮母

表3.1　帮母的主要今读类型

调查地点	主要今读类型/%	最主要今读	最大比/%
万宁龙滚	ɓ(92)、p^h(4)	ɓ	92
万宁山根	ɓ(87)、p^h(8)	ɓ	87
万宁万城	ɓ(89)、p^h(8)	ɓ	89
陵水光坡	ɓ(87)、p^h(7)	ɓ	87
陵水椰林	ɓ(85)、p^h(8)	ɓ	85
陵水英州	ɓ(89)、p^h(5)	ɓ	89

帮母的主要今读为ɓ，口语字和书面语字均有；有一少部分今读为p^h，多为书面语用字，受普通话读音影响比较大，各地读为p^h的字并不十分统一，只有个别字如"谱、遍"等比较一致，读为p^h，其中"谱"受"普$_{\text{滂母}}$"的读音影响较大，"遍"受"偏$_{\text{滂母}}$、骗$_{\text{滂母}}$"的读音影响比较大。

万宁龙滚中，例字如：杯ɓui^{23}|半ɓua^{312}|八ɓoi^{454}|北ɓak^{5}|谱p^hu^{31}|蝙p^hin^{23}。

万宁山根中，例字如：杯ɓui^{23}|半ɓua^{312}|八ɓoi^{354}|北ɓak^{5}|谱p^hu^{32}|遍p^hian^{212}。

万宁万城中，例字如：杯ɓui^{33}|半ɓua^{212}|八ɓoe^{454}|北ɓak$^{\underline{45}}$|谱p^hu^{22}|遍$_{\text{一遍}}$$p^h$iŋ^{212}。

陵水光坡中，例字如：杯ɓui^{33}|半ɓua^{34}|八ɓoi^{454}|北ɓak$^{\underline{45}}$|谱p^hu^{21}|遍$_{\text{一遍}}$$p^h$in^{34}。

陵水椰林中，例字如：杯ɓui^{22}|半ɓua^{13}|八ɓoi^{453}|北ɓak^{5}|谱p^hu^{41}|遍$_{\text{一遍}}$$p^h$in^{22}。

陵水英州中，例字如：杯ɓui^{22}|半ɓua^{213}|八ɓoi^{454}|北ɓak^{5}|谱p^hu^{21}|遍$_{\text{一遍}}$$p^h$in^{213}。

2.滂母

表3.2 滂母的主要今读类型

调查地点	主要今读类型/%	最主要今读	最大比/%
万宁龙滚	p^h(73)、ɓ(20)	p^h	73
万宁山根	p^h(75)、ɓ(17)	p^h	75
万宁万城	p^h(81)、ɓ(13)	p^h	81
陵水光坡	p^h(76)、ɓ(15)	p^h	76
陵水椰林	p^h(78)、ɓ(18)	p^h	78
陵水英州	p^h(73)、ɓ(21)	p^h	73

滂母字字数较少，今读主要为p^h，次要为ɓ，读为p^h的口语常用字和书面语用字均有，读为ɓ的主要为书面语用字，受普通话读音影响比较大。

万宁龙滚中，例字如：普p^hu^{21}|屁p^hui^{312}|票p^hio^{312}|玻ɓɔ^{23}|泊$_{\text{梁山泊}}$ɓok^{5}。

万宁山根中，例字如：普p^hu^{22}|屁p^hi^{354}|票p^hio^{212}|玻ɓɔ^{24}|泊$_{\text{梁山泊}}$ɓok^{5}。

万宁万城中，例字如：普p^hu^{22}|屁p^hui^{212}|票p^hio^{212}|玻ɓo^{33}|泊$_{\text{梁山泊}}$ɓok$^{\underline{45}}$。

陵水光坡中，例字如：普p^hu^{21}|屁p^hui^{34}|票p^hio^{34}|玻ɓo^{33}|泊$_{\text{梁山泊}}$ɓok$^{\underline{45}}$。

陵水椰林中，例字如：普p^hu^{21}|屁p^hui^{13}|票p^hio^{13}|玻ɓo^{22}|泊$_{\text{梁山泊}}$ɓok^{5}。

陵水英州中，例字如：普p^hu^{21}|屁p^hui^{213}|票p^hio^{213}|玻ɓo^{22}|泊$_{\text{梁山泊}}$ɓok^{5}。

3.并母

表3.3　并母的主要今读类型

调查地点	主要今读类型/%	最主要今读	最大比/%
万宁龙滚	ɓ(52)、p^h(40)	ɓ	52
万宁山根	ɓ(51)、p^h(41)	ɓ	51
万宁万城	ɓ(51)、p^h(41)	ɓ	51
陵水光坡	ɓ(46)、p^h(46)	ɓ、p^h	46
陵水椰林	ɓ(52)、p^h(45)	ɓ	52
陵水英州	ɓ(51)、p^h(43)	ɓ	51

并母字今读主要为ɓ和p^h，各调查点中今读为ɓ的字略多于读为p^{h}的字，读为ɓ的主要为仄声，读为p^{h}的主要为平声，今读为ɓ的也有平声字，且今读为平声字的多为口语用字，如“爬、病、平、盘、步”等。

万宁龙滚中，例字如：白ɓɛ^{42}|部ɓu^{42}|爬ɓɛ^{21}|病ɓɛ^{23}|皮p^{h}iɛ^{21}|瓶p^{h}en^{21}|鼻p^{h}i^{23}。

万宁山根中，例字如：白ɓᴇ^{41}|部ɓu^{41}|爬ɓᴇ^{22}|病ɓᴇ^{24}|皮p^{h}uɛ^{22}|瓶ɓen^{22}|鼻p^{h}i^{24}。

万宁万城中，例字如：白ɓɛ^{42}|部ɓu^{42}|爬ɓᴇ^{22}|病ɓᴇ^{33}|皮p^{h}uɛ^{22}|瓶ɓeŋ^{22}|鼻p^{h}i^{33}。

陵水光坡中，例字如：白ɓɛ^{43}|部ɓu^{43}|爬ɓᴇ^{21}|病ɓᴇ^{33}|皮p^{h}oi^{21}|瓶ɓen^{21}|鼻p^{h}i^{33}。

陵水椰林中，例字如：白ɓɛ^{31}|部ɓu^{31}|爬ɓɛ^{21}|病ɓɛ^{22}|皮p^{h}oi^{21}|瓶ɓeŋ^{21}|鼻p^{h}i^{22}。

陵水英州中，例字如：白ɓɛ^{43}|部ɓu^{43}|爬ɓɛ^{21}|病ɓɛ^{22}|皮p^{h}oi^{21}|瓶p^{h}eŋ^{21}|鼻p^{h}i^{22}。

4.非母

表3.5　非母的主要今读类型

调查地点	主要今读类型/%	最主要今读	最大比/%
万宁龙滚	p^h(58)、ɓ(23)、ɦ(19)	p^h	58
万宁山根	p^h(67)、ɓ(22)、ɦ(8)	p^h	67
万宁万城	p^h(63)、ɓ(26)、ɦ(9)	p^h	63
陵水光坡	p^h(63)、ɓ(28)、ɦ(9)	p^h	63
陵水椰林	p^h(62)、ɓ(24)、ɦ(13)	p^h	62
陵水英州	p^h(56)、ɓ(26)、ɦ(15)	p^h	56

非母字字数比较少，今读主要为p^h，次要为ɓ和ɦ，读为ɓ和ɦ的字中口语用字居多，读为p^{h}的字中书面语用字居多。

万宁龙滚中，例字如：非p^{h}ui^{23}|方p^{h}aŋ^{23}|法p^{h}ap^{5}|飞ɓiɛ^{23}|斧ɓou^{31}|粪ɓun^{312}|风$_{\text{大风}}$ɦuaŋ^{23}|分$_{\text{一分钱}}$ɦun^{23}|发ɦuak^{5}。

万宁山根中，例字如：非p^{h}ui^{24}|方p^{h}aŋ^{24}|法p^{h}at^{5}|飞ɓuɛ^{24}|斧ɓau^{32}|粪ɓun^{212}|风$_{\text{大风}}$ɦuaŋ^{24}|分$_{\text{一分钱}}$ɦun^{24}|发ɦuat^{5}。

万宁万城中，例字如：非p^{h}oe^{33}|方p^{h}aŋ^{33}|法p^{h}ak$^{\underline{45}}$|飞ɓuɛ^{33}|斧ɓau^{31}|粪ɓuŋ^{212}|风$_{\text{大风}}$ɦuaŋ^{33}|分$_{\text{一分钱}}$ɦuŋ^{33}|发ɦuak$^{\underline{45}}$。

陵水光坡中，例字如：非p^{h}ui^{33}|方p^{h}aŋ^{33}|法p^{h}at$^{\underline{45}}$|飞ɓoi^{33}|斧ɓau^{31}|粪ɓun^{34}|风$_{\text{大风}}$ɦuaŋ^{33}|分$_{\text{一分钱}}$ɦun^{33}|发ɦuat$^{\underline{45}}$。

陵水椰林中，例字如：非p^{h}ui^{22}|方p^{h}aŋ^{22}|法p^{h}ap^{5}|飞ɓoi^{22}|斧ɓau^{41}|粪ɓum^{13}|风$_{\text{大风}}$ɦuaŋ^{22}|分$_{\text{一分钱}}$ɦun^{22}|发ɦuap^{5}。

陵水英州中，例字如：非p^{h}ui^{22}|方p^{h}aŋ^{22}|法p^{h}ap^{5}|飞ɓoi^{22}|斧ɓau^{31}|粪ɓun^{213}|风$_{\text{大风}}$ɦuaŋ^{22}|分$_{\text{一分钱}}$ɦun^{22}|发ɦuap^{5}。

值得注意的是，“分”在各地有两读，在“一分钱”的义项中声母读为ɦ，在“分开、区分”的义项中声母读为ɓ，例如在陵水椰林，分别读为ɦun^{33}和ɓun^{33}。

5.敷母

表3.6　敷母的主要今读类型

调查地点	主要今读类型/%	最主要今读	最大比/%
万宁龙滚	p^{h}（74）、ɓ（16）、ɦ（11）	p^{h}	74
万宁山根	p^{h}（78）、ɓ（9）、ɦ（9）	p^{h}	78
万宁万城	p^{h}（76）、ɦ（10）、ɓ（7）	p^{h}	76
陵水光坡	p^{h}（79）、ɓ（11）、ɦ（1）	p^{h}	79
陵水椰林	p^{h}（86）、ɓ（7）、ɦ（7）	p^{h}	86
陵水英州	p^{h}（83）、ɓ（8）、ɦ（8）	p^{h}	83

敷母字字数很少，今读基本为p^{h}，此外个别字读为ɓ和ɦ。因敷母字字数少，所以即使是个别字对百分比的影响也很大，导致敷母的主要今读类型中ɓ和ɦ的占比均超过了10%。

万宁龙滚中，例字如：丰p^{h}oŋ^{23}|费p^{h}ui^{312}|蜂p^{h}oŋ^{23}|佛ɓuk^{3}|孵ɓu^{23}|肺ɦui^{312}|翻

ɦuan^{23}。

万宁山根中，例字如：丰p^{h}oŋ^{24}|费p^{h}ui^{212}|蜂$_{\text{蜂蜜}}$p^{h}oŋ^{24}|佛ɓut^{4}|孵ɓu^{24}|肺ɦui^{212}|翻ɦuan^{24}。

万宁万城中，例字如：丰p^{h}oŋ^{33}|费p^{h}ui^{212}|蜂p^{h}aŋ^{33}|佛ɓuk$^{\underline{32}}$|孵ɓu^{33}|肺ɦui^{212}|翻ɦuaŋ^{33}。

陵水光坡中，例字如：丰p^{h}oŋ^{33}|费p^{h}ui^{34}|蜂p^{h}aŋ^{33}|佛ɓut^{3}|孵ɓu^{33}|肺ɦui^{34}|翻ɦuan^{33}。

陵水椰林中，例字如：丰p^{h}oŋ^{22}|费p^{h}ui^{13}|蜂p^{h}aŋ^{22}|佛ɓup$^{\underline{42}}$|孵ɓu^{22}|肺ɦui^{13}|翻ɦuam^{22}。

陵水英州中，例字如：丰p^{h}oŋ^{22}|费p^{h}ui^{213}|蜂p^{h}oŋ^{22}|佛p^{h}o^{21}|孵ɓu^{22}|肺ɦui^{213}|翻ɦuam^{22}。

6.奉母

表3.7　奉母的主要今读类型

调查地点	主要今读类型/%	最主要今读	最大比/%
万宁龙滚	p^{h}(76)、ɓ(16)、ɦ(5)	p^{h}	76
万宁山根	p^{h}(80)、ɓ(13)、ɦ(5)	p^{h}	80
万宁万城	p^{h}(83)、ɓ(10)、ɦ(2)	p^{h}	83
陵水光坡	p^{h}(80)、ɓ(14)、ɦ(2)	p^{h}	80
陵水椰林	p^{h}(77)、ɓ(15)、ɦ(3)	p^{h}	77
陵水英州	p^{h}(72)、ɓ(17)、ɦ(6)	p^{h}	72

奉母字字数比较少，今读主要为p^{h}，次要为ɓ，两者都有口语字和书面语字。

万宁龙滚中，例字如：复p^{h}ok^{3}|凤p^{h}oŋ^{454}|凡p^{h}an^{21}|肥ɓui^{21}|冯ɓaŋ^{21}|腐$_{\text{豆腐}}$ɦu^{23}。

万宁山根中，例字如：复p^{h}ok^{3}|凤p^{h}oŋ^{454}|凡p^{h}an^{21}|肥ɓui^{21}|冯ɓaŋ^{21}|腐$_{\text{豆腐}}$ɦu^{23}。

万宁万城中，例字如：复p^{h}ok$^{\underline{32}}$|凤p^{h}oŋ^{454}|凡p^{h}aŋ^{21}|肥ɓui^{22}|冯ɓaŋ^{22}|腐$_{\text{豆腐}}$ɦu^{33}。

陵水光坡中，例字如：复p^{h}ok^{3}|凤p^{h}oŋ^{43}|凡p^{h}am^{21}|肥ɓui^{21}|冯ɓaŋ^{21}|腐$_{\text{豆腐}}$ɦu^{33}。

陵水椰林中，例字如：复p^{h}ok$^{\underline{42}}$|凤p^{h}oŋ^{453}|凡p^{h}am^{21}|肥ɓui^{21}|冯ɓaŋ^{21}|腐$_{\text{豆腐}}$ɦu^{22}。

陵水英州中，例字如：复p^{h}ok^{3}|凤p^{h}oŋ^{43}|凡p^{h}am^{21}|肥ɓui^{21}|冯ɓaŋ^{21}|腐$_{\text{豆腐}}$ɦu^{22}。

7.微母

表3.8　微母的主要今读类型

调查地点	主要今读类型/%	最主要今读	最大比/%
万宁龙滚	b(60)、m(20)	b	60
万宁山根	b(53)、m(21)	b	53
万宁万城	b(54)、m(21)	b	54
陵水光坡	b(56)、m(18)	b	56
陵水椰林	b(57)、m(24)	b	57
陵水英州	b(46)、m(25)	b	46

微母字字数比较少，今读主要为双唇不送气浊塞声母b和双唇浊鼻音声母m，其中以b为主，m次之。读为m的字以书面语用字为主，读为b的字则以口语常用字为主。这反映出微母中，读为b的为底层，读为m的受历代官话影响的结果。

万宁龙滚中，例字如：无bɔ^{21}|万ban^{23}|尾biɛ^{31}|务mu^{31}|网maŋ^{42}。

万宁山根中，例字如：无bɔ^{22}|万ban^{24}|尾buɛ^{32}|务mu^{32}|网maŋ^{41}。

万宁万城中，例字如：无bo^{22}|万baŋ^{33}|尾buɛ^{31}|务mu^{31}|网maŋ^{42}。

陵水光坡中，例字如：无bo^{21}|万bam^{33}|尾boi^{31}|务mu^{31}|网maŋ^{43}。

陵水椰林中，例字如：无bo^{21}|万$_{数字}$bam^{22}|尾boi^{41}|务mu^{41}|网maŋ^{31}。

陵水英州中，例字如：无bo^{21}|万bam^{22}|尾boi^{31}|务mu^{43}|网maŋ^{43}。

8.明母

表3.4　明母的主要今读类型

调查地点	主要今读类型/%	最主要今读	最大比/%
万宁龙滚	m(73)、b(24)	m	73
万宁山根	m(70)、b(24)	m	70
万宁万城	m(73)、b(20)	m	73
陵水光坡	m(77)、b(20)	m	77
陵水椰林	m(78)、b(18)	m	78
陵水英州	m(75)、b(21)	m	75

明母中，今读主要为双唇浊鼻音声母m和双唇不送气浊塞声母b，其中以m为

主，b次之。读为m的字口语用字和书面语用字均有，读为b的字则以口语常用字为主。这反映出在明母中，读为b的为底层，读为m的是受历代官话影响的结果。

万宁龙滚中，例字如：命$_{算命}$mia^{23}|芒maŋ^{21}|木mok^{3}|马bɛ^{31}|米bi^{31}|卖boi^{23}。

万宁山根中，例字如：命$_{算命}$mia^{24}|芒maŋ^{22}|木mok^{4}|马bᴇ^{32}|米bi^{32}|卖boi^{24}。

万宁万城中，例字如：命$_{算命}$mia^{33}|芒maŋ^{22}|木mok$^{\underline{32}}$|马bɛ^{31}|米bi^{31}|卖boe^{33}。

陵水光坡中，例字如：命$_{算命}$mia^{33}|芒maŋ^{21}|木mok^{3}|马bɛ^{31}|米bi^{31}|卖boi^{33}。

陵水椰林中，例字如：命$_{算命}$mia^{22}|芒maŋ^{21}|木mok$^{\underline{42}}$|马bɛ^{41}|米bi^{41}|卖boi^{22}。

陵水英州中，例字如：命$_{算命}$mia^{22}|芒maŋ^{21}|木mok$^{\underline{42}}$|马bɛ^{41}|米bi^{41}|卖boi^{22}。

二、端系

端系中，古今演变可分为四组：端组的端母、透母、定母为一组，泥组的泥母为一组，来母为一组，精组的精母、清母、心母、从母、邪母为一组。

端母、透母、定母的今读主要为ɗ、h/t^{h}，其中端母的今读主要为ɗ；透母的今读主要为h/t^{h}，h和t^{h}在各调查点基本上不同时出现；定母的今读主要为ɗ的以仄声为主，也有平声，今读h/t^{h}的几乎都是平声。

泥母的主要今读为n。

来母的主要今读为l。

精母、清母、心母、从母、邪母的今读比较复杂，精母的主要今读有t、tɕ、ts、s、ɕ，清母的主要今读有s、ɕ，心母的主要今读有t、s、ɕ，从母的主要今读有s、ɕ、t、tɕ、ts，邪母的主要今读有t、ɕ、s，其中tɕ和ts没有对立关系，s和ɕ没有对立关系。心母和邪母在万宁万城中有了不同的变化，万宁万城中，心母的主要今读有tθ、θ、s、ɕ、t，邪母的主要今读有θ、tθ、ɕ、s，演变的规律是心母和邪母中的t在细音i之前读为声母tθ，在洪音之前读为声母θ。

1.端母

表3.9　端母的主要今读类型

调查地点	主要今读类型/%	最主要今读	最大比/%
万宁龙滚	ɗ(87)	ɗ	87
万宁山根	ɗ(86)	ɗ	86
万宁万城	ɗ(87)	ɗ	87
陵水光坡	ɗ(83)	ɗ	83
陵水椰林	ɗ(87)	ɗ	87
陵水英州	ɗ(84)	ɗ	84

端母的今读基本为ɗ，书面语用字和口语用字均有。端母中有些字为训读音，不读ɗ，所以降低了端母中今读为ɗ的比例，例如“多”训读为“侪”，读为t声母；“朵”训读为“葩”，读为p^h声母；“打”训读为“拍”，读为p^h声母；“的”训读为“个”，读为k声母；“丢”训读为有音无字的kak，声调为阴入，读为k声母等。

万宁龙滚中，例字如：刀ɗɔ^{23}|岛ɗau^{31}|灯ɗen^{23}|东$_{东方}$ɗaŋ^{23}。

万宁山根中，例字如：刀ɗɔ^{24}|岛ɗau^{22}|灯ɗen^{24}|东$_{东方}$ɗaŋ^{24}。

万宁万城中，例字如：刀ɗo^{33}|岛ɗau^{22}|灯ɗeŋ^{33}|东$_{东方}$ɗaŋ^{33}。

陵水光坡中，例字如：刀ɗo^{33}|岛ɗau^{31}|灯ɗen^{33}|东$_{东方}$ɗaŋ^{33}。

陵水椰林中，例字如：刀ɗo^{22}|岛ɗau^{41}|灯ɗeŋ^{22}|东$_{东方}$ɗaŋ^{22}。

陵水英州中，例字如：刀ɗo^{22}|岛ɗau^{21}|灯ɗen^{33}|东$_{东方}$ɗaŋ^{33}。

2.透母

表3.10　透母的主要今读类型

调查地点	主要今读类型/%	最主要今读	最大比/%
万宁龙滚	h(84)	h	84
万宁山根	t^h(83)	t^h	83
万宁万城	h(83)	h	83
陵水光坡	t^h(66)、h(22)	t^h	66
陵水椰林	h(89)	h	89
陵水英州	h(78)	h	78

透母字今读有分化，在万宁龙滚、万宁万城、万宁南桥、陵水英州中，透母今读主要为h，在万宁山根、陵水光坡中透母有t^h的读法。

透母中有些字为训读音，不读h或t^h，所以降低了透母中今读为h或t^h的比例，例如"他"训读为"伊"，读为零声母等。另外，"土"虽训读为"塗"，但声母仍为h或t^h。

万宁龙滚中，例字如：汤$hɔ^{23}$|天hi^{23}|梯hui^{23}|听hia^{23}。

万宁山根中，例字如：汤$t^hɔ^{24}$|天t^hi^{24}|梯t^hui^{24}|听t^hia^{24}。

万宁万城中，例字如：汤ho^{33}|天hi^{33}|梯hui^{33}|听hia^{33}。

陵水光坡中，例字如：汤ho^{33}|天hi^{33}|梯t^hui^{33}|听t^hia^{33}。

陵水椰林中，例字如：汤ho^{22}|天$_{天上}$$hi^{22}$|梯$hui^{22}$|听$hia^{22}$。

陵水英州中，例字如：汤ho^{22}|天$_{天上}$$hi^{22}$|梯$hui^{22}$|听$hia^{22}$。

万宁山根和陵水光坡中透母的演变情况略有不同：万宁山根中，透母几乎今读均为t^h；陵水光坡中，透母主要今读类型是t^h，但也有一部分字读为h，例如"天"在万宁山根中今读为t^hi^{24}，在陵水光坡中今读为hi^{33}，"痛"在万宁山根中今读为t^hia^{212}，在陵水光坡中今读为hia^{34}，这说明语音仍在演变的过程中。陵水英州中也有t^h，但只有一个字读为t^h，为透母的"剃t^hi^{454}"，透母主要今读为h。

3.定母

表3.11　定母的主要今读类型

调查地点	主要今读类型/%	最主要今读	最大比/%
万宁龙滚	ɗ(60)、h(32)	ɗ	60
万宁山根	ɗ(53)、t^h(33)	ɗ	53
万宁万城	ɗ(53)、h(33)	ɗ	53
陵水光坡	ɗ(57)、t^h(29)、h(4)	ɗ	57
陵水椰林	ɗ(55)、h(33)	ɗ	55
陵水英州	ɗ(55)、h(31)	ɗ	55

定母的主要今读为ɗ、h/t^h，读为ɗ的以古仄声为主，也有一部分古平声，读为h/t^h的则几乎都是古平声，读ɗ字的口语用字占比比读h/t^h的口语用字多。

万宁龙滚中，例字如：大ɗua^{23}古去声|豆ɗau^{23}古去声|弟ɗi^{42}|糖hɔ^{21}|头hau^{21}。

万宁山根中，例字如：大ɗua^{24}古去声|豆ɗau^{24}古去声|弟ɗi^{41}|糖tʰɔ^{22}|头tʰau^{22}。

万宁万城中，例字如：大ɗua^{33}古去声|豆ɗau^{33}古去声|弟ɗi^{42}|糖ho^{22}|头hau^{22}。

陵水光坡中，例字如：大ɗua^{33}古去声|豆ɗau^{33}古去声|弟ɗi^{43}|糖tʰo^{21}|头tʰau^{21}。

陵水椰林中，例字如：大ɗua^{22}古去声|豆ɗau^{22}古去声|弟ɗi^{31}|糖ho^{21}|头hau^{21}。

陵水英州中，例字如：大ɗua^{22}古去声|豆ɗau^{22}古去声|弟ɗi^{43}|糖ho^{21}|头hau^{21}。

4.泥母

表3.12　泥母的主要今读类型

调查地点	主要今读类型/%	最主要今读	最大比/%
万宁龙滚	n（71）	n	71
万宁山根	n（77）	n	77
万宁万城	n（82）	n	82
陵水光坡	n（78）	n	78
陵水椰林	n（78）	n	78
陵水英州	n（73）	n	73

泥母的今读基本为n，口语用字和书面语用字均有。泥母字字数比较少，即使个别字的读音变动对百分比影响也比较大，泥母中，“你”训读为“汝”，读为声母l；“内”训读为“里”，读为声母l。此外，还有“尿”在各地读为声母dʑ，“年”读为声母ɦ等。所以，综合来看，虽然泥母字基本为n，但是各地百分比占比均没有上90%。

万宁龙滚中，例字如：南nam^{21}|侬naŋ^{31}|泥ni^{22}|奴nou^{21}。

万宁山根中，例字如：南nan^{22}|侬noŋ^{32}|泥ni^{22}|奴nau^{22}。

万宁万城中，例字如：南naŋ^{22}|侬noŋ^{31}|泥ni^{22}|奴nau^{22}。

陵水光坡中，例字如：南nam^{21}|侬noŋ^{31}|泥ni^{21}|奴nau^{21}。

陵水椰林中，例字如：南nam^{21}|侬noŋ^{41}|泥ni^{21}|奴nau^{21}。

陵水英州中，例字如：南nam^{21}|侬noŋ^{31}|泥ni^{21}|奴nau^{21}。

海南闽语中，“人”训读为“侬”，所以上文例字中的“侬”是当地的口语常用字。

5.来母

表3.13　来母的主要今读类型

调查地点	主要今读类型/%	最主要今读	最大比/%
万宁龙滚	l(94)、n(3)	l	94
万宁山根	l(94)、n(3)	l	94
万宁万城	l(92)、n(5)	l	92
陵水光坡	l(94)、n(2)	l	94
陵水椰林	l(94)、n(3)	l	94
陵水英州	l(93)、n(3)	l	93

来母的今读基本为l，口语用字和书面语用字均有。来母字的字数是比较多的，40个中古字母中，除了见母外，来母字字数最多，但各地读为声母l的字占比均超过了90%。来母字的今读居首位的是l，居第二位的是n，n在各地的占比较低，绝对字数也比较少，但是有些口语常用字，且各地的读音非常一致，所以单独列了出来。

万宁龙滚中，例字如：六lak^{3}|龙$_{白}$$liaŋ^{21}$|凉$lio^{21}$|量$_{白}$$lio^{21}$|卵$nui^{42}$|烂$nua^{23}$。

万宁山根中，例字如：六lak^{4}|龙$_{白}$$liaŋ^{22}$|凉$lio^{22}$|量$_{白}$$lio^{22}$|卵$nui^{42}$|烂$nua^{23}$。

万宁万城中，例字如：六lak^{32}|龙$_{白}$$liaŋ^{22}$|凉$lio^{22}$|量$_{白}$$lio^{22}$|卵$nui^{41}$|烂$nua^{24}$。

陵水光坡中，例字如：六lak^{3}|龙$_{白}$$liaŋ^{21}$|凉$lio^{21}$|量$_{白}$$lio^{21}$|卵$nui^{43}$|烂$nua^{33}$。

陵水椰林中，例字如：六lak^{42}|龙$_{白}$$liaŋ^{21}$|凉$lio^{21}$|量$_{白}$$lio^{21}$|卵$nui^{31}$|烂$nua^{22}$。

陵水英州中，例字如：六lak^{3}|龙$_{白}$$liaŋ^{21}$|凉$lio^{21}$|量$_{白}$$lio^{21}$|卵$nui^{43}$|烂$nua^{22}$。

上面例字中的“龙$_{通摄}$”“凉$_{宕摄}$”虽然有文白异读，但文白异读时声母不变， 均读为l，文白异读的差异在于韵母，例如：“龙$_{通摄}$”白读为iaŋ，文读为oŋ；“量$_{宕摄}$”白读为io，文读均为阳声韵iaŋ。

海南闽语中，“蛋”训读为“卵”，而上面例字中的“卵”字是口语常用字。

6.精母

表3.14　精母的主要今读类型

调查地点	主要今读类型/%	最主要今读	最大比/%
万宁龙滚	t(37)； tɕ(36)、ts(11)； s(5)、ɕ(1)	t	37

续表

调查地点	主要今读类型/%	最主要今读	最大比/%
万宁山根	t（35）； tɕ（35）、ts（14）； s（10）、ɕ（3）	t	35
万宁万城	t（37）； tɕ（30）、ts（14）； s（10）、ɕ（4）	t	37
陵水光坡	tɕ（34）； t（31）、ts（22）； ɕ（10）、s（4）	tɕ	34
陵水椰林	tɕ（35）； t（30）、ts（23）； ɕ（6）、s（3）	tɕ	35
陵水英州	t（32）； tɕ（30）、ts（24）； ɕ（5）、s（2）	t	32

各地精母的主要今读有些调查地为t，但这一结果是归类后的结果。表中的六个调查地为笔者本人调查的重点调查点，在声母的归并中，笔者认为ts/s和tɕ/ɕ虽然无对立关系，但在i介音之前，声母的实际读音就是tɕ/ɕ，与ts/s听感差异非常大，所以独立出了tɕ/ɕ两个音位。而在万宁小片中，一些调查者在遇到ts组和tɕ组音的时候，认为两组无对立关系，就把tɕ组归并入了ts组，并在音系说明中单独说明。这两个做法在归并音系的时候都是可行的，但是在分析中古声母今读的时候就出现了分歧，如果把ts组、tɕ组分开，则精母的主要今读在有些调查地为t，但如果把ts组、tɕ组合并为ts组，则精母的主要今读各地均为ts。所以这里进行单独说明。

精母字主要今读为t、tɕ、ts，三个声母各地占比不一，此消彼长。从用字来看，今读为t声母的字口语字占比较多，今读为tɕ、ts声母的字口语、书面语用字均有。与章母字的今读演变一致。

万宁龙滚中，例字如：左tɔ^{31}|早ta^{31}|走tau^{31}|紫tɕi^{31}|酒tɕiu^{31}|井tsɛ^{31}|灾tsai^{23}|资su^{23}|雀ɕiak^{5}。

万宁山根中，例字如：左tɔ^{32}|早ta^{32}|走tau^{32}|紫su^{32}|酒tɕiu^{32}|井tsᴇ^{32}|灾tsai^{24}|资su^{24}|雀ɕiak^{5}。

万宁万城中，例字如：左to^{31}|早ta^{31}|走tau^{31}|紫su^{22}|酒tɕiu^{31}|井tsᴇ^{31}|灾tai^{33}|资su^{33}|雀ɕiak$^{\underline{45}}$。

陵水光坡中，例字如：左to^{31}|早ta^{31}|走tau^{31}|紫tɕi^{31}|酒tɕiu^{31}|井tsᴇ^{31}|灾tsai^{33}|资ɕi^{33}|雀ɕiak$^{\underline{45}}$。

陵水椰林中，例字如：左to^{41}|早ta^{41}|走tau^{41}|紫tɕi^{41}|酒tɕiu^{41}|井tsε^{41}|灾tsai^{22}|资ɕi^{22}|雀ɕiak^{5}。

陵水英州中，例字如：左to^{31}|早ta^{31}|走tau^{31}|紫tɕi^{31}|酒tɕiu^{31}|井tsε^{31}|灾tsai^{22}|资ɕi^{22}|雀ɕiak^{5}。

7.清母

表3.15　清母的主要今读类型

调查地点	主要今读类型/%	最主要今读	最大比/%
万宁龙滚	s（55）、ɕ（29）	s	55
万宁山根	s（59）、ɕ（26）	s	59
万宁万城	s（61）、ɕ（26）	s	61
陵水光坡	s（55）、ɕ（27）	s	55
陵水椰林	s（57）、ɕ（27）	s	57
陵水英州	s（63）；ɕ（26）	s	63

清母字今读主要为s，次要为ɕ。今读为s的字中口语用字占比较大，今读为ɕ的字中，书面语用字占比较多。今读为s的字和ɕ的字均以古平声为主，古上去入次之。与精母今读一致，s和ɕ不存在对立关系，如果把ɕ归并入s中，则清母的主要今读仍为s，但是占比要大得多。

万宁龙滚中，例字如：菜sai^{312}|草sau^{31}|村sui^{23}|七ɕik^{5}|秋ɕiu^{23}。

万宁山根中，例字如：菜sai^{212}|草sau^{32}|村sui^{24}|七ɕik^{5}|秋ɕiu^{24}。

万宁万城中，例字如：菜sai^{212}|草sau^{31}|村sui^{33}|七ɕik$^{\underline{45}}$|秋ɕiu^{33}。

陵水光坡中，例字如：菜sai^{34}|草sau^{31}|村sui^{33}|七ɕit$^{\underline{45}}$|秋ɕiu^{33}。

陵水椰林中，例字如：菜sai^{13}|草sau^{41}|村sui^{22}|七ɕip^{5}|秋ɕiu^{22}。

陵水英州中，例字如：菜sai^{213}|草sau^{31}|村sui^{22}|七ɕik^{5}|秋ɕiu^{22}。

8.心母

表3.16 心母的主要今读类型

调查地点	主要今读类型/%	最主要今读	最大比/%
万宁龙滚	t(65); s(19)、ɕ(6)	t	65
万宁山根	t(63); s(22)、ɕ(9)	t	63
万宁万城	tθ(33)、θ(24); s(17)、ɕ(14); t(5)	tθ	33
陵水光坡	t(56); s(18)、ɕ(17)	t	56
陵水椰林	t(57); ɕ(18)、s(16)	t	57
陵水英州	t(60); s(16)、ɕ(16)	t	60

除万宁万城外，心母字主要今读为t、s、ɕ，读为t的字口语用字占比较多，读为s的字口语和书面语用字均有，读为ɕ的字以书面语用字为主。和精母、清母一样，心母的今读中，s和ɕ不存在对立。

在万宁万城，心母字今读主要为tθ、θ、s、ɕ，其中tθ、θ与其他调查点中的t存在对应关系，具体为其他调查点中t与i介音相拼时，在万宁万城中变读为tθ；其他调查点中t与非i介音相拼时，在万宁万城中变读为θ。所以，在万宁万城中声母读为tθ、θ字中口语字占比较多，读为s、ɕ的字书面语字占比较多。也是因为如此，θ和s存在对立，例如：虽sui^{33}≠酸θui^{33}，宿θok45≠速sok45，而tθ和θ没有对立。

万宁龙滚中，例字如：写tia^{31}|三ta^{23}|四ti^{312}|死ti^{31}|西tai^{23}|星$_{白}$sɛ^{23}|赛sai^{454}|笑ɕio^{312}|鲜$_{新鲜}$ɕi^{23}。

万宁山根中，例字如：写tia^{32}|三ta^{24}|四ti^{212}|死ti^{32}|西tai^{24}|星$_{白}$sᴇ^{24}|赛sai^{354}|笑ɕio^{212}|鲜$_{新鲜}$ɕi^{24}。

万宁万城中，例字如：写tθia^{31}|三θa^{33}|四tθi^{212}|死tθi^{31}|西θai^{33}|星$_{白}$sᴇ^{33}|赛sai^{454}|笑ɕio^{212}|鲜$_{新鲜}$ɕi^{33}。

陵水光坡中，例字如：写tia^{31}|三ta^{33}|四ti^{34}|死ti^{31}|西tai^{33}|星$_{\text{白}}$sᴇ^{33}|赛sai^{454}|笑ɕio^{34}|鲜$_{\text{新鲜}}$ɕi^{33}。

陵水椰林中，例字如：写tia^{41}|三ta^{22}|四ti^{13}|死ti^{41}|西tai^{22}|星$_{\text{白}}$sε^{22}|赛sai^{453}|笑ɕio^{13}|鲜$_{\text{新鲜}}$ɕi^{22}。

陵水英州中，例字如：写tia^{31}|三ta^{22}|四ti^{213}|死ti^{31}|西tai^{22}|星$_{\text{白}}$sε^{22}|赛sai^{454}|笑ɕio^{213}|鲜$_{\text{新鲜}}$ɕi^{22}。

万宁万城中，还有一小部分声母读为t的字，在其他调查点也读为t，这部分字多为书面语用字。例如：宋toŋ^{212}|宣tuaŋ^{33}|丧taŋ^{212}|戌tuk$^{\underline{45}}$。

在万宁市中读为su的音节，在陵水黎族自治县中读为ɕi，所以在陵水黎族自治县中读为声母ɕ的字变多了，读为声母s的字变少了。

9.从母

表3.17　从母的主要今读类型

调查地点	主要今读类型/%	最主要今读	最大比/%
万宁龙滚	s（35）、ɕ（2）； t（31）； tɕ（16）、ts（11）	s	35
万宁山根	s（33）、ɕ（3）； t（26）； tɕ（24）、ts（11）	s	33
万宁万城	s（33）、ɕ（4）； t（20）； ts（16）、tɕ（13）	s	33
陵水光坡	s（27）、ɕ（6）； t（24）； tɕ（23）、ts（16）	s	27
陵水椰林	s（26）、ɕ（8）； t（26）； tɕ（23）、ts（13）	s	26
陵水英州	s（29）、ɕ（7）； t（27）； tɕ（22）、ts（10）	s	29

从母字主要今读为s、t、tɕ、ts，今读为s的最多，t次之，tɕ、ts再次之。读为t的字中有很多口语用字，读为s、tɕ、ts的字中口语用字和书面语用字均有。和精母、清母、心

母一样，从母的今读中，s和ɕ不存在对立，tɕ和ts不存在对立，如果把s归并入ɕ中，把tɕ归并入ts中，则在陵水光坡、陵水椰林中，从母的主要今读类型为ts。

万宁龙滚中，例字如：才sai^{21}|曹sau^{21}|墙ɕio^{21}|齐toi^{21}|前tai^{21}|钱tɕi^{21}|情tɕia^{21}|坐tsɛ^{42}|静tsɛ^{42}。

万宁山根中，例字如：才sai^{22}|曹sau^{22}|墙ɕio^{22}|齐toi^{22}|前tai^{22}|钱tɕi^{22}|情tɕia^{22}|坐tsᴇ^{41}|静tsᴇ^{41}。

万宁万城中，例字如：才sai^{22}|曹sau^{22}|墙ɕio^{22}|齐toe^{22}|前tai^{22}|钱tɕi^{22}|情tɕia^{22}|坐tsᴇ^{42}|静tsᴇ^{41}。

陵水光坡中，例字如：才sai^{21}|曹sau^{21}|墙ɕio^{21}|齐toi^{21}|前tai^{21}|钱tɕi^{21}|情tɕia^{21}|坐tse^{43}|静tsᴇ^{43}。

陵水椰林中，例字如：才sai^{21}|曹sau^{21}|墙ɕio^{21}|齐toi^{21}|前tai^{21}|钱tɕi^{21}|情tɕia^{21}|坐tse^{31}|静tsɛ^{31}。

陵水英州中，例字如：才sai^{21}|曹sau^{21}|墙ɕio^{21}|齐toi^{21}|前tai^{21}|钱tɕi^{21}|情tɕia^{21}|坐tse^{43}|静tsɛ^{43}。

10.邪母

表3.18　邪母的主要今读类型

调查地点	主要今读类型/%	最主要今读	最大比/%
万宁龙滚	t（39）； ɕ（25）、s（11）	t	39
万宁山根	t（48）； ɕ（20）、s（11）	t	48
万宁万城	θ（24）、tθ（12）； ɕ（24）、s（7）	θ	24
陵水光坡	ɕ（38）、s（4）； t（33）	ɕ	38
陵水椰林	ɕ（40）、s（7）； t（29）	ɕ	40
陵水英州	t（45）； ɕ（28）、s（7）	t	45

除万宁万城外，邪母字今读主要为ɕ和t，读为t的字口语常用字多一些。万宁万城

中，邪母字的今读主要为ɕ和θ，其次为tθ等。

与精母、清母、心母、从母相同，邪母字中ɕ和s没有对立，tθ和θ没有对立，tθ和ɕ拼细音，θ和s拼洪音。

万宁龙滚中，例字如：谢tia^{42}|松toŋ^{31}|席$_{白,草席}$ɕio^{42}|序ɕi^{42}|词su^{21}|祠su^{23}。

万宁山根中，例字如：谢tia^{41}|松toŋ^{24}|席$_{白,草席}$ɕio^{41}|序ɕi^{41}|词su^{22}|祠su^{22}。

万宁万城中，例字如：谢tθia^{42}|松θoŋ^{33}|席tθia$_{文,酒席}$^{31}|序ɕi^{42}|词ɕi^{22}|祠θu^{22}。

陵水光坡中，例字如：谢tia^{43}|松toŋ^{33}|席$_{白,草席}$ɕio^{43}|序ɕi^{43}|词ɕi^{21}|祠ɕi^{21}。

陵水椰林中，例字如：谢tia^{31}|松toŋ^{22}|席$_{白,草席}$ɕio^{31}|序ɕi^{13}|词ɕi^{21}|祠ɕi^{21}。

陵水英州中，例字如：谢tia^{43}|松toŋ^{22}|席$_{白,草席}$ɕio^{43}|序ɕi^{213}|词ɕi^{21}|祠ɕi^{21}。

和心母的今读一致，在万宁市中读为su的音节，在陵水黎族自治县中读为ɕi，所以在陵水黎族自治县中读为声母ɕ的字变多了，读为声母s的字变少了。

三、知系

知系中，古今演变可以分为五组：知组的知母、澄母一组；知组的彻母、庄组的初母、章组的昌母为一组，彻母、初母、昌母均为次清声母；庄组的庄母、崇母和章组的章母为一组；庄组的生母，章组的书母、船母、禅母为一组，除了船母，均为擦音声母；日组的日母为一组。

知母和澄母的今读都有内爆音ɗ。知母字今读主要为tɕ、t、ɗ、ts，澄母字今读主要为ɗ、tɕ、ɕ、ts、s。其中，tɕ和ts没有对立关系，tɕ和齐齿呼相拼，ts和开口呼、合口呼相拼。知母字中今读声母为t、ɗ的，口语字占比比较多。澄母字中今读为声母ɗ的，也是口语字占比比较多。

彻母、初母、昌母均为次清声母，彻母字今读主要为s、ɕ。初母字的今读基本为s。昌母今读主要为s、ɕ。s和ɕ无对立关系，ɕ和齐齿呼相拼，s和开口呼、合口呼相拼。彻母、初母、昌母的今读与端系精组清母字相似，清母字今读主要为s、ɕ。

庄母、章母、崇母这一组中，庄母和章母的关系更密切，今读均主要为ts、t、tɕ。崇母字今读主要为s、ɕ、t。其中，tɕ和ts没有对立关系，s和ɕ无对立关系，tɕ、ɕ和齐齿

呼相拼，ts、s和开口呼、合口呼相拼。与知母和澄母不同，这一组中读为声母t的字并没有明显的口语用字倾向。庄母、章母、崇母的今读和端系精组从母字相似，从母字今读主要为s、ɕ、t、tɕ、ts。

生母、书母、船母、禅母这一组，在万宁万城中均分化出了tθ、θ两个声母。除万宁万城外，生母主要今读为t、ɕ、s；书母今读主要为t、ɕ、s；船母今读主要为t，也有一小部分读为s、tɕ；禅母字今读主要为t、s、tɕ、ɕ。在万宁万城中，生母字的今读主要为θ、tθ和s、ɕ；书母的今读主要为tθ、θ、s、ɕ；船母今读主要为tθ、θ、t，也有一小部分读为s、tɕ；禅母的今读主要为tθ、θ，占比最多，其次为s、tɕ、ɕ、t、ts等。其中，tθ和θ、tɕ和ts、s和ɕ三组均没有对立关系，tθ、tɕ、ɕ和齐齿呼相拼，θ、ts、s和开口呼、合口呼相拼。生母、书母、船母、禅母的今读和端系心母、邪母相似，除万宁万城外，心母字主要今读为t、s、ɕ，从母的主要今读有s、ɕ、t、tɕ、ts，在万宁万城，心母的主要今读有tθ、θ、s、ɕ、t，邪母的主要今读有θ、tθ、ɕ、s。万宁万城中，生母、书母、船母、禅母和心母、邪母中的tθ、θ，均由其他调查点相同中古声母中今读t分化而来，在细音i之前读为声母tθ，在洪音之前读为声母θ。

日母字今读主要为dʑ、z/dz，个别字读为n。dz和z为同一个音位的音位变体，读为dz时摩擦重一些，为塞擦音，读为z时，摩擦较为轻，为擦音。dʑ与z/dz均没有对立关系，dʑ与韵母i相拼，z/dz与开口呼和合口呼相拼。

整体来看，知系字和端系精组字的关系比较密切，这和其他汉语方言的情况是一致的，但在闽语中也有其特色演变，具体见下文。

1.知母

表3.19　知母的主要今读类型

调查地点	主要今读类型/%	最主要今读	最大比/%
万宁龙滚	t（38）； tɕ（32）、ts（5）； ɗ（14）	t	38
万宁山根	t（37）； tɕ（33）、ts（6）； ɗ（12）	t	37

续表

调查地点	主要今读类型/%	最主要今读	最大比/%
万宁万城	t（31）； tɕ（22）、ts（16）； ɗ（20）	t	31
陵水光坡	tɕ（28）、ts（17）； ɗ（26）； t（23）	tɕ	28
陵水椰林	tɕ（32）、ts（17）； t（23）； ɗ（17）	tɕ	32
陵水英州	t（32）； tɕ（24）、ts（15）； ɗ（17）	t	32

知母字今读主要为tɕ、t、ɗ、ts，四个声母各地占比不一，此消彼长，整体来看读为tɕ、t的稍多一些。tɕ和ts没有对立。从用字来看，今读为t、ɗ声母的字口语用字占比较多，今读为tɕ、ts声母的字口语、书面语用字均有。知母与章母和精母字不同，今读有ɗ声母。

万宁龙滚中，例字如：知tai^{23}|中$_{\text{中秋}}$toŋ^{23}|珍tɕin^{23}|张$_{\text{姓}}$tɕiaŋ^{23}|猪ɗu^{23}|竹ɗiok^{5}。

万宁山根中，例字如：知$_{\text{知道}}$tai^{24}|中$_{\text{中秋}}$toŋ^{24}|珍tɕien^{24}|张$_{\text{姓}}$tɕiaŋ^{24}|猪ɗu^{24}|竹ɗiok^{5}。

万宁万城中，例字如：知$_{\text{知道}}$tai^{33}|中$_{\text{中秋}}$toŋ^{33}|珍tseŋ^{33}|张$_{\text{姓}}$tɕiaŋ^{33}|猪ɗu^{33}|竹ɗiok$^{\underline{45}}$。

陵水光坡中，例字如：知$_{\text{知道}}$tai^{33}|中$_{\text{中秋}}$toŋ^{33}|珍tɕin^{33}|张$_{\text{姓}}$tɕiaŋ^{33}|猪ɗu^{33}|竹ɗiok$^{\underline{45}}$。

陵水椰林中，例字如：知$_{\text{知道}}$tai^{22}|中$_{\text{中秋}}$toŋ^{22}|珍tɕin^{22}|张$_{\text{姓}}$tɕiaŋ^{22}|猪ɗu^{22}|竹ɗiok^{5}。

陵水英州中，例字如：知$_{\text{知道}}$tai^{22}|中$_{\text{中秋}}$toŋ^{22}|珍tɕin^{22}|张$_{\text{姓}}$tɕiaŋ^{22}|猪ɗu^{22}|竹ɗiok^{5}。

2.彻母

表3.20 彻母的主要今读类型

调查地点	主要今读类型/%	最主要今读	最大比/%
万宁龙滚	s（60）、ɕ（20）	s	60
万宁山根	s（35）、ɕ（15）； tɕ（15）	s	35

续表

调查地点	主要今读类型/%	最主要今读	最大比/%
万宁万城	s（50）、ɕ（19）； tɕ（13）	s	50
陵水光坡	s（57）、ɕ（21）； tɕ（14）	s	57
陵水椰林	s（47）、ɕ（27）； tɕ（13）	s	47
陵水英州	s（42）、ɕ（25）； tɕ（17）	s	42

彻母字非常少，且多为书面语用字，所以发音人无法读出，或者容易误读的比例比较高。彻母字的今读主要为s、ɕ。读音分化和字类无关，和音类有关，读为s的韵母为洪音，读为ɕ的韵母为细音i。s和ɕ无对立关系。

万宁龙滚中，例字如：彻sek^{5}|撤sek^{5}|畜sok^{5}|超$ɕiau^{23}$。

万宁山根中，例字如：彻sek^{5}|畜sok^{5}|超$ɕiau^{24}$|丑$_{地支}$$ɕiu^{32}$|痴$tɕi^{24}$。

万宁万城中，例字如：彻$ɕiek^{\underline{45}}$|畜$sok^{\underline{45}}$|超sau^{33}|抽$ɕiu^{33}$|痴$tɕi^{33}$。

陵水光坡中，例字如：彻$sek^{\underline{45}}$|撤$sek^{\underline{45}}$|超sau^{33}|抽$ɕiu^{33}$|痴$tɕi^{33}$。

陵水椰林中，例字如：彻sek^{5}|畜sok^{5}|超sau^{22}|丑$_{地支}$$ɕiu^{41}$|痴$tɕi^{22}$。

陵水英州中，例字如：彻sek^{5}|畜sok^{5}|超$ɕiau^{2}$|丑$_{地支}$$ɕiu^{31}$|痴$tɕi^{22}$。

3.澄母

表3.21　澄母的主要今读类型

调查地点	主要今读类型/%	最主要今读	最大比/%
万宁龙滚	ɗ（25）； ɕ（18）、s（12）； tɕ（14）、ts（8）； h（10）； t（8）	ɗ	25
万宁山根	ɗ（22）； tɕ（17）、ts（9）； ɕ（13）、s（13）； t（11）； t^{h}（8）	ɗ	22

续表

调查地点	主要今读类型/%	最主要今读	最大比/%
万宁万城	ɗ(21); tɕ(15)、ts(10); s(14)、ɕ(10); t(10); h(7)	ɗ	21
陵水光坡	ɗ(23); tɕ(17)、ts(16); ɕ(15)、s(13); h(7); t(5)	ɗ	23
陵水椰林	ɗ(22); tɕ(18)、ts(15); ɕ(16)、s(12); h(7); t(4)	ɗ	22
陵水英州	ɗ(26); ts(15)、tɕ(11); s(13)、ɕ(11); h(11); t(4)	ɗ	26

澄母字今读比较复杂，按照字数多少排列，大致为ɗ、tɕ、ɕ、ts、s。其中，tɕ和ts没有对立，ɕ和s没有对立。如果把tɕ归并到ts中，把ɕ归并到s中，则在各地中主要今读为ts。

澄母今读为ɗ的字中口语常用字居多。以陵水光坡中的"长"为例，有三个读音，口语常用的"长短"中"长"读为ɗo^{21}，书面语中的"长春"中的ɕiaŋ^{21}。"省长"中的"长tɕiaŋ^{32}"虽读音也不同，但其是知母字，不便在一起比较。

万宁龙滚中，例字如：茶ɗɛ^{21}|箸ɗu^{23}|长$_{长短}$ɗɔ^{21}|赵tɕiau^{42}|泽tsek^{5}|尘ɕin^{21}|除su^{21}|虫haŋ^{21}|传$_{水浒传}$tuan^{42}。

万宁山根中，例字如：茶ɗᴇ^{22}|箸ɗu^{24}|长$_{长短}$ɗɔ^{22}|赵tɕiau^{41}|泽tsek^{5}|尘ɕian^{22}|除su^{22}|虫tʰaŋ^{22}|传$_{水浒传}$tuan^{41}。

万宁万城中，例字如：茶ɗᴇ^{22}|箸ɗu^{33}|长$_{长短}$ɗo^{22}|赵tɕiau^{42}|泽tsek$^{\underline{45}}$|尘seŋ^{22}|除su^{22}|虫haŋ^{22}|传$_{水浒传}$tuan^{42}。

陵水光坡中，例字如：茶ɗᴇ^{21}|箸ɗu^{33}|长$_{长短}$ɗo^{21}|赵tɕiau^{43}|泽tsek^{45}|尘ɕin^{21}|除su^{21}|虫haŋ^{21}|传$_{水浒传}$tuan^{43}。

陵水椰林中，例字如：茶ɗɛ^{21}|箸ɗu^{22}|长$_{长短}$ɗo^{21}|赵tɕiau^{31}|泽tsek^{5}|尘ɕin^{21}|除su^{21}|虫haŋ^{21}|传$_{水浒传}$tuam^{31}。

陵水英州中，例字如：茶ɗɛ^{21}|箸ɗu^{22}|长$_{长短}$ɗo^{21}|赵tɕiau^{43}|泽tsek^{5}|尘tin^{21}|除su^{21}|虫haŋ^{21}|传$_{水浒传}$tuam^{43}。

虽然澄母字今读比较复杂，但根据上面的例字，可以看出各字在各地的读音还是比较一致的。

4.庄母

表3.22 庄母的主要今读类型

调查地点	主要今读类型/%	最主要今读	最大比/%
万宁龙滚	t(36)； ts(16)、tɕ(4)	t	36
万宁山根	t(43)； ts(23)、tɕ(7)	t	43
万宁万城	t(48)； ts(26)、tɕ(7)	t	48
陵水光坡	ts(43)、tɕ(11)； t(21)	ts	43
陵水椰林	ts(46)、tɕ(7)； t(21)	ts	46
陵水英州	ts(41)、tɕ(7)； t(26)	ts	41

庄母字字数非常少，今读主要为ts、t、tɕ。庄母字以书面语字居多，读不出和误读的情况比较多，又因为庄母字字数较少，所以由于个别字读不出和误读对百分比造成的影响比较大。

读音分化和字类无关，和音类有关，读为t的韵母为开口度较大的洪音，读为ts的有韵母e等开口度较小的洪音和其他洪音。

万宁龙滚中，例字如：妆tɔ^{23}|庄tuaŋ^{23}|炸ta^{312}|争tsɛ^{23}|债tsɛ^{312}|臻tɕin^{23}。

万宁山根中，例字如：妆$tɔ^{24}$|庄$tuaŋ^{24}$|炸ta^{212}|争$tsᴇ^{24}$|债$tsᴇ^{212}$|找$tɕiau^{32}$。

万宁万城中，例字如：妆to^{33}|庄$tuaŋ^{33}$|炸ta^{212}|争$tsᴇ^{33}$|债$tsᴇ^{212}$|找$tɕiau^{31}$。

陵水光坡中，例字如：妆to^{33}|庄$tuaŋ^{33}$|炸tsa^{34}|争$tsᴇ^{33}$|债$tsᴇ^{34}$|找$tɕiau^{31}$。

陵水椰林中，例字如：妆to^{22}|庄$tuaŋ^{22}$|炸tsa^{13}|争$tsɛ^{22}$|债$tsɛ^{13}$|找$tɕiau^{41}$。

陵水英州中，例字如：妆to^{22}|庄$tuaŋ^{22}$|炸tsa^{213}|争$tsɛ^{22}$|债$tsɛ^{213}$|找$tɕiau^{31}$。

5.初母

表3.23　初母的主要今读类型

调查地点	主要今读类型/%	最主要今读	最大比/%
万宁龙滚	s（86）	s	86
万宁山根	s（96）	s	96
万宁万城	s（81）、ɕ（12）	s	81
陵水光坡	s（92）	s	92
陵水椰林	s（88）	s	88
陵水英州	s（96）	s	96

初母字的今读基本为s，韵母也基本为洪音。s和ɕ不存在对立关系，在目前的调查条目中，ɕ多见于万宁万城和陵水椰林，原因是在开口度较小的e韵母前，万宁万城增生出来了一个i介音，例如在万宁万城，“厕”和“策”均读为$ɕiek^{\underline{45}}$。有个别字，如“窗”在各地读为声母h/t^h，比较统一。

万宁龙滚中，例字如：差sa^{23}|初$_{初中}$$sɔ^{23}$|炒$sa^{31}$|厕$sek^5$|策$sek^5$|窗$hiaŋ^{23}$。

万宁山根中，例字如：差sa^{24}|初$sɔ^{24}$|炒sa^{32}|厕sek^5|策sek^5|窗$t^hiaŋ^{24}$。

万宁万城中，例字如：差sa^{33}|初so^{33}|炒sa^{31}|厕$ɕiek^{\underline{45}}$|策$ɕiek^{\underline{45}}$|窗$hiaŋ^{33}$。

陵水光坡中，例字如：差sa^{33}|初$_{初中}$$so^{33}$|炒$sa^{31}$|厕$sek^{\underline{45}}$|策$sek^{\underline{45}}$|窗$hiaŋ^{33}$。

陵水椰林中，例字如：差sa^{22}|初so^{22}|炒sa^{41}|厕sek^5|策sek^5|窗$hiaŋ^{22}$。

陵水英州中，例字如：差sa^{22}|初so^{22}|炒sa^{31}|厕sek^5|策sek^5|窗$hiaŋ^{22}$。

6.生母

表3.24　生母的主要今读类型

调查地点	主要今读类型/%	最主要今读	最大比/%
万宁龙滚	t(51); s(27)、ɕ(7)	t	51
万宁山根	t(53); s(34)、ɕ(2)	t	53
万宁万城	θ(36)、tθ(14); s(30)、ɕ(7)	θ	36
陵水光坡	t(48); s(37)、ɕ(2)	t	48
陵水椰林	t(48); s(38)、ɕ(10)	t	48
陵水英州	t(52); s(23)、ɕ(17)	t	52

除万宁万城外，生母主要今读为t、ɕ、s，今读声母t的字有一部分是口语常用字，读为ɕ的韵母为细音，读为s的韵母为洪音。

万宁万城生母字的今读主要为θ、tθ和s、ɕ，声调来源均是以古平声为主，古上去入次之，从用字来看，口语字和书面语字均有。tθ和θ、ɕ和s没有对立关系。在万宁万城和陵水境内的调查点，声母由s变为ɕ，韵母从u变为i，例如下例中的"师"字。这个现象不仅出现在生母中，在崇母中也有体现。

万宁龙滚中，例字如：沙tua^{23}|生$_{生熟}$tɛ^{23}|生$_{花生}$sen^{23}|师su^{23}|森ɕim^{23}。

万宁山根中，例字如：沙sa^{24}|生$_{生熟}$tᴇ^{24}|生$_{花生}$ten^{24}|师su^{24}|森ɕien^{24}。

万宁万城中，例字如：沙$_1$tθua^{33}|沙$_2$sa^{33}|生θᴇ^{33}|师ɕi^{33}|森seŋ^{33}。

陵水光坡中，例字如：沙tua^{33}|生$_{生熟}$tᴇ^{33}|师ɕi^{33}|森ɕin^{33}。

陵水椰林中，例字如：沙$_1$tua^{22}|沙$_2$sa^{22}|生tɛ^{22}|师ɕi^{22}|森ɕin^{22}。

陵水英州中，例字如：沙$_1$tua^{22}|沙$_2$sa^{22}|生tɛ^{22}|师ɕi^{22}|森ɕin^{22}。

7.崇母

表3.25　崇母的主要今读类型

调查地点	主要今读类型/%	最主要今读	最大比/%
万宁龙滚	s（33）、ɕ（13）； t（27）	s	33
万宁山根	s（50）、ɕ（8）； t（25）	s	50
万宁万城	s（52）、ɕ（14）； t（14）	s	52
陵水光坡	s（38）、ɕ（19）； t（15）	s	38
陵水椰林	s（39）、ɕ（22）； t（13）	s	39
陵水英州	s（33）、ɕ（28）； t（22）	s	33

崇母字非常少，今读主要为s、ɕ、t，s与洪音韵母相拼，ɕ和细音韵母相拼，读为t的都是仄声字。今读为声母s时，口语常用字较多。

万宁龙滚中，例字如：柴sa^{21}|床$sɔ^{21}$|事su^{42}|柿$ɕi^{454}$|镯$tɔ^{42}$。

万宁山根中，例字如：柴sa^{22}|床$sɔ^{22}$|事su^{41}|柿$ɕi^{41}$|镯$tɔ^{41}$。

万宁万城中，例字如：柴sa^{22}|床so^{22}|事$ɕi^{42}$|柿$ɕi^{454}$|镯$θo^{42}$。

陵水光坡中，例字如：柴sa^{21}|床so^{21}|事$ɕi^{43}$|柿$ɕi^{34}$|镯to^{43}。

陵水椰林中，例字如：柴sa^{21}|床so^{21}|事$ɕi^{31}$|柿$ɕi^{13}$|镯to^{31}。

陵水英州中，例字如：柴sa^{21}|床so^{21}|事$ɕi^{43}$|柿$ɕi^{43}$|镯to^{43}。

8.章母

表3.26　章母的主要今读类型

调查地点	主要今读类型/%	最主要今读	最大比/%
万宁龙滚	tɕ（61）、ts（14）； t（19）	tɕ	61
万宁山根	tɕ（59）、ts（15）； t（17）	tɕ	59
万宁万城	tɕ（51）、ts（24）； t（15）	tɕ	51

续表

调查地点	主要今读类型/%	最主要今读	最大比/%
陵水光坡	tɕ（62）、ts（16）；t（16）	tɕ	62
陵水椰林	tɕ（58）、ts（14）；t（17）	tɕ	58
陵水英州	tɕ（60）、ts（11）；t（20）	tɕ	60

章母字今读主要为tɕ、t、ts，三个声母各地占比不一，此消彼长。从用字来看，今读为t声母的字口语字占比较多，今读为tɕ、ts声母的字口语、书面语用字均有。tɕ和ts没有对立关系。

万宁龙滚中，例字如：只$_{\text{1—只鸡}}$tɕia^{454}|周tɕiu^{23}|真tɕin^{23}|织tsɛ^{454}|质tsek^{5}|煮tu^{31}|粥tok^{5}。

万宁山根中，例字如：只$_{\text{1—只鸡}}$tɕia^{354}|周tɕiu^{24}|真tɕien^{24}|织tsᴇ^{354}|质tsek^{5}|煮tu^{32}|粥tok^{5}。

万宁万城中，例字如：只$_{\text{1—只鸡}}$tɕia^{454}|周tɕiu^{33}|真tɕiŋ^{33}|织tsek$^{\underline{45}}$|质tsek$^{\underline{45}}$|煮tu^{31}|粥tok$^{\underline{45}}$。

陵水光坡中，例字如：只$_{\text{1—只鸡}}$tɕia^{454}|周tɕiu^{33}|真tɕin^{33}|织tsᴇ^{454}|质tsek$^{\underline{45}}$|煮tu^{31}|粥tok$^{\underline{45}}$。

陵水椰林中，例字如：只$_{\text{1—只鸡}}$tɕia^{453}|周tɕiu^{22}|真tɕin^{22}|织tsɛ^{453}|质tsek^{5}|煮tu^{41}|粥tok^{5}。

陵水英州中，例字如：只$_{\text{1—只鸡}}$tɕia^{454}|周tɕiu^{22}|真tɕin^{22}|织tɕik^{5}|质tsek^{5}|煮tu^{31}|粥tok^{5}。

9.昌母

表3.27　昌母的主要今读类型

调查地点	主要今读类型/%	最主要今读	最大比/%
万宁龙滚	s（54）、ɕ（42）	s	54
万宁山根	s（55）、ɕ（32）	s	55
万宁万城	s（62）、ɕ（31）	s	62

续表

调查地点	主要今读类型/%	最主要今读	最大比/%
陵水光坡	s（53）、ɕ（35）	s	53
陵水椰林	s（53）、ɕ（30）	s	53
陵水英州	s（61）、ɕ（32）	s	61

昌母今读主要为s、ɕ，s与洪音韵母相拼，ɕ与细音韵母相拼，s和ɕ没有对立关系。

万宁龙滚中，例字如：出suk^{5}|吹sui^{23}|车$_{火车}$$ɕia^{23}$|尺$ɕio^{454}$。

万宁山根中，例字如：出sut^{5}|吹sui^{24}|车$_{火车}$$ɕia^{24}$|尺$ɕio^{354}$。

万宁万城中，例字如：出$suk^{\underline{45}}$|吹sui^{33}|车$_{火车}$$ɕia^{33}$|尺$ɕio^{454}$。

陵水光坡中，例字如：出$sut^{\underline{45}}$|吹sui^{33}|车$_{火车}$$ɕia^{33}$|尺$ɕio^{454}$。

陵水椰林中，例字如：出suk^{5}|吹sui^{22}|车$_{火车}$$ɕia^{22}$|尺$ɕio^{453}$。

陵水英州中，例字如：出sut^{5}|吹sui^{22}|车$_{火车}$$ɕia^{22}$|尺$ɕio^{454}$。

10.书母

表3.28　书母的主要今读类型

调查地点	主要今读类型/%	最主要今读	最大比/%
万宁龙滚	t（63）； ɕ（13）、s（8）	t	63
万宁山根	t（60）； ɕ（14）、s（9）	t	60
万宁万城	tθ（32）、θ（20）； ɕ（12）、s（12）	tθ	32
陵水光坡	t（59）； ɕ（11）、s（9）	t	59
陵水椰林	t（58）； ɕ（12）、s（11）	t	58
陵水英州	t（63）； ɕ（11）、s（11）	t	63

书母今读主要为t、ɕ、s，读为t的字中有一部分是口语常用字，读为ɕ的字与细音韵母相拼，读为s的字与洪音韵母相拼。

万宁万城中，书母的今读主要为tθ、θ、s、ɕ，各读音口语用字和书面语用字均有。

tθ和θ没有对立关系，s和ɕ没有对立关系。

万宁龙滚中，例字如：书tu^{23}|水tui^{31}|声tia^{23}|鼠ɕiu^{31}|手ɕiu^{31}|说$_{小说}$suak^{5}。

万宁山根中，例字如：书tu^{24}|水tui^{32}|声tia^{24}|鼠ɕiu^{32}|手ɕiu^{32}|说$_{小说}$suat^{5}。

万宁万城中，例字如：书tu^{33}|水tui^{31}|声tθia^{33}|鼠ɕiu^{31}|手ɕiu^{31}|舒su^{33}。

陵水光坡中，例字如：书tu^{33}|水tui^{31}|声tia^{33}|鼠ɕiu^{31}|手ɕiu^{31}|说$_{小说}$suat$^{\underline{45}}$。

陵水椰林中，例字如：书tu^{22}|水tui^{41}|声$_{声音}$tia^{22}|鼠ɕiu^{41}|手ɕiu^{41}|说$_{小说}$suap^{5}。

陵水英州中，例字如：书tu^{22}|水tui^{31}|声$_{声音}$tia^{22}|鼠ɕiu^{31}|手ɕiu^{31}|伸sun^{22}。

11.船母

表3.29　船母的主要今读类型

调查地点	主要今读类型/%	最主要今读	最大比/%
万宁龙滚	t（59）、s（12）、tɕ（12）	t	59
万宁山根	t（58）、s（5）、ɕ（5）、tɕ（11）	t	58
万宁万城	tθ（26）、θ（21）、t（16）、s（10）、tɕ（5）	tθ	26
陵水光坡	t（61）、s（11）、tɕ（11）	t	61
陵水椰林	t（55）、s（10）、tɕ（10）	t	55
陵水英州	t（65）、s（12）、tɕ（6）	t	65

船母字今读非常少，却非常复杂。除万宁万城外，今读主要为t，也有一小部分读为s、tɕ。在万宁万城，今读主要为tθ、θ、t，也有一小部分读为s、tɕ。今读为声母tɕ的只有个别字，却是口语常用字。

tθ和θ、ɕ和s、tɕ和ts没有音位对立，因为船母字偏少，所以一些调查点只有s，没有ɕ；只有tɕ，没有ts。

万宁龙滚中，例字如：蛇tua^{21}|船tun^{21}|射tia^{23}|顺tun^{42}|食tɕia^{31}|舌tɕi^{42}|绳sen^{21}|乘sen^{312}。

万宁山根中，例字如：蛇tua^{22}|船tun^{22}|射tia^{24}|顺tun^{41}|食tɕia^{32}|舌tɕi^{41}|绳ɕien^{22}|乘sen^{212}。

万宁万城中，例字如：蛇tua^{22}|船tuŋ^{22}|射tθia^{33}|顺θuŋ^{42}|食tɕia^{31}|绳seŋ^{22}|乘

seŋ^{212}。

陵水光坡中，例字如：蛇tua^{21}|船tun^{21}|射tia^{21}|顺t^hun^{43}|食tɕia^{43}|舌tɕi^{43}|绳sen^{21}|乘sen^{34}。

陵水椰林中，例字如：蛇tua^{21}|船tum^{21}|射tia^{22}|顺tum^{31}|食tɕia^{41}|舌tɕi^{31}|绳seŋ^{21}|乘seŋ^{13}。

陵水英州中，例字如：蛇tua^{21}|船tun^{21}|射tia^{22}|顺tun^{43}|食tɕia^{41}|绳seŋ^{21}|乘seŋ^{213}。

万宁万城中，非常用字先变为tθ/θ，例如"射、顺、神、实"等字。常用字则保留了t的读法，例如"蛇、船"等字。

12.禅母

表3.30 禅母的主要今读类型

调查地点	主要今读类型/%	最主要今读	最大比/%
万宁龙滚	t(62)； ɕ(12)、s(2)； tɕ(10)、ts(4)	t	62
万宁山根	t(54)； tɕ(13)、ts(4)； ɕ(10)、s(6)	t	54
万宁万城	tθ(32)、θ(6)； s(11)、ɕ(10)； tɕ(11)、ts(6)； t(10)	tθ	32
陵水光坡	t(54)； s(12)、ɕ(8)； tɕ(11)、ts(3)	t	54
陵水椰林	t(54)； s(16)、ɕ(10)； tɕ(10)、ts(5)	t	54
陵水英州	t(49)； s(13)、ɕ(11)； tɕ(7)、ts(5)	t	49

禅母字今读比较复杂，除万宁万城外，按照字数多少排列大致为t、s、tɕ、ɕ，今读为tɕ的字中口语常用字较多，今读为t和ɕ的字中也有个别口语常用字，以陵水光坡为例：十tat^{3}|树ɕiu^{33}。

万宁万城中，禅母的今读主要为tθ、θ，占比最多，其次为s、tɕ、ɕ、t、ts等，分布比较平均。

万宁龙滚中，例字如：薯tu^{21}|城tia^{21}|树ɕiu^{23}|市ɕi^{42}|诚sen^{21}|上$_{方位词}$tɕio^{23}|石tɕio^{42}|植tsek^{3}。

万宁山根中，例字如：薯tu^{22}|城tia^{22}|树ɕiu^{24}|市ɕi^{41}|诚sen^{22}|上$_{方位词}$tɕio^{24}|石tɕio^{41}|植tsek^{4}。

万宁万城中，例字如：薯tu^{22}|城tθia^{22}|树ɕiu^{24}|市ɕi^{42}|竖su^{454}|上$_{方位词}$tɕio^{33}|石tɕio^{31}|植tsek^{45}。

陵水光坡中，例字如：薯tu^{21}|城tia^{21}|树ɕiu^{33}|市ɕi^{43}|诚sen^{21}|上$_{方位词}$tɕio^{33}|石tɕio^{43}|植tsek^{45}。

陵水椰林中，例字如：薯tu^{21}|城tia^{21}|树ɕiu^{22}|市ɕi^{31}|诚seŋ^{21}|上$_{方位词}$tɕio^{22}|石tɕio^{31}|植tsek^{5}。

陵水英州中，例字如：薯tu^{21}|城tia^{21}|树ɕiu^{22}|市ɕi^{43}|诚seŋ^{21}|上$_{方位词}$tɕio^{21}|石tɕio^{43}|植tsek^{5}。

在海南闽语中，红薯、土豆等农作物均以“薯”为词根，“薯”是口语常见字。

禅母在其他调查点读为声母t的字，在万宁万城中分化为tθ/θ、t三个声母，其中tθ和θ没有对立关系。万宁万城中读为t声母的字不多，但是保留了口语中最常用的“薯tu^{22}|十tak^{32}”。

整体来看，读为tθ/θ的字有口语常用字，也有次常用字，如：是tθi^{42}|熟tθiak^{32}|城tθia^{22}|社θᴇ^{42}|属θok^{32}。

13.日母

表3.31　日母的主要今读类型

调查地点	主要今读类型/%	最主要今读	最大比/%
万宁龙滚	dʑ(54)、z(9)；n(20)	dʑ	54
万宁山根	dʑ(54)、z(21)；n(12)	dʑ	54

续表

调查地点	主要今读类型/%	最主要今读	最大比/%
万宁万城	dʑ(54)、dz(12)；n(16)；d(8)	dʑ	54
陵水光坡	dʑ(42)、z(30)；n(14)	dʑ	42
陵水椰林	dʑ(40)、z(32)；n(11)	dʑ	40
陵水英州	dʑ(39)、z(27)；n(15)	dʑ	39

日母字今读主要为dʑ、z/dz，个别字读为n。dz和z是同一个音的音位变体，读为dz时摩擦重一些，为塞擦音，读为z时摩擦较为轻，为擦音。dʑ与z/dz均没有对立关系，dʑ与韵母i相拼，z/dz与开口呼和合口呼相拼。

万宁龙滚中，例字如：日$_{\text{太阳}}$dʑik^{3}|肉dʑiok^{3}|热$_{\text{白}}$zua^{42}|二$_{\text{十二，二在后}}$dʑi^{23}|二$_{\text{一二三}}$nɔ^{42}|软nui^{31}。

万宁山根中，例字如：日$_{\text{太阳}}$dʑik^{4}|肉dʑiok^{4}|热$_{\text{白}}$zua^{41}|闰zun^{24}|二$_{\text{十二，二在后}}$dʑi^{24}|二$_{\text{一二三}}$nɔ^{41}|软nui^{32}。

万宁万城中，例字如：日$_{\text{太阳}}$dʑik$^{\underline{32}}$|肉dʑiok$^{\underline{32}}$|刃dzeŋ^{454}|染dzeŋ^{42}|二$_{\text{十二，二在后}}$ʔi^{33}|二$_{\text{一二三}}$no^{42}|软nui^{31}。

陵水光坡中，例字如：日$_{\text{太阳}}$dʑit^{3}|肉dʑiok^{3}|热$_{\text{白}}$zua^{43}|闰zun^{34}|二$_{\text{十二，二在后}}$dʑi^{33}|二$_{\text{一二三}}$nɔ^{43}|软nui^{31}。

陵水椰林中，例字如：日$_{\text{太阳}}$dʑip$^{\underline{42}}$|肉dʑiok$^{\underline{42}}$|热$_{\text{白}}$zua^{31}|闰zum^{22}|二$_{\text{十二，二在后}}$dʑi^{22}|二$_{\text{一二三}}$no^{31}|软nui^{41}。

陵水英州中，例字如：日$_{\text{太阳}}$dʑik^{3}|肉dʑiok^{3}|热$_{\text{白}}$zua^{43}|闰zun^{22}|二$_{\text{十二，二在后}}$dʑi^{22}|二$_{\text{一二三}}$no^{43}|软nui^{31}。

在万宁山根中，日母有一小部分字今读为d，例如：热$_{\text{白}}$dua^{42}|闰duŋ^{33}。万宁万城中，今读为d的声母的字主要来自次浊的以母、云母、疑母、日母。除了万宁万城，万宁山根中“汝$_{\text{你}}$du^{31}|浊dɔ^{22}”两个字读为d声母。

四、见系

见系中，古今演变可以分为四组：见组的见母、溪母、群母为一组；见组的疑母为一组；晓组的晓母、匣母，影组的影母为一组；影组的云母、以母为一组。

见母、溪母、群母的今读主要为k、h。见母字主要今读为k，次要今读为h；溪母字主要今读为h，次要今读为k；群母字主要今读为k、h，其中k略多一些。值得注意的是，见母中今读声母k与今开口呼、齐齿呼、合口呼均可拼，溪母中今读声母h与今开口呼、齐齿呼、合口呼均可拼，但是，群母中，k主要拼合口呼和开口度较大的开口呼，h主要拼齐齿呼和开口度较小的开口呼，如e开头的韵母等。

疑母今读主要为ŋ，ɡ、dʑ、z等次之。整体来看，读为ɡ的多为口语底层用字，ŋ包含口语用字和书面语用字，由此可以推测，读为ɡ是较早的说法。而今读ŋ中的古去声稍多，所以可以看出来，似乎是去声字先变，而后带动其他声调发生演变。

晓母、匣母、影母这一组中，晓母主要今读为ɦ，与今开口呼、齐齿呼、合口呼均可相拼；匣母主要今读为ɦ，次要今读为ʔ，今读为ʔ的字中，只有个别字韵母与齐齿呼相拼，多与开口呼、合口呼相拼，今读为ɦ的字则与各呼均可相拼；影母主要今读为ʔ，次要今读为ɦ，今读为声母ɦ的多为书面语用字。今读为声母ɦ的多与齐齿呼韵母相拼，今读为声母ʔ的则开口呼、齐齿呼、合口呼均有。

云母、以母主要今读为dʑ、z（dz）、ʔ、ɦ。其中dʑ和z（dz）没有对立关系，dʑ与齐齿呼相拼，z（dz）与开口呼、合口呼相拼，这一点整个万宁小片是一致的。具体在云母和以母中，ʔ与各呼均可相拼，ɦ多与齐齿呼相拼，偶有开口呼和合口呼。

整体来看，晓母、匣母的今读声母ɦ与各呼均可相拼，数量也比较多；影母、云母、以母中的今读声母ɦ虽与各呼均可相拼，但与齐齿呼相拼的情况较多。

1.见母

表3.32　见母的主要今读类型

调查地点	主要今读类型/%	最主要今读	最大比/%
万宁龙滚	k（91）、h（5）	k	91
万宁山根	k（86）、h（6）	k	86
万宁万城	k（89）、h（4）	k	89
陵水光坡	k（89）、h（5）	k	89
陵水椰林	k（90）、h（5）	k	90
陵水英州	k（91）、h（5）	k	91

见母字今读基本为k，无论洪音、细音都没有发生腭化。见母字是各中古字母中最多的，即使只占比5%，其实际字数也有十几个，所以把见母今读为h的单独列出。见母字今读为h的多为书面语用字。

万宁龙滚中，例字如：个kai^{21}|家kɛ^{23}|果kiɛ^{31}|瓜kiɛ^{23}|虹hiaŋ^{42}|矿huaŋ^{312}。

万宁山根中，例字如：个kai^{22}|家kᴇ^{24}|果kuɛ^{32}|瓜kuɛ^{24}|虹hiaŋ^{41}|矿huaŋ^{212}。

万宁万城中，例字如：个kai^{22}|家kᴇ^{33}|果kuɛ^{31}|瓜kuɛ^{33}|概hai^{212}|矿huaŋ^{212}。

陵水光坡中，例字如：个kai^{21}|家kᴇ^{33}|果koi^{31}|瓜koi^{33}|概hai^{34}|矿huaŋ^{34}。

陵水椰林中，例字如：个kai^{21}|家kɛ^{22}|果koi^{41}|瓜koi^{22}|概hai^{13}|矿huaŋ^{13}。

陵水英州中，例字如：个kai^{21}|家kɛ^{22}|果koi^{31}|瓜koi^{22}|概hai^{213}|矿huaŋ^{213}。

2.溪母

表3.33 溪母的主要今读类型

调查地点	主要今读类型/%	最主要今读	最大比/%
万宁龙滚	h（84）、k（3）	h	84
万宁山根	h（83）、k（7）	h	83
万宁万城	h（80）、k（8）	h	80
陵水光坡	h（85）、k（8）	h	85
陵水椰林	h（80）、k（9）	h	80
陵水英州	h（83）、k（5）	h	83

溪母的主要今读为h，在各调查点均超过了80%，各地都比较统一。

万宁龙滚中，例字如：去hu^{312}|骹$_{脚}$ha^{23}|哭hi^{21}|企ki^{23}。

万宁山根中，例字如：去hu^{212}|骹$_{脚}$ha^{24}|哭t^hi^{22}|企ki^{24}。

万宁万城中，例字如：去hu^{212}|骹$_{脚}$ha^{33}|哭hi^{22}|企ki^{33}。

陵水光坡中，例字如：去hu^{34}|骹$_{脚}$ha^{33}|哭hi^{21}|企ki^{454}。

陵水椰林中，例字如：去hu^{13}|骹$_{脚}$ha^{22}|哭hi^{21}|企ki^{453}。

陵水英州中，例字如：去hu^{213}|骹$_{脚}$ha^{22}|哭hi^{21}|企ki^{454}。

万宁山根中，溪母今读为t^h的只有“哭”这一个字。

3.群母

表3.34 群母的主要今读类型

调查地点	主要今读类型/%	最主要今读	最大比/%
万宁龙滚	k(53)、h(45)	k	53
万宁山根	k(49)、h(45)	k	49
万宁万城	k(52)、h(40)	k	52
陵水光坡	k(49)、h(41)	k	49
陵水椰林	k(52)、h(38)	k	52
陵水英州	k(61)、h(33)	k	61

群母的主要今读为k、h，口语字和书面语用字均有。其中，k与开口呼、齐齿呼、合口呼均可以相拼，h多与i、e开头的韵母相拼。这一点与溪母字今读h可与开口呼、齐齿呼、合口呼均相拼不同。

万宁龙滚中，例字如：棋ki^{21}|近kin^{42}||日ku^{23}|奇hi^{21}|球hiu^{21}|琼$_{海南简称}$hen^{21}。

万宁山根中，例字如：棋ki^{22}|近kien^{41}||日ku^{24}|奇hi^{22}|球hiu^{22}|琼$_{海南简称}$hen^{22}。

万宁万城中，例字如：棋ki^{22}|近kiŋ^{42}||日ku^{33}|奇hi^{22}|球hiu^{22}|琼$_{海南简称}$heŋ^{22}。

陵水光坡中，例字如：棋ki^{21}|近kin^{43}||日ku^{33}|奇hi^{21}|球hiu^{21}|琼$_{海南简称}$hen^{21}。

陵水椰林中，例字如：棋ki^{21}|近$_{远近}$kin^{31}||日ku^{22}|奇hi^{21}|球hiu^{21}|琼$_{海南简称}$heŋ^{21}。

陵水英州中，例字如：棋ki^{21}|近$_{远近}$kin^{43}||日ku^{22}|奇hi^{21}|球hiu^{21}|琼$_{海南简称}$heŋ^{21}。

4.疑母

表3.35 疑母的主要今读类型

调查地点	主要今读类型/%	最主要今读	最大比/%
万宁龙滚	ŋ(42)、g(15)、z(11)、dʑ(8)、ɦ(7)	ŋ	42
万宁山根	ŋ(50)、g(14)、z(7)、dʑ(12)、ɦ(7)	ŋ	50
万宁万城	ŋ(41)、g(17)、ɦ(9)、dʑ(7)、z(2)、d(5)	ŋ	41
陵水光坡	ŋ(55)、ɦ(11)、z(10)、dʑ(8)	ŋ	55
陵水椰林	ŋ(49)、z(10)、dʑ(9)、g(9)、ɦ(7)	ŋ	49
陵水英州	ŋ(40)、g(11)、z(10)、dʑ(9)、ɦ(8)	ŋ	40

疑母今读主要为ŋ，g、dʑ、z等次之。整体来看，读为g的多为口语底层用字，ŋ包含口语用字和书面语用字，由此可以推测，读为g是较早的说法。而今读ŋ中的古去声稍多，所以可以看出来，似乎是去声字先变，而后带动其他声调发生演变。

万宁龙滚中，例字如：五ŋou^{42}|硬ŋɛ^{42}|牛gu^{21}|牙gɛ^{21}|原zuan^{21}|玉dʑi^{42}|鱼ɦu^{21}。

万宁山根中，例字如：五ŋau^{41}|硬ŋᴇ^{41}|牛gu^{22}|牙gᴇ^{21}|原zuan^{22}|玉dʑi^{354}|鱼ɦu^{22}。

万宁万城中，例字如：五ŋau^{42}|硬ŋᴇ^{42}|牛gu^{22}|牙gᴇ^{22}|原duaŋ^{22}|崖dzai^{22}|玉dʑi^{354}|鱼ɦu^{22}。

陵水光坡中，例字如：五ŋau^{43}|硬ŋᴇ^{43}|牛ku^{21}|牙ŋᴇ^{21}|原zuan^{21}|玉dʑi^{454}|鱼ɦu^{21}。

陵水椰林中，例字如：五ŋau^{31}|硬ŋɛ^{31}|牛gu^{21}|牙gɛ^{21}|原zuam^{21}|玉$_{\text{白}}$dʑi^{31}|鱼ɦu^{21}。

陵水英州中，例字如：五ŋau^{43}|硬ŋɛ^{43}|牛gu^{21}|牙gɛ^{21}|原zuan^{21}|玉dʑi^{454}|鱼ɦu^{21}。

陵水光坡无g，其他调查点读为g的字在陵水光坡中读为ŋ、ɦ、z等。以陵水椰林（有g）和陵水光坡（无g）为例，陵水椰林中，我gua^{41}|牙gɛ^{21}|牛gu^{21}|月gui^{31}；陵水光坡中，我ɦua^{31}|牙ŋɛ^{21}|牛ku^{21}|月$_{\text{月亮}}$ɦoi^{43}|月$_{\text{三亚的月川桥村}}$zuat^{45}，牛ku^{21}$_{\text{疑母}}$＝估ku^{21}$_{\text{见母}}$。

5.晓母

表3.36　晓母的主要今读类型

调查地点	主要今读类型/%	最主要今读	最大比/%
万宁龙滚	ɦ（76）、h（9）	ɦ	76
万宁山根	ɦ（70）、h（12）	ɦ	70
万宁万城	ɦ（64）、h（9）	ɦ	64
陵水光坡	ɦ（72）、h（10）	ɦ	72
陵水椰林	ɦ（68）、h（10）	ɦ	68
陵水英州	ɦ（71）、h（6）	ɦ	71

晓母今读主要为ɦ，还有少部分读为h，读为h的多为非口语常用字。

万宁龙滚中，例字如：火ɦiɛ^{31}|海ɦai^{31}|虎ɦou^{31}|喝$_{\text{喝彩}}$hɔ^{454}。

万宁山根中，例字如：火ɦiɛ^{31}|海ɦai^{31}|虎ɦou^{31}|喝$_{\text{喝彩}}$hɔ^{454}。

万宁万城中，例字如：火ɦuɛ^{31}|海ɦai^{31}|虎ɦau^{31}|喝$_{\text{喝彩}}$ho^{454}。

陵水光坡中，例字如：火ɦoi^{31}|海ɦai^{31}|虎ɦau^{31}|喝$_{喝彩}$hok^{45}。

陵水椰林中，例字如：火ɦoi^{41}|海ɦai^{41}|虎ɦau^{41}|喝$_{喝彩}$hok^{5}。

陵水英州中，例字如：火ɦoi^{31}|海ɦai^{31}|虎ɦau^{31}|喝$_{喝彩}$hok^{5}。

6.匣母

表3.37　匣母的主要今读类型

调查地点	主要今读类型/%	最主要今读	最大比/%
万宁龙滚	ɦ(57)、ʔ(20)、k(11)	ɦ	57
万宁山根	ɦ(57)、ʔ(20)、k(10)	ɦ	57
万宁万城	ɦ(53)、ʔ(19)、k(10)	ɦ	53
陵水光坡	ɦ(62)、ʔ(16)、k(8)	ɦ	62
陵水椰林	ɦ(59)、ʔ(15)、k(8)	ɦ	59
陵水英州	ɦ(53)、ʔ(21)、k(10)	ɦ	53

匣母的主要今读为ɦ，各地均超过了50%，ʔ次之，k再次之。今读为ʔ的字中，只有个别字韵母为i或以i介音开头，多以洪音韵母为主。ɦ和ʔ的今读对立是分明的，以陵水椰林为例，同样是来自匣母的户$_{户口}$ɦau^{31}≠后ʔau^{31}。

有一部分字有ɦ、ʔ两读。以陵水椰林为例，“会”有两个读音，在“会不会”的义项中，声母为ʔ，读为ʔoi^{31}；在“开会”的义项中，声母为ɦ，读为ɦui^{31}。从这样的文白异读，可以推测，在早期的闽语中，匣母字读为ɦ，而读为ʔ是后期演变的结果。

万宁龙滚中，例字如：河ɦɔ^{21}|虾ɦɛ^{21}|下ʔɛ^{42}|后$_{前后}$ʔau^{42}|猴kau^{21}。

万宁山根中，例字如：河ɦɔ^{22}|虾ɦᴇ^{22}|下ʔɛ^{41}|后$_{前后}$ʔau^{41}|猴kau^{22}。

万宁万城中，例字如：河ɦo^{22}|虾ɦᴇ^{22}|下ʔᴇ^{42}|后$_{前后}$ʔau^{42}|猴kau^{22}。

陵水光坡中，例字如：河ɦo^{21}|虾ɦᴇ^{21}|下ʔᴇ^{43}|后$_{前后}$ʔau^{43}|猴kau^{21}。

陵水椰林中，例字如：河ɦo^{21}|虾ɦɛ^{21}|下ʔɛ^{31}|后$_{前后}$ʔau^{31}|猴kau^{21}。

陵水英州中，例字如：河ɦo^{21}|虾ɦɛ^{21}|下ʔɛ^{43}|后$_{前后}$ʔau^{43}|猴kau^{21}。

7.影母

表3.38 影母的主要今读类型

调查地点	主要今读类型/%	最主要今读	最大比/%
万宁龙滚	ʔ(80)、ɦ(12)	ʔ	80
万宁山根	ʔ(79)、ɦ(12)	ʔ	79
万宁万城	ʔ(77)、ɦ(8)	ʔ	77
陵水光坡	ʔ(72)、ɦ(14)	ʔ	72
陵水椰林	ʔ(77)、ɦ(12)	ʔ	77
陵水英州	ʔ(78)、ɦ(8)	ʔ	78

影母今读主要为ʔ，各地占比接近80%，次要为ɦ。今读为声母ɦ的多为书面语用字。今读为声母ɦ的多与齐齿呼韵母相拼，今读为声母ʔ的则开口呼、齐齿呼、合口呼均有。不同于匣母字ɦ和ʔ对立分明，影母字今读中还未找到ɦ和ʔ对立的例字，ɦ和ʔ只有音值上的区别。

万宁龙滚中，例字如：矮$ʔoi^{31}$|鸭$ʔa^{454}$|椅$ʔi^{31}$|优$ɦiu^{23}$|央$ɦiaŋ^{23}$。

万宁山根中，例字如：矮$ʔoi^{32}$|鸭$ʔa^{354}$|椅$ʔi^{32}$|优$ɦiu^{24}$|央$ɦiaŋ^{24}$。

万宁万城中，例字如：矮$ʔoe^{31}$|鸭$ʔa^{454}$|椅$ʔi^{31}$|优$ɦiu^{33}$|央$ɦiaŋ^{33}$。

陵水光坡中，例字如：矮$ʔoi^{31}$|鸭$ʔa^{454}$|椅$ʔi^{31}$|优$ɦiu^{33}$|央$ʔiaŋ^{33}$。

陵水椰林中，例字如：矮$ʔoi^{41}$|鸭$ʔa^{453}$|椅$ʔi^{41}$|优$ɦiu^{22}$|央$ɦiaŋ^{22}$。

陵水英州中，例字如：矮$ʔoi^{31}$|鸭$ʔa^{454}$|椅$ʔi^{31}$|优$ʔiu^{22}$|央$ɦiaŋ^{22}$。

8.云母

表3.39 云母的主要今读类型

调查地点	主要今读类型/%	最主要今读	最大比/%
万宁龙滚	dʑ(32)、z(12)； ɦ(27)； ʔ(24)	dʑ	32
万宁山根	ʔ(32)； dʑ(25)、z(13)； ɦ(21)	ʔ	32
万宁万城	ʔ(34)； dʑ(28)、z(2)； ɦ(16)； d(10)	ʔ	34

续表

调查地点	主要今读类型/%	最主要今读	最大比/%
陵水光坡	z(26)、dʑ(21)； ɦ(25)； ʔ(22)	z	26
陵水椰林	z(25)、dʑ(20)； ɦ(25)； ʔ(20)	z	25
陵水英州	ʔ(36)； dʑ(24)、z(24)； ɦ(12)	ʔ	36

云母字今读主要为dʑ、dz(z)和ʔ、ɦ，四个声母各地占比不一，此消彼长。在万宁万城，一小部分字今读为d声母。

从用字来看，今读为ɦ和ʔ的字口语用字居多。以陵水椰林为例，"远"在"远近"的义项中读为ɦui^{43}，声母为ɦ；在"永远"中读为zuam^{454}，读为z声母。

云母今读中，ʔ和ɦ的对立也是分明的，这一点和匣母一样，例如在陵水椰林中，园ɦui^{21}≠伟ʔui^{21}，又如，在陵水光坡中，远$_{远近}$ɦui^{43}≠胃ʔui^{43}。

万宁龙滚中，例字如：右dʑiu^{42}|永dʑioŋ^{31}|院zuan^{42}|员zuan^{21}|雨ɦou^{42}|远ɦui^{42}|有ʔu^{42}|圆ʔi^{21}。

万宁山根中，例字如：右dʑiu^{41}|永dʑioŋ^{32}|院zuan^{41}|员zuan^{22}|雨ɦau^{41}|远ɦui^{41}|有ʔu^{41}|圆ʔi^{22}。

万宁万城中，例字如：右dʑiu^{42}|永dʑioŋ^{22}|院duaŋ^{42}|员duaŋ^{22}|雨ɦau^{42}|远ɦui^{42}|有ʔu^{42}|圆ʔi^{22}。

陵水光坡中，例字如：右dʑiu^{43}|永zoŋ^{31}|院zuan^{43}|员zuan^{21}|雨ɦau^{43}|远$_{远近}$ɦui^{43}|有ʔu^{43}|圆ʔi^{21}。

陵水椰林中，例字如：右dʑiu^{31}|永zoŋ^{41}|院zuam^{31}|员zuam^{21}|雨ɦau^{31}|远$_{远近}$ɦui^{43}|有ʔu^{43}|圆ʔi^{21}。

陵水英州中，例字如：右dʑiu^{43}|永zoŋ^{31}|院zuam^{43}|员zuam^{21}|雨ɦau^{43}|远ɦui^{43}|有ʔu^{31}|圆ʔi^{21}。

9.以母

表3.40　以母的主要今读类型

调查地点	主要今读类型/%	最主要今读	最大比/%
万宁龙滚	dʑ（38）、z（22）； ʔ（20）； ɦ（9）	dʑ	38
万宁山根	dʑ（35）、z（18）； ʔ（20）； ɦ（13）	dʑ	35
万宁万城	dʑ（39）、dz（8）； ʔ（22）； ɦ（9）	dʑ	39
陵水光坡	dʑ（34）、z（32）； ʔ（15）； ɦ（10）	dʑ	34
陵水椰林	dʑ（33）、z（20）； ʔ（20）； ɦ（8）	dʑ	33
陵水英州	dʑ（33）、z（27）； ʔ（22）； ɦ（8）	dʑ	33

以母字的今读主要为dʑ，各地较为一致，次要读音为ʔ、dz（z）、ɦ，各地字数略有不同，此消彼长。dʑ、ʔ、dz（z）、ɦ四个声母互相之间有对立关系，但是以母字的今读似乎仍处在演变之中，表现在即使在同一个调查地点，也常常会出现一字多读现象。例如，在陵水椰林中，“姨”做“阿姨”义时，有两读ɦi^{453}、ʔi^{21}，不区别意义；“易”在“易经”的义项中，读为dʑi^{31}，在“容易”的义项中，读为zek^{5}；“叶”在当作“姓”时，读作dʑiep^{42}，在“树叶”的义项中，读为ɦio^{31}；“营”在“营养”的义项中，读为zoŋ^{21}，在“营长”的义项中，读为ʔia^{21}；等等，不一而足。

万宁龙滚中，例字如：用dʑioŋ^{42}|育zok^{5}|野zɛ^{31}|羊ʔio^{21}|药ʔio^{42}|悠ɦiu^{23}。

万宁山根中，例字如：用dʑioŋ^{41}|育dʑiok^{5}|野zᴇ^{32}|羊ʔio^{22}|药ʔio^{32}|悠ɦiu^{24}。

万宁万城中，例字如：用dʑioŋ^{42}|育dʑiok^{45}|野dzᴇ^{31}|羊ʔio^{22}|药ʔio^{31}|悠ɦiu^{33}。

陵水光坡中，例字如：用zoŋ^{43}|育zok^{45}|野zᴇ^{43}|羊ʔio^{21}|药ʔio^{454}|悠ɦiu^{33}。

陵水椰林中，例字如：用zoŋ^{31}|育zok^{5}|野zɛ^{31}|羊ʔio^{21}|药ʔio^{453}|悠ɦiu^{22}。

陵水英州中，例字如：用zoŋ[43]|育zok[5]|野zɛ[43]|羊ʔio[21]|药ʔio[43]|悠ʔiu[22]。

以母中，dʑ、dz（z）、ɦ三个声母目前没有找到对立关系，三个声母只存在音值差异。dz（z）与今开口呼和合口呼相拼，dʑ、ɦ与今齐齿呼相拼。但是dʑ和ɦ的音值听感差异非常大，且从全部调查材料来看，在陵水椰林中，香$_{香火}$ɦio[44]≠腰ʔio[44]≠尿dʑio[44]，盐ʔiam[22]≠炎dʑiam[22]≠嫌ɦiam[22]。

第二节　海南闽语韵母与中古韵母的比较

中古韵母的今读分化情况分为三个部分：一是阴声韵，包括果摄、假摄、遇摄、蟹摄、止摄、效摄、流摄；二是阳声韵的舒声韵，包括咸摄、深摄、山摄、臻摄、宕摄、江摄、曾摄、梗摄、通摄的舒声韵；三是阳声韵的入声韵，包括咸摄、深摄、山摄、臻摄、宕摄、江摄、曾摄、梗摄、通摄的入声韵。

一、阴声韵

阴声韵中，先来整体介绍各摄的最主要今读和白读情况。

其一，各阴声韵的最主要今读。

阴声韵各摄的主要今读多不止一个，有多个主要今读。开口一等、二等字今读多为开口呼，开口三等字今读多为齐齿呼，合口字今读主要为合口呼。各摄的最主要今读依次如下：

果摄开口一等字最主要今读为o（ɔ），果摄开口三等字最主要今读为io。果摄合口一等字最主要今读为o（ɔ），果摄合口三等字最主要今读为io（uɛ、iɛ）。

假摄开口二等字的最主要今读为ɛ（ᴇ）。假摄合口二等字最主要今读为ua。

遇摄合口一等字的最主要今读为u，遇摄合口三等字的最主要今读为u。

蟹摄开口一等字的最主要今读为ai，蟹摄开口二等字的最主要今读为ai，蟹摄开口三等字的最主要今读为i，蟹摄开口四等字的最主要今读为i。蟹摄合口一等字的最主要今读为ui，蟹摄合口二等字的最主要今读为uai，蟹摄合口三等字的最主要今读为ui，蟹摄合口四等字的最主要今读为ui。

止摄开口三等字最主要今读为i，止摄合口三等字最主要今读为ui（oe）。

效摄开口一等字最主要今读为au，效摄开口二等字最主要今读为au，效摄开口三等字最主要今读为iau，效摄开口四等字最主要今读为iau。

流摄开口一等字最主要今读为au，流摄开口三等字最主要今读为iu。

其二，阴声韵的文白分韵现象。

阴声韵中，各摄都有明显的文白异读现象。各摄的白读与中古等的关系不大。

果摄开口字今读的主要白读为o（ɔ）、ua、a，果摄合口字今读的主要白读为o（ɔ）、oi（uɛ、iɛ）、ua。

假摄开口字今读的主要白读为ɛ（ᴇ）、ua、ia，假摄合口字今读的主要白读为uɛ（iɛ、oi）。

遇摄合口字今读的主要白读为au（ou）、ɔ（o）。

蟹摄开口字今读的主要白读为ai、ui、e（ᴇ、ɛ）、ua、oi（oe、iɛ、uɛ）。蟹摄合口字今读的主要白读为oi（iɛ、uɛ）。

止摄开口字今读的主要白读为ai、ui、u、ua、oi（iɛ、uɛ）。

效摄开口字今读的主要白读为o（ɔ）。

流摄开口字今读的主要白读为au、u。

1.果摄

（1）果摄开口

表3.41 果摄开口的主要今读类型

调查地点	开口	主要今读类型/%	最主要今读	最大比/%
万宁龙滚	一等	ɔ（59）、ua（17）、a（7）	ɔ	59
	三等	io（100）	io	100
万宁山根	一等	ɔ（67）、ua（12）、a（12）	ɔ	67
	三等	io（100）	io	100

续表

调查地点	开口	主要今读类型/%	最主要今读	最大比/%
万宁万城	一等	ɔ(60)、ua(16)、a(6)	ɔ	60
	三等	io(100)	io	100
陵水光坡	一等	ɔ(69)、ua(13)、a(9)	ɔ	69
	三等	io(100)	io	100
陵水椰林	一等	o(67)、ua(15)、a(6)	o	67
	三等	io(100)	io	100
陵水英州	一等	o(61)、ua(11)、a(11)	o	61
	三等	io(100)	io	100

果摄开口一等字今读主要为o(ɔ),白读主要为o(ɔ)、a、ua,文读为o(ɔ),因而o(ɔ)中有白读也有文读,例如,在陵水椰林中,"阿"在口语中白读为ʔa^{22},在"阿胶"中文读为ʔo^{22};"哥$_1$"读为ko^{22}。"个"读为kai^{22},"我"读为gua^{42}。

果摄开口三等字只有一个"茄"字,在各地韵母均读为io。

万宁龙滚中,例字如:左tɔ^{31}$_{果开一}$|河ɦɔ^{21}$_{果开一}$|大ɗua^{23}$_{果开一}$|我gua^{31}$_{果开一}$|阿$_{人称前缀,阿花}$ʔa^{21}$_{果开一}$。

万宁山根中,例字如:左tɔ^{32}$_{果开一}$|河ɦɔ^{22}|大ɗua^{24}$_{果开一}$|我gua^{32}$_{果开一}$|阿$_{人称前缀,阿花}$ʔa^{24}$_{果开一}$。

万宁万城中,例字如:左to^{31}$_{果开一}$|河ɦo^{22}$_{果开一}$|大ɗua^{33}$_{果开一}$|我gua^{31}$_{果开一}$|阿$_{人称前缀,阿花}$ʔa^{33}$_{果开一}$。

陵水光坡中,例字如:左to^{31}$_{果开一}$|河ɦo^{21}$_{果开一}$|大ɗua^{33}$_{果开一}$|我ɦua^{31}$_{果开一}$|阿$_{人称前缀,阿花}$ʔa^{33}$_{果开一}$。

陵水椰林中,例字如:左to^{41}$_{果开一}$|河ɦo^{21}$_{果开一}$|大ɗua^{22}$_{果开一}$|我gua^{41}$_{果开一}$|阿$_{人称前缀,阿花}$ʔa^{22}$_{果开一}$。

陵水英州中,例字如:左to^{31}$_{果开一}$|河ɦo^{21}$_{果开一}$|大ɗua^{22}$_{果开一}$|我gua^{31}$_{果开一}$|阿$_{人称前缀,阿花}$ʔa^{22}$_{果开一}$。

（2）果摄合口

表3.42　果摄合口的主要今读类型

调查地点	合口	主要今读类型/%	最主要今读	最大比/%
万宁龙滚	一等	ɔ（31）、ua（21）、iɛ（12）、ɛ（10）	ɔ	31
万宁山根	一等	ɔ（41）、ua（12）、uɛ（10）、ɛ（5）	ɔ	41
万宁万城	一等	o（48）、uɛ（23）、ua（16）、ɛ（3）	o	48
陵水光坡	一等	o（46）、ua（17）、oi（12）、e（5）、ᴇ（5）	o	46
陵水椰林	一等	o（42）、ua（16）、oi（16）、e（5）、ᴇ（5）	o	42
陵水英州	一等	o（33）、ua（20）、oi（18）、e（5）	o	33

果摄合口一等字今读主要为o（ɔ）、oi（uɛ、iɛ）、ua，白读主要为o（ɔ）、oi（uɛ、iɛ）、ua，文读为o（ɔ）。

万宁龙滚中，例字如：锁tɔ$^{31}_{\text{果合一}}$|波ɓɔ$^{23}_{\text{果合一}}$|和ɦua$^{21}_{\text{果合一}}$|课hua$^{312}_{\text{果合一}}$|火ɦiɛ$^{31}_{\text{果合一}}$|果kiɛ$^{31}_{\text{果合一}}$|坐tsɛ$^{42}_{\text{果合一}}$|螺lɛ$^{21}_{\text{果合一}}$。

万宁山根中，例字如：锁tɔ$^{32}_{\text{果合一}}$|波ɓɔ$^{24}_{\text{果合一}}$|和ɦua$^{22}_{\text{果合一}}$|课hua$^{212}_{\text{果合一}}$|火ɦuɛ$^{32}_{\text{果合一}}$|果kuɛ$^{32}_{\text{果合一}}$|坐tsᴇ$^{41}_{\text{果合一}}$|螺lᴇ$^{21}_{\text{果合一}}$。

万宁万城中，例字如：锁θɔ^{31}|$_{\text{果合一}}$波ɓo$^{33}_{\text{果合一}}$|和ɦua$^{22}_{\text{果合一}}$|课hua$^{212}_{\text{果合一}}$|火ɦuɛ$^{31}_{\text{果合一}}$|果kuɛ$^{31}_{\text{果合一}}$|坐tsᴇ$^{42}_{\text{果合一}}$|螺lᴇ$^{21}_{\text{果合一}}$。

陵水光坡中，例字如：锁to$^{31}_{\text{果合一}}$|波ɓo$^{33}_{\text{果合一}}$|和ɦua$^{21}_{\text{果合一}}$|课hua$^{34}_{\text{果合一}}$|火ɦoi$^{31}_{\text{果合一}}$|果koi$^{31}_{\text{果合一}}$|坐tse$^{43}_{\text{果合一}}$|螺lᴇ$^{21}_{\text{果合一}}$。

陵水椰林中，例字如：锁to$^{41}_{\text{果合一}}$|波ɓo$^{22}_{\text{果合一}}$|和ɦua$^{21}_{\text{果合一}}$|课hua$^{13}_{\text{果合一}}$|火ɦoi$^{41}_{\text{果合一}}$|果koi$^{41}_{\text{果合一}}$|坐tse$^{31}_{\text{果合一}}$|螺lᴇ$^{21}_{\text{果合一}}$。

陵水英州中，例字如：锁to$^{31}_{\text{果合一}}$|波ɓo$^{22}_{\text{果合一}}$|和ɦua$^{21}_{\text{果合一}}$|课hua$^{213}_{\text{果合一}}$|火ɦoi$^{31}_{\text{果合一}}$|果koi$^{31}_{\text{果合一}}$|坐tse$^{43}_{\text{果合一}}$|螺lo$^{21}_{\text{果合一}}$。

陵水光坡、陵水椰林、陵水英州中存在e和ᴇ的对立，e只存在于陵水光坡、陵水椰林、陵水英州中，每个调查点的字数均为个位数，主要来源是果摄合口一等字的“坐、座”，假摄开口三等字的“姐、爷、野”，蟹摄开口一等字的“袋、代”。具体到上文提到的果摄合口一等字中，陵水光坡和陵水椰林有e和ᴇ，陵水英州只有e，陵水光坡和陵水椰林中读为ᴇ的字，在陵水英州中读为o，如上例中的“螺”字。

果摄合口三等字的“瘸、靴”在当地非常用字，有些地方读不出来，在万宁万城中今读分别为huᴇ^{22}|p^{h}uɛ^{33}。

2.假摄

（1）假摄开口

表3.43　假摄开口的主要今读类型

调查地点	开口	主要今读类型/%	最主要今读	最大比/%
万宁龙滚	二等	ɛ（47）、a（24）、ia（10）、ua（7）	ɛ	47
	三等	ia（48）、ɛ（26）	ia	48
万宁山根	二等	a（43）、ᴇ（35）、ia（17）、ua（3）	a	43
	三等	ia（52）、ᴇ（35）	ia	52
万宁万城	二等	ᴇ（46）、a（28）、ia（14）、ua（7）	ᴇ	46
	三等	ia（39）、ᴇ（39）	ia	39
陵水光坡	二等	ᴇ（51）、a（34）、ia（10）、ua（3）	ᴇ	51
	三等	ia（53）、ᴇ（30）	ia	53
陵水椰林	二等	ɛ（43）、a（34）、ia（10）、ua（5）	ɛ	43
	三等	ia（46）、ɛ（27）	ia	46
陵水英州	二等	ɛ（50）、a（31）、ia（10）、ua（5）	ɛ	50
	三等	ia（52）、ɛ（24）	ia	52

假摄开口二等字的今读主要为ɛ（ᴇ）、a、ia、ua，其中白读为ɛ（ᴇ）、ua，文读为a、ia。例如“沙”，在陵水椰林中，白读音为tua^{22}，文读音为sa^{22}。假摄开口三等字的今读主要为ɛ（ᴇ）、ia，其中白读为ia，文读为ɛ（ᴇ）。例如“舍”，在陵水光坡中，在“宿舍”的义项中白读为tia^{31}，在“舍得”的义项中文读为tᴇ^{43}。

万宁龙滚中，例字如：

马bɛ^{31}$_{\text{果开一}}$|茶ɗɛ^{21}$_{\text{果开一}}$|亚ʔa^{23}$_{\text{果开一}}$|怕kia^{23}$_{\text{果开一}}$|沙tua^{23}$_{\text{果开一}}$，

写tia^{31}$_{\text{果开三}}$|车$_{\text{火车}}$ɕia^{23}$_{\text{果开三}}$|野zɛ^{31}$_{\text{果开三}}$。

万宁山根中，例字如：

马bᴇ^{32}$_{\text{果开一}}$|茶ɗᴇ^{22}$_{\text{果开一}}$|亚ʔa^{24}$_{\text{果开一}}$|怕kia^{24}$_{\text{果开一}}$|沙tua^{24}$_{\text{果开一}}$，

写tia^{32}$_{\text{果开三}}$|车$_{\text{火车}}$ɕia^{24}$_{\text{果开三}}$|野zᴇ^{32}$_{\text{果开三}}$。

万宁万城中，例字如：

马bᴇ$^{31}_{\text{果开一}}$|茶ɗᴇ$^{22}_{\text{果开一}}$|亚ʔa$^{33}_{\text{果开一}}$|怕kia$^{33}_{\text{果开一}}$|沙$_{\text{白}}$tθua$^{33}_{\text{果开一}}$，

写tθia$^{31}_{\text{果开三}}$|车$_{\text{火车}}$ɕia$^{33}_{\text{果开三}}$|野dzᴇ$^{31}_{\text{果开三}}$。

陵水光坡中，例字如：

马bᴇ$^{31}_{\text{果开一}}$|茶ɗᴇ$^{21}_{\text{果开一}}$|亚ʔa$^{33}_{\text{果开一}}$|怕kia$^{33}_{\text{果开一}}$|沙$_{\text{白}}$tua$^{33}_{\text{果开一}}$，

写tia$^{31}_{\text{果开三}}$|车$_{\text{火车}}$ɕia$^{33}_{\text{果开三}}$|野zᴇ$^{43}_{\text{果开三}}$。

陵水椰林中，例字如：

马bɛ$^{41}_{\text{果开一}}$|茶ɗɛ$^{21}_{\text{果开一}}$|亚ʔa$^{22}_{\text{果开一}}$|怕kia$^{22}_{\text{果开一}}$|沙$_{\text{白}}$tua$^{22}_{\text{果开一}}$，

写tia$^{41}_{\text{果开三}}$|车$_{\text{火车}}$ɕia$^{22}_{\text{果开三}}$|野zɛ$^{31}_{\text{果开三}}$。

陵水英州中，例字如：

马bɛ$^{31}_{\text{果开一}}$|茶ɗɛ$^{21}_{\text{果开一}}$|亚ʔa$^{22}_{\text{果开一}}$|怕kia$^{22}_{\text{果开一}}$|沙$_{\text{白}}$tua$^{22}_{\text{果开一}}$，

写tia$^{31}_{\text{果开三}}$|车$_{\text{火车}}$ɕia$^{22}_{\text{果开三}}$|野zɛ$^{43}_{\text{果开三}}$。

（2）假摄合口

表3.44　假摄合口的主要今读类型

调查地点	合口	主要今读类型/%	最主要今读	最大比/%
万宁龙滚	二等	ua（43）、iɛ（29）	ua	43
万宁山根	二等	ua（59）、uɛ（24）	ua	59
万宁万城	二等	ua（53）、uɛ（24）	ua	53
陵水光坡	二等	ua（53）、oi（27）	ua	53
陵水椰林	二等	ua（62）、oi（31）	ua	62
陵水英州	二等	ua（62）、oi（31）	ua	62

假摄合口二等字今读主要为ua、uɛ（iɛ、oi），其中白读为uɛ（iɛ、oi），文读为ua。例如“花”，在万宁龙滚中，在“一朵花”中白读为ɦiɛ^{23}，在“名字阿花”中读为ɦua^{23}。

万宁龙滚中，例字如：寡kua$^{31}_{\text{假合二}}$|夸hua$^{23}_{\text{假合二}}$|花$_{\text{白}}$ɦiɛ$^{23}_{\text{假合二}}$|瓜kiɛ$^{23}_{\text{假合二}}$。

万宁山根中，例字如：寡kua$^{32}_{\text{假合二}}$|夸hua$^{24}_{\text{假合二}}$|花$_{\text{白}}$ɦuɛ$^{24}_{\text{假合二}}$|瓜kuɛ$^{24}_{\text{假合二}}$。

万宁万城中，例字如：寡kua$^{31}_{\text{假合二}}$|夸hua$^{33}_{\text{假合二}}$|花$_{\text{白}}$ɦuɛ$^{33}_{\text{假合二}}$|瓜kuɛ$^{33}_{\text{假合二}}$。

陵水光坡中，例字如：寡kua$^{31}_{\text{假合二}}$|夸hua$^{33}_{\text{假合二}}$|花$_{\text{白}}$ɦoi$^{33}_{\text{假合二}}$|瓜koi$^{33}_{\text{假合二}}$。

陵水椰林中，例字如：寡kua$^{41}_{\text{假合二}}$|夸hua$^{22}_{\text{假合二}}$|花$_{\text{白}}$ɦoi$^{22}_{\text{假合二}}$|瓜koi$^{22}_{\text{假合二}}$。

陵水英州中，例字如：寡kua$^{31}_{\text{假合二}}$|夸hua$^{22}_{\text{假合二}}$|花$_{\text{白}}$ɦoi$^{22}_{\text{假合二}}$|瓜koi$^{22}_{\text{假合二}}$。

3.遇摄

表3.45　遇摄合口的主要今读类型

调查地点	合口	主要今读类型/%	最主要今读	最大比/%
万宁龙滚	一等	u（44）、ou（40）、ɔ（4）、au（3）	u	44
	三等	u（40）、i（32）、ɔ（7）、ou（5）、iu（3）	u	40
万宁山根	一等	u（59）、au（35）、ɔ（4）	u	59
	三等	u（37）、i（37）、ɔ（6）、au（6）、iu（2）	u、i	37
万宁万城	一等	u（58）、au（31）、o（5）	u	58
	三等	u（44）、i（30）、o（5）、au（5）、iu（3）	u	44
陵水光坡	一等	u（58）、au（31）、o（7）	u	58
	三等	u（41）、i（35）、au（6）、o（4）、iu（4）	u	41
陵水椰林	一等	u（62）、au（31）、o（4）	u	62
	三等	u（43）、i（36）、au（5）、o（4）、iu（3）	u	43
陵水英州	一等	u（57）、au（33）、o（6）	u	57
	三等	u（40）、i（32）、au（6）、o（5）、iu（3）	u	40

遇摄合口一等字的今读主要为u、au（ou）、ɔ（o），其中白读为au（ou）、ɔ（o），文读为u。例如“布”，在陵水光坡中，在“一块布”中白读为ɓau^{34}，在“宣布”中文读为ɓu^{34}。

遇摄合口三等字的今读主要为u、i、au（ou）、ɔ（o），其中白读为au（ou）、ɔ（o），文读为u、i、ɔ（o）。例如，在陵水椰林中，“初”在“大年初一”中白读为sau^{22}，在“初中”中文读为so^{22}；“芋”白读为ʔau^{22}，文读为ɦi^{453}。

万宁龙滚中，例字如：

布$_{\text{文}}$ɓu$^{312}_{\text{遇合一}}$|图hu$^{21}_{\text{遇合一}}$|布$_{\text{白}}$ɓou$^{312}_{\text{遇合一}}$|五ŋou$^{42}_{\text{遇合一}}$|错sɔ$^{312}_{\text{遇合一}}$|素tɔ$^{312}_{\text{遇合一}}$|吴$_{\text{姓}}$gau$^{21}_{\text{遇合一}}$|度$_{\text{一度电}}$ɗau$^{23}_{\text{遇合一}}$，

猪ɗu$^{23}_{\text{遇合三}}$|书tu$^{23}_{\text{遇合三}}$|区hi$^{23}_{\text{遇合三}}$|举ki$^{31}_{\text{遇合三}}$|无bɔ$^{21}_{\text{遇合三}}$|助tɔ$^{42}_{\text{遇合三}}$|雨ɦou$^{32}_{\text{遇合三}}$|芋ʔou$^{23}_{\text{遇合三}}$|树ɕiu$^{23}_{\text{遇合三}}$|鼠ɕiu$^{31}_{\text{遇合三}}$。

万宁山根中，例字如：

布$_{文}$ɓu$^{212}_{遇合一}$|图t^{h}u$^{22}_{遇合一}$|布$_{白}$ɓau$^{212}_{遇合一}$|五ŋau$^{41}_{遇合一}$|错sɔ$^{212}_{遇合一}$|素tɔ$^{212}_{遇合一}$|吴$_{姓}$gau$^{22}_{遇合一}$|度$_{一度电}$ɗau$^{24}_{遇合一}$，

猪ɗu$^{24}_{遇合三}$|书tu$^{24}_{遇合三}$|区hi$^{24}_{遇合三}$|举ki$^{32}_{遇合三}$|无bɔ$^{22}_{遇合三}$|助tɔ$^{41}_{遇合三}$|雨ɦou$^{41}_{遇合三}$|芋ʔau$^{24}_{遇合三}$|树ɕiu$^{24}_{遇合三}$|鼠ɕiu$^{32}_{遇合三}$。

万宁万城中，例字如：

布$_{文}$ɓu$^{212}_{遇合一}$|图hu$^{22}_{遇合一}$|布$_{白}$ɓau$^{212}_{遇合一}$|五ŋau$^{42}_{遇合一}$|错so$^{212}_{遇合一}$|素θo$^{212}_{遇合一}$|吴$_{姓}$gau$^{22}_{遇合一}$|度$_{一度电}$ɗau$^{33}_{遇合一}$，

猪ɗu$^{33}_{遇合三}$|书tu$^{33}_{遇合三}$|区hi$^{33}_{遇合三}$|举ki$^{31}_{遇合三}$|无bo$^{22}_{遇合三}$|助to$^{42}_{遇合三}$|雨ɦau$^{42}_{遇合三}$|芋ʔau$^{33}_{遇合三}$|树ɕiu$^{33}_{遇合三}$|鼠ɕiu$^{31}_{遇合三}$。

陵水光坡中，例字如：

布$_{文}$ɓu$^{34}_{遇合一}$|图t^{h}u$^{21}_{遇合一}$|布$_{白}$ɓau$^{34}_{遇合一}$|五ŋau$^{43}_{遇合一}$|错so$^{34}_{遇合一}$|素to$^{34}_{遇合一}$|吴$_{姓}$ŋau$^{21}_{遇合一}$|度$_{一度电}$ɗau$^{33}_{遇合一}$，

猪ɗu$^{33}_{遇合三}$|书tu$^{33}_{遇合三}$|区hi$^{33}_{遇合三}$|举ku$^{31}_{遇合三}$|无bo$^{21}_{遇合三}$|助to$^{43}_{遇合三}$|雨ɦau$^{43}_{遇合三}$|芋ʔau$^{33}_{遇合三}$|树ɕiu$^{33}_{遇合三}$|鼠ɕiu$^{31}_{遇合三}$。

陵水椰林中，例字如：

布$_{文}$ɓu$^{13}_{遇合一}$|图hu$^{21}_{遇合一}$|布白ɓau$^{13}_{遇合一}$|五ŋau$^{31}_{遇合一}$|错so$^{13}_{遇合一}$|素to$^{13}_{遇合一}$|吴$_{姓}$ŋau$^{21}_{遇合一}$|度$_{一度电}$ɗau$^{22}_{遇合一}$，

猪ɗu$^{22}_{遇合三}$|书tu$^{22}_{遇合三}$|区hi$^{22}_{遇合三}$|举ku$^{41}_{遇合三}$|无bo$^{21}_{遇合三}$|助to$^{31}_{遇合三}$|雨ɦau$^{31}_{遇合三}$|芋$_{白}$ʔau$^{22}_{遇合三}$|树ɕiu$^{22}_{遇合三}$|鼠ɕiu$^{41}_{遇合三}$。

陵水英州中，例字如：

布$_{文}$ɓu$^{213}_{遇合一}$|图hu$^{21}_{遇合一}$|布$_{白}$ɓau$^{213}_{遇合一}$|五ŋau$^{43}_{遇合一}$|错so$^{213}_{遇合一}$|素to$^{213}_{遇合一}$|吴$_{姓}$gau$^{21}_{遇合一}$|度$_{一度电}$ɗau$^{22}_{遇合一}$，

猪ɗu$^{22}_{遇合三}$|书tu$^{22}_{遇合三}$|区hi$^{22}_{遇合三}$|举ku$^{31}_{遇合三}$|无bo$^{21}_{遇合三}$|助to$^{43}_{遇合三}$|雨ɦau$^{43}_{遇合三}$|芋$_{白}$ʔau$^{22}_{遇合三}$|树ɕiu$^{22}_{遇合三}$|鼠ɕiu$^{31}_{遇合三}$。

4.蟹摄

(1)蟹摄开口

表3.46 蟹摄开口的主要今读类型

调查地点	开口	主要今读类型/%	最主要今读	最大比/%
万宁龙滚	一等	ai(60)、ua(8)、i(4)、ui(4)、oi(2)、iɛ(2)	ai	60
	二等	ai(52)、oi(23)、ɛ(10)、a(6)	ai	52
	三等	i(91)	i	91
	四等	i(51)、oi(35)	i	51
万宁山根	一等	ai(74)、ua(6)、i(5)、ui(5)、ᴇ(3)、oi(2)、uɛ(2)	ai	74
	二等	ai(67)、oi(16)、ᴇ(7)、a(7)	ai	67
	三等	i(75)	i	75
	四等	i(51)、oi(32)	i	51
万宁万城	一等	ai(76)、ua(5)、ui(5)、i(3)、oe(3)、uɛ(2)、ᴇ(2)	ai	76
	二等	ai(52)、oe(23)、ᴇ(8)、a(8)	ai	52
	三等	i(69)	i	69
	四等	i(54)、oe(34)	i	
陵水光坡	一等	ai(74)、ua(5)、ui(5)、i(3)、oi(3)、ᴇ(2)	ai	74
	二等	ai(58)、oi(16)、ᴇ(9)、a(9)	ai	58
	三等	i(80)	i	80
	四等	i(61)、oi(30)	i	61
陵水椰林	一等	ai(82)、ui(5)、ua(3)、i(3)、e(3)、oi(2)	ai	82
	二等	ai(63)、oi(18)、a(13)、ɛ(5)	ai	63
	三等	i(81)	i	81
	四等	i(62)、oi(29)	i	62
陵水英州	一等	ai(71)、ua(7)、oi(5)、i(4)、ui(2)、e(2)	ai	71
	二等	ai(57)、oi(20)、ɛ(11)、a(8)	ai	57
	三等	i(77)	i	77
	四等	i(54)、oi(33)	i	54

蟹摄开口一等字的今读主要为ai，个别读为ui、e(ᴇ、ɛ)、ua、oi(oe)、iɛ(uɛ、oi)。其中白读为ai、ui、e(ᴇ、ɛ)、ua、oi(oe、iɛ、uɛ)，文读为ai。例如“代”字，在陵水

椰林中，在“一代人”中白读为ɗe^{22}，在“代表”中文读为ɗai^{453}。例如“贝”，在陵水光坡中，在“宝贝”中白读为ɓoi^{34}，在“扇贝”中文读为ɓui^{454}。

蟹摄开口二等字的今读主要为ai、oi（oe），个别读为e（ᴇ、ɛ）、a，口语常用字多读为oi（oe、iɛ），书面语用字多读为ai。例如，“届”在万宁万城中读为kai^{454}，“买”在万宁万城中读为boe^{31}。

蟹摄开口三等字的今读主要为i，个别读为oi（oe），例如“币”在万宁龙滚中读为ɓi^{454}。

蟹摄开口四等字的今读主要为i、oi（oe），个别读为ai。其中白读为oi（oe），文读为i。例如“蹄”，在陵水椰林中，白读为ɗoi^{21}，文读为ɗi^{453}。蟹摄开口四等中，个别读为ai，例如“西”在万宁龙滚中读为tai^{23}。

万宁龙滚中，例字如：

菜sai^{312}$_{\text{蟹开一}}$|来lai^{21}$_{\text{蟹开一}}$|大ɗua^{23}$_{\text{蟹开一}}$|戴ɗi^{23}$_{\text{蟹开一}}$|开hui^{23}$_{\text{蟹开一}}$|改koi^{31}$_{\text{蟹开一}}$|贝$_{\text{白}}$ɓiɛ^{312}$_{\text{蟹开一}}$，

败ɓai^{42}$_{\text{蟹开二}}$|界kai^{312}$_{\text{蟹开二}}$|买boi^{31}$_{\text{蟹开二}}$|矮ʔoi^{31}$_{\text{蟹开二}}$|斋tsɛ^{23}$_{\text{蟹开二}}$|柴sa^{21}$_{\text{蟹开二}}$，

币ɓi^{454}$_{\text{蟹开三}}$|世ti^{312}$_{\text{蟹开三}}$|例loi^{23}$_{\text{蟹开三}}$，

体hi^{31}$_{\text{蟹开四}}$|计ki^{312}$_{\text{蟹开四}}$|低ɗoi^{23}$_{\text{蟹开四}}$|鸡koi^{23}$_{\text{蟹开四}}$|西tai^{23}$_{\text{蟹开四}}$。

万宁山根中，例字如：

菜sai^{212}$_{\text{蟹开一}}$|来lai^{22}$_{\text{蟹开一}}$|大ɗua^{24}$_{\text{蟹开一}}$|戴ɗi^{24}$_{\text{蟹开一}}$|开hui^{24}$_{\text{蟹开一}}$|改koi^{32}$_{\text{蟹开一}}$|贝$_{\text{白}}$ɓuɛ^{212}$_{\text{蟹开一}}$，

败ɓai^{41}$_{\text{蟹开二}}$|界kai^{354}$_{\text{蟹开二}}$|买boi^{31}$_{\text{蟹开二}}$|矮ʔoi^{32}$_{\text{蟹开二}}$|斋tsᴇ^{24}$_{\text{蟹开二}}$|柴sa^{22}$_{\text{蟹开二}}$，

币ɓi^{354}$_{\text{蟹开三}}$|世ti^{212}$_{\text{蟹开三}}$|例loi^{24}$_{\text{蟹开三}}$，

体tʰi^{32}$_{\text{蟹开四}}$|计ki^{212}$_{\text{蟹开四}}$|低ɗoi^{24}$_{\text{蟹开四}}$|鸡koi^{24}$_{\text{蟹开四}}$|西tai^{24}$_{\text{蟹开四}}$。

万宁万城中，例字如：

菜sai^{212}$_{\text{蟹开一}}$|来lai^{22}$_{\text{蟹开一}}$|大ɗua^{33}$_{\text{蟹开一}}$|鳃çi^{33}$_{\text{蟹开一}}$|开hui^{33}$_{\text{蟹开一}}$|改koe^{31}$_{\text{蟹开一}}$|贝$_{\text{白}}$ɓuɛ^{212}$_{\text{蟹开一}}$，

败ɓai$^{42}_{\text{蟹开二}}$|界kai$^{212}_{\text{蟹开二}}$|买boe$^{31}_{\text{蟹开二}}$|矮ʔoe$^{31}_{\text{蟹开二}}$|斋tsᴇ$^{33}_{\text{蟹开二}}$|柴sa$^{22}_{\text{蟹开二}}$，

币ɓi$^{454}_{\text{蟹开三}}$|世tθi$^{212}_{\text{蟹开三}}$|例loe$^{33}_{\text{蟹开三}}$，

体hi$^{31}_{\text{蟹开四}}$|计ki$^{212}_{\text{蟹开四}}$|低ɗoe$^{33}_{\text{蟹开四}}$|鸡koe$^{33}_{\text{蟹开四}}$|西θai$^{33}_{\text{蟹开四}}$。

陵水光坡中，例字如：

菜sai$^{34}_{\text{蟹开一}}$|来lai$^{21}_{\text{蟹开一}}$|大$_{\text{大小}}$ɗua$^{33}_{\text{蟹开一}}$|戴ɗi$^{34}_{\text{蟹开一}}$|开hui$^{33}_{\text{蟹开一}}$|改koi$^{31}_{\text{蟹开一}}$|贝$_{\text{白}}$ɓoi$^{34}_{\text{蟹开一}}$，

败ɓai$^{43}_{\text{蟹开二}}$|界kai$^{34}_{\text{蟹开二}}$|买boi$^{31}_{\text{蟹开二}}$|矮ʔoi$^{31}_{\text{蟹开二}}$|斋tsᴇ$^{33}_{\text{蟹开二}}$|柴sa$^{21}_{\text{蟹开二}}$，

币ɓi$^{454}_{\text{蟹开三}}$|世ti$^{34}_{\text{蟹开三}}$|例loi$^{33}_{\text{蟹开三}}$，

体tʰi$^{31}_{\text{蟹开四}}$|计ki$^{34}_{\text{蟹开四}}$|低ɗoi$^{33}_{\text{蟹开四}}$|鸡koi$^{33}_{\text{蟹开四}}$|西tai$^{33}_{\text{蟹开四}}$。

陵水椰林中，例字如：

菜sai$^{13}_{\text{蟹开一}}$|来lai$^{21}_{\text{蟹开一}}$|大$_{\text{大小}}$ɗua$^{22}_{\text{蟹开一}}$|戴ɗi$^{13}_{\text{蟹开一}}$|开hui$^{22}_{\text{蟹开一}}$|改koi$^{41}_{\text{蟹开一}}$|贝ɓui$^{13}_{\text{蟹开一}}$，

败ɓai$^{31}_{\text{蟹开二}}$|界kai$^{13}_{\text{蟹开二}}$|买boi$^{41}_{\text{蟹开二}}$|矮ʔoi$^{41}_{\text{蟹开二}}$|斋tsɛ$^{22}_{\text{蟹开二}}$|柴sa$^{21}_{\text{蟹开二}}$，

币ɓi$^{453}_{\text{蟹开三}}$|世ti$^{13}_{\text{蟹开三}}$|例loi$^{22}_{\text{蟹开三}}$，

体hi$^{41}_{\text{蟹开四}}$|计ki$^{13}_{\text{蟹开四}}$|低ɗoi$^{22}_{\text{蟹开四}}$|鸡koi$^{22}_{\text{蟹开四}}$|西tai$^{22}_{\text{蟹开四}}$。

陵水英州中，例字如：

菜sai$^{213}_{\text{蟹开一}}$|来lai$^{21}_{\text{蟹开一}}$|大$_{\text{大小}}$ɗua$^{22}_{\text{蟹开一}}$|戴ɗi$^{213}_{\text{蟹开一}}$|开hui$^{22}_{\text{蟹开一}}$|改koi$^{31}_{\text{蟹开一}}$|贝$_{\text{白}}$ɓoi$^{213}_{\text{蟹开一}}$，

败ɓai$^{43}_{\text{蟹开二}}$|界kai$^{213}_{\text{蟹开二}}$|买boi$^{31}_{\text{蟹开二}}$|矮ʔoi$^{31}_{\text{蟹开二}}$|斋tsɛ$^{22}_{\text{蟹开二}}$|柴sa$^{21}_{\text{蟹开二}}$，

币ɓi$^{454}_{\text{蟹开三}}$|世ti$^{213}_{\text{蟹开三}}$|例loi$^{22}_{\text{蟹开三}}$，

体hi$^{31}_{\text{蟹开四}}$|计ki$^{213}_{\text{蟹开四}}$|低ɗoi$^{22}_{\text{蟹开四}}$|鸡koi$^{22}_{\text{蟹开四}}$|西tai$^{22}_{\text{蟹开四}}$。

（2）蟹摄合口

表3.47　蟹摄合口的主要今读类型

调查地点	合口	主要今读类型/%	最主要今读	最大比/%
万宁龙滚	一等	ui（59）、iɛ（22）	ui	59
	二等	uai（40）、iɛ（30）、ua（20）	uai	40

续表

调查地点	合口	主要今读类型/%	最主要今读	最大比/%
万宁龙滚	三等	ui（57）、iɛ（29）	ui	57
	四等	ui（80）	ui	80
万宁山根	一等	ui（64）、uɛ（24）	ui	64
	二等	uai（47）、ua（27）、uɛ（20）	uai	47
	三等	ui（50）、uɛ（25）	ui	50
	四等	ui（71）	ui	71
万宁万城	一等	ui（54）、uɛ（25）	ui	54
	二等	uai（47）、ua（33）、uɛ（20）	uai	47
	三等	ui（63）、uɛ（25）	ui	63
	四等	ui（67）	ui	67
陵水光坡	一等	ui（58）、oi（25）	ui	58
	二等	uai（47）、ua（29）、oi（18）	uai	47
	三等	ui（63）、oi（25）	ui	63
	四等	ui（71）	ui	71
陵水椰林	一等	ui（65）、oi（21）	ui	65
	二等	uai（38）、ua（38）、oi（23）	uai、ua	38
	三等	ui（57）、oi（29）	ui	57
	四等	ui（80）		
陵水英州	一等	ui（63）、oi（27）	ui	63
	二等	uai（46）、ua（31）、oi（23）	uai	46
	三等	ui（71）、oi（29）	ui	71
	四等	ui（80）	ui	80

蟹摄合口一等字的今读主要为ui、oi（iɛ、uɛ），其中白读为oi（iɛ、uɛ），文读为ui。例如“会”字，在陵水椰林中，在“会不会”中白读为$ʔoi^{31}$，在“开会”中文读为$ɦui^{31}$，在“会计”中文读为$ʔui^{453}$，声调分别读为31和453，又属于声调的文白异读。

蟹摄合口二等字的今读主要为uai、ua、oi（iɛ、uɛ），其中口语常用字读为oi（iɛ、uɛ），书面语用字读为ua、uai，例如“画”字在陵水椰林中读为$ʔoi^{22}$，例如“蛙”“乖”在陵水椰林中分别读为$ɦua^{22}$|$ɦua^{22}$。

蟹摄合口三等字的今读主要为ui、oi（iɛ、uɛ），其中口语常用字读为oi（iɛ、uɛ），书面语用字读为ui。例如“岁”在万宁山根中读为ɦiɛ^{312}，“脆”在万宁山根中读为sui^{454}。

蟹摄合口四等字的今读主要为ui，字数比较少，都是书面语用字。例如“惠”在万宁山根中读为ɦui^{354}。

万宁龙滚中，例字如：雷lui^{21}$_{蟹合一}$|灰ɦui^{23}$_{蟹合一}$|煤biɛ^{21}$_{蟹合一}$|妹miɛ^{23}$_{蟹合一}$，

坏ɦuai^{23}$_{蟹合二}$|挂kua^{312}$_{蟹合二}$|画ɦiɛ^{23}$_{蟹合二}$，

脆sui^{454}$_{蟹合三}$|卫ʔui^{31}$_{蟹合三}$|岁ɦiɛ^{312}$_{蟹合三}$，

惠ɦui^{454}$_{蟹合四}$。

万宁山根中，例字如：雷lui^{22}$_{蟹合一}$|灰ɦui^{24}$_{蟹合一}$|煤buɛ^{22}$_{蟹合一}$|妹muɛ^{24}$_{蟹合一}$，

坏ɦuai^{24}$_{蟹合二}$|挂kua^{212}$_{蟹合二}$|画ɦuɛ^{24}$_{蟹合二}$，

脆sui^{354}$_{蟹合三}$|卫ʔui^{32}$_{蟹合三}$|岁ɦuɛ^{212}$_{蟹合三}$，

惠ɦui^{354}$_{蟹合四}$。

万宁万城中，例字如：雷lui^{22}$_{蟹合一}$|灰ɦui^{33}$_{蟹合一}$|煤buɛ^{22}$_{蟹合一}$|妹muɛ^{33}$_{蟹合一}$，

坏ɦuai^{33}$_{蟹合二}$|挂kua^{212}$_{蟹合二}$|画ʔuɛ^{33}$_{蟹合二}$，

脆sui^{454}$_{蟹合三}$|卫ʔui^{454}$_{蟹合三}$|岁ɦuɛ^{212}$_{蟹合三}$，

惠ɦui^{454}$_{蟹合四}$。

陵水光坡中，例字如：雷lui^{21}$_{蟹合一}$|灰ɦui^{33}$_{蟹合一}$|煤boi^{21}$_{蟹合一}$|妹moi^{33}$_{蟹合一}$，

坏ɦuai^{33}$_{蟹合二}$|挂kua^{34}$_{蟹合二}$|画ʔoi^{33}$_{蟹合二}$，

脆sui^{454}$_{蟹合三}$|卫ʔui^{454}$_{蟹合三}$|岁ɦoi^{34}$_{蟹合三}$，

惠ɦui^{34}$_{蟹合四}$。

陵水椰林中，例字如：雷lui^{21}$_{蟹合一}$|灰ɦui^{22}$_{蟹合一}$|煤boi^{21}$_{蟹合一}$|妹moi^{22}$_{蟹合一}$，

坏ɦuai^{22}$_{蟹合二}$|挂kua^{13}$_{蟹合二}$|画ʔoi^{22}$_{蟹合二}$，

脆sui^{453}$_{蟹合三}$|卫ʔui^{453}$_{蟹合三}$|岁ɦoi^{13}$_{蟹合三}$，

惠ɦui^{13}$_{蟹合四}$。

陵水英州中，例字如：雷lui^{21}$_{蟹合一}$|灰ɦui^{22}$_{蟹合一}$|煤boi^{21}$_{蟹合一}$|妹moi^{22}$_{蟹合一}$，

坏ɦuai^{22}$_{蟹合二}$|挂kua^{213}$_{蟹合二}$|画ʔoi^{22}$_{蟹合二}$，

脆sui^{454}$_{蟹合三}$|卫ʔui^{454}$_{蟹合三}$|岁ɦoi^{213}$_{蟹合三}$，

惠ɦui^{213}$_{蟹合四}$。

5.止摄

（1）止摄开口

表3.48　止摄开口的主要今读类型

调查地点	开口	主要今读类型/%	最主要今读	最大比/%
万宁龙滚	三等	i（62）、u（13）、ai（6）、ui（4）、ua（4）、ia（2）、iɛ（2）	i	62
万宁山根	三等	i（61）、u（14）、ai（6）、ui（3）、ua（2）、ia（2）、uɛ（2）	i	61
万宁万城	三等	i（67）、u（8）、ai（5）、ui（5）、ua（2）、ia（2）、uɛ（1）	i	67
陵水光坡	三等	i（74）、ai（5）、ui（4）、u（2）、ua（2）、ia（3）、oi（1）	i	74
陵水椰林	三等	i（74）、ai（5）、ui（4）、u（3）、ia（3）、ua（2）、oi（1）	i	74
陵水英州	三等	i（72）、ai（5）、ui（4）、u（3）、ia（3）、oi（3）、ua（2）	i	72

止摄开口三等字今读主要为i，次要今读为ai、ui、ia、u、ua、oi（iɛ、uɛ）。一般而言，白读为ai、ui、ia、u、ua、oi（iɛ、uɛ），文读为i，但个别口语常用字也读为i。例如“利”字，在陵水椰林中，在“刀很利$_{锋利}$”中白读为lai^{22}，在“胜利”中读为li^{453}。“几”字，在陵水光坡中，在“几个”中白读为kui^{31}，在“几乎”中文读为ki^{33}。但值得注意的是，止摄开口一等字“四”，作为底层口语常用字，在各地都读为i韵母，例如在万宁龙滚中读为ti^{312}。

万宁龙滚中，例字如：四ti^{312}$_{止开三}$|志tɕi^{312}$_{止开三}$|资su^{23}$_{止开三}$|师su^{23}$_{止开三}$|眉bai^{21}$_{止开三}$|气hui^{312}$_{止开三}$|纸tua^{31}$_{止开三}$|臂ɓia^{454}$_{止开三}$|皮pʰiɛ^{21}$_{止开三}$。

万宁山根中，例字如：四ti^{212}$_{止开三}$|志tɕi^{212}$_{止开三}$|资su^{24}$_{止开三}$|师su^{24}$_{止开三}$|眉bai^{22}$_{止开三}$|气hui^{212}$_{止开三}$|纸tua^{32}$_{止开三}$|臂ɓia^{354}$_{止开三}$|皮pʰuɛ^{22}$_{止开三}$。

万宁万城中，例字如：四tθi$^{212}_{\text{止开三}}$|志tɕi$^{212}_{\text{止开三}}$|资su$^{33}_{\text{止开三}}$|师ɕi$^{33}_{\text{止开三}}$|眉bai$^{22}_{\text{止开三}}$|气$_{\text{空气}}$hui$^{212}_{\text{止开三}}$|纸tua$^{31}_{\text{止开三}}$|臂ɓia$^{454}_{\text{止开三}}$|皮p^{h}uɛ$^{22}_{\text{止开三}}$。

陵水光坡中，例字如：四ti$^{34}_{\text{止开三}}$|志tɕi$^{34}_{\text{止开三}}$|资ɕi$^{33}_{\text{止开三}}$|师ɕi$^{33}_{\text{止开三}}$|眉bai$^{21}_{\text{止开三}}$|气$_{\text{空气}}$hui$^{34}_{\text{止开三}}$|纸tua$^{31}_{\text{止开三}}$|臂ɓia$^{454}_{\text{止开三}}$|皮p^{h}oi$^{21}_{\text{止开三}}$。

陵水椰林中，例字如：四ti$^{13}_{\text{止开三}}$|志tɕi$^{13}_{\text{止开三}}$|资ɕi$^{22}_{\text{止开三}}$|师ɕi$^{22}_{\text{止开三}}$|眉bai$^{21}_{\text{止开三}}$|气$_{\text{空气}}$hui$^{13}_{\text{止开三}}$|纸tua$^{41}_{\text{止开三}}$|臂ɓia$^{453}_{\text{止开三}}$|皮p^{h}oi$^{21}_{\text{止开三}}$。

陵水英州中，例字如：四ti$^{213}_{\text{止开三}}$|志tɕi$^{213}_{\text{止开三}}$|资ɕi$^{22}_{\text{止开三}}$|师ɕi$^{22}_{\text{止开三}}$|眉bai$^{21}_{\text{止开三}}$|气$_{\text{空气}}$hui$^{213}_{\text{止开三}}$|纸tua$^{31}_{\text{止开三}}$|臂ɓia$^{454}_{\text{止开三}}$|皮p^{h}oi$^{21}_{\text{止开三}}$。

（2）止摄合口

表3.49　止摄合口的主要今读类型

调查地点	合口	主要今读类型/%	最主要今读	最大比/%
万宁龙滚	三等	ui（81）、i（6）、iɛ（4）、uai（1）	ui	81
万宁山根	三等	ui（86）、uai（3）、i（2）、uɛ（2）	ui	86
万宁万城	三等	ui（77）、oe（6）、uai（4）、uɛ（4）、i（2）	ui	77
陵水光坡	三等	ui（84）、oi（6）、uai（3）、i（2）	ui	84
陵水椰林	三等	ui（85）、oi（6）、uai（3）、i（2）	ui	85
陵水英州	三等	ui（77）、oi（8）、i（4）、uai（3）	ui	77

止摄合口三等字主要今读为ui（oe），次要今读为oi（iɛ、uɛ）、uai，一般来说，口语常用字多读为oi（iɛ、uɛ），书面语常用字多读为ui、oe、uai。例如，在万宁万城中，有口语常用字"飞ɓuɛ^{33}|尾buɛ^{31}"，书面语用字"类lui^{42}|非phoe^{33}|帅suai^{212}"。但值得注意的是，口语常用字"水"，也读为韵母ui，各调查点很一致，例如在万宁万城中读为tui^{31}。

万宁龙滚中，例字如：水tui$^{31}_{\text{止合三}}$|肥ɓui$^{21}_{\text{止合三}}$|非p^{h}ui$^{23}_{\text{止合三}}$|帅suai$^{312}_{\text{止合三}}$|飞ɓiɛ$^{23}_{\text{止合三}}$|尾biɛ$^{31}_{\text{止合三}}$|味bi$^{23}_{\text{止合三}}$。

万宁山根中，例字如：水tui$^{32}_{\text{止合三}}$|肥ɓui$^{22}_{\text{止合三}}$|非p^{h}ui$^{24}_{\text{止合三}}$|帅suai$^{212}_{\text{止合三}}$|飞ɓuɛ$^{24}_{\text{止合三}}$|尾buɛ$^{32}_{\text{止合三}}$|味bi$^{24}_{\text{止合三}}$。

万宁万城中，例字如：水tui$^{21}_{\text{止合三}}$|肥ɓui$^{22}_{\text{止合三}}$|非p^{h}oe$^{33}_{\text{止合三}}$|帅suai$^{212}_{\text{止合三}}$|

飞ɓuɛ^{33}$_{止合三}$|尾buɛ^{31}$_{止合三}$|味bi^{33}$_{止合三}$。

陵水光坡中，例字如：水tui^{31}$_{止合三}$|肥ɓui^{21}$_{止合三}$|非pʰui^{33}$_{止合三}$|帅suai^{34}$_{止合三}$|飞ɓoi^{33}$_{止合三}$|尾boi^{31}$_{止合三}$|味bi^{33}$_{止合三}$。

陵水椰林中，例字如：水tui^{41}$_{止合三}$|肥ɓui^{21}$_{止合三}$|非pʰui^{22}$_{止合三}$|帅suai^{13}$_{止合三}$|飞ɓoi^{22}$_{止合三}$|尾boi^{41}$_{止合三}$|味bi^{22}$_{止合三}$。

陵水英州中，例字如：水tui^{31}$_{止合三}$|肥ɓui^{21}$_{止合三}$|非pʰui^{22}$_{止合三}$|帅suai^{213}$_{止合三}$|飞ɓoi^{22}$_{止合三}$|尾boi^{31}$_{止合三}$|味bi^{22}$_{止合三}$。

6.效摄

表3.50　效摄开口的主要今读类型

调查地点	开口	主要今读类型/%	最主要今读	最大比/%
万宁龙滚	一等	au（70）、ɔ（20）、a（3）	au	70
	二等	au（34）、a（29）、iau（26）	au	34
	三等	iau（65）、io（33）	iau	65
	四等	iau（67）、io（20）	iau	67
万宁山根	一等	au（77）、ɔ（15）、a（2）	au	77
	二等	au（37）、a（37）、iau（18）	au、a	37
	三等	iau（74）、io（19）	iau	74
	四等	iau（88）、io（9）	iau	88
万宁万城	一等	au（72）、o（20）、a（2）	au	72
	二等	au（37）、iau（31）、a（24）	au	37
	三等	iau（69）、io（21）	iau	69
	四等	iau（88）、io（9）	iau	88
陵水光坡	一等	au（74）、o（18）、a（2）	au	74
	二等	au（43）、iau（35）、a（18）	au	43
	三等	iau（75）、io（20）	iau	75
	四等	iau（85）、io（9）	iau	85
陵水椰林	一等	au（79）、o（15）、a（2）	au	79
	二等	au（42）、iau（35）、a（17）	au	42
	三等	iau（76）、io（19）	iau	76
	四等	iau（86）、io（8）	iau	86
陵水英州	一等	au（74）、o（19）、a（1）	au	74
	二等	au（37）、iau（33）、a（22）	au	37
	三等	iau（67）、io（28）	iau	67
	四等	iau（81）、io（12）	iau	81

效摄开口一等字，今读主要为au、o（ɔ），个别读为a。其中白读为o（ɔ），文读为au。例如“好”，在万宁万城中，在“好坏”义项中白读为ɦo^{31}，在“爱好”义项中文读为ɦau^{212}。

效摄开口二等字，今读主要为au、iau、a，其中口语常用字多读为a，书面语用字多读为au、iau。例如，在万宁龙滚中，口语常用字“骹$_{\text{脚}}$ɦa^{23}|猫ba^{21}”，书面语用字“胶kiau^{23}”。

效摄开口三等字，主要今读为iau、io。例如“少”字，在万宁龙滚中，“多少”义项中读为tɕio^{31}，“少爷、少年”义项中读为tɕiau^{312}；“苗”字，在万宁龙滚中，“秧苗”义项中读为bio^{21}，“苗族”义项中读为miau^{21}。

效摄开口四等字，今读主要为iau、io，io多为口语用字，iau多为书面语用字。例如口语常用字“尿”，在万宁山根中读为dʑio^{24}，口语常用字“钓”，在万宁山根中读为ɗio^{212}，书面用字“辽”，在万宁山根中读为liau^{22}。

效摄中，除了开口二等字，还有个别字口语常用字韵母为a，例如开口一等字中的“早”字，在万宁龙滚中读为ta^{31}，开口一等字“蹈”，在万宁龙滚中读为ɗa^{42}。

万宁龙滚中，例字如：

草sau^{31}$_{\text{效开一}}$|老lau^{42}$_{\text{效开一}}$|刀ɗɔ^{23}$_{\text{效开一}}$|毛$_{\text{毛笔}}$mɔ^{21}$_{\text{效开一}}$|早ta^{31}$_{\text{效开一}}$，

包ɓau^{23}$_{\text{效开二}}$|泡pʰau^{312}$_{\text{效开二}}$|饱ɓa^{31}$_{\text{效开二}}$|猫ba^{21}$_{\text{效开二}}$|交kiau^{23}$_{\text{效开二}}$，

标ɓiau^{23}$_{\text{效开三}}$|苗$_{\text{苗族}}$miau^{21}$_{\text{效开三}}$|苗秧苗bio^{21}$_{\text{效开三}}$|票pʰio^{312}，

跳ɗiau^{21}$_{\text{效开四}}$|钓ɗio^{312}$_{\text{效开四}}$。

万宁山根中，例字如：

草sau^{32}$_{\text{效开一}}$|老lau^{41}$_{\text{效开一}}$|刀ɗɔ^{24}$_{\text{效开一}}$|毛$_{\text{毛笔}}$mɔ^{22}$_{\text{效开一}}$|早ta^{32}$_{\text{效开一}}$，

包ɓau^{24}$_{\text{效开二}}$|泡pʰau^{212}$_{\text{效开二}}$|饱ɓa^{32}$_{\text{效开二}}$|猫ba^{22}$_{\text{效开二}}$|交kiau^{24}$_{\text{效开二}}$，

标ɓiau^{24}$_{\text{效开三}}$|苗$_{\text{苗族}}$miau^{22}$_{\text{效开三}}$|苗$_{\text{秧苗}}$bio^{22}$_{\text{效开三}}$|票pʰio^{212}，

跳tʰiau^{354}$_{\text{效开四}}$|钓ɗio^{212}$_{\text{效开四}}$。

万宁万城中，例字如：

草sau$^{31}_{\text{效开一}}$|老lau$^{42}_{\text{效开一}}$|刀ɗo$^{33}_{\text{效开一}}$|毛$_{\text{毛笔}}$mo$^{22}_{\text{效开一}}$|早ta$^{31}_{\text{效开一}}$，
包ɓau$^{33}_{\text{效开二}}$|泡$_{\text{水泡}}$p^{h}au$^{212}_{\text{效开二}}$|饱ɓa$^{31}_{\text{效开二}}$|猫ba$^{22}_{\text{效开二}}$|交kiau$^{33}_{\text{效开二}}$，
标ɓiau$^{33}_{\text{效开三}}$|苗$_{\text{苗族}}$miau$^{22}_{\text{效开三}}$|苗$_{\text{秧苗}}$bio$^{22}_{\text{效开三}}$|票p^{h}io^{212}，
跳hiau$^{454}_{\text{效开四}}$|钓ɗio$^{212}_{\text{效开四}}$。

陵水光坡中，例字如：

草sau$^{31}_{\text{效开一}}$|老lau$^{43}_{\text{效开一}}$|刀ɗo$^{33}_{\text{效开一}}$|毛$_{\text{毛笔}}$mo$^{21}_{\text{效开一}}$|早ta$^{31}_{\text{效开一}}$，
包ɓau$^{33}_{\text{效开二}}$|泡$_{\text{水泡}}$p^{h}au$^{34}_{\text{效开二}}$|饱ɓa$^{31}_{\text{效开二}}$|猫ba$^{21}_{\text{效开二}}$|交kiau$^{33}_{\text{效开二}}$，
标ɓiau$^{33}_{\text{效开三}}$|苗$_{\text{苗族}}$miau$^{21}_{\text{效开三}}$|苗$_{\text{秧苗}}$bio$^{21}_{\text{效开三}}$|票p^{h}io^{34}，
跳t^{h}iau$^{454}_{\text{效开四}}$|钓ɗio$^{34}_{\text{效开四}}$。

陵水椰林中，例字如：

草sau$^{41}_{\text{效开一}}$|老lau$^{31}_{\text{效开一}}$|刀ɗo$^{22}_{\text{效开一}}$|毛$_{\text{毛笔}}$mo$^{21}_{\text{效开一}}$|早ta$^{41}_{\text{效开一}}$，
包ɓau$^{22}_{\text{效开二}}$|泡$_{\text{水泡}}$p^{h}au$^{13}_{\text{效开二}}$|饱ɓa$^{41}_{\text{效开二}}$|猫ba$^{21}_{\text{效开二}}$|交kiau$^{22}_{\text{效开二}}$，
标ɓiau$^{22}_{\text{效开三}}$|苗$_{\text{苗族}}$miau$^{21}_{\text{效开三}}$|苗$_{\text{秧苗}}$bio$^{21}_{\text{效开三}}$|票p^{h}io^{13}，
跳t^{h}iau$^{453}_{\text{效开四}}$|钓ɗio$^{13}_{\text{效开四}}$。

陵水英州中，例字如：

草sau$^{31}_{\text{效开一}}$|老lau$^{43}_{\text{效开一}}$|刀ɗo$^{22}_{\text{效开一}}$|毛$_{\text{毛笔}}$mo$^{21}_{\text{效开一}}$|早ta$^{31}_{\text{效开一}}$，
包ɓau$^{22}_{\text{效开二}}$|泡$_{\text{水泡}}$p^{h}au$^{213}_{\text{效开二}}$|饱ɓa$^{31}_{\text{效开二}}$|猫ba$^{21}_{\text{效开二}}$|交kiau$^{22}_{\text{效开二}}$，
标ɓiau$^{22}_{\text{效开三}}$|苗$_{\text{苗族}}$miau$^{21}_{\text{效开三}}$|苗$_{\text{秧苗}}$bio$^{21}_{\text{效开三}}$|票p^{h}io^{213}，
跳hiau$^{454}_{\text{效开四}}$|钓ɗio$^{213}_{\text{效开四}}$。

7.流摄

表3.51　流摄开口的主要今读类型

调查地点	开口	主要今读类型/%	最主要今读	最大比/%
万宁龙滚	一等	au（59）、ou（31）	au	59
	三等	iu（61）、u（13）、au（10）、iau（6）	iu	61
万宁山根	一等	au（86）	au	86
	三等	iu（66）、u（10）、au（9）、iau（3）	iu	66

续表

调查地点	开口	主要今读类型/%	最主要今读	最大比/%
万宁万城	一等	au（83）	au	83
	三等	iu（59）、au（12）、u（10）、iau（7）	iu	59
陵水光坡	一等	au（86）	au	86
	三等	iu（62）、au（16）、u（9）、iau（3）	iu	62
陵水椰林	一等	au（88）	au	88
	三等	iu（60）、au（17）、u（9）、iau（6）	iu	60
陵水英州	一等	au（91）	au	91
	三等	iu（61）、au（13）、u（12）、iau（6）	iu	61

流摄开口一等字今读主要为au，次要今读为ɔ（o）、ou。没有明显的文白分韵。例如“斗”字，在陵水椰林中，在“一斗米”中白读为ɗau^{41}，在“斗争”中文读为ɗau^{13}。口语常用字“豆”在各调查地均读为韵母au，例如在陵水椰林读为ɗau^{22}。

流摄开口三等字今读主要为iu，次要今读为au、u、iau。一般而言，白读为au、u，文读为iu、iau。例如“流”字，在陵水椰林中，在“水流”中白读为lau^{21}，在“黄流$_{地名}$”中文读为liu^{21}。口语常用字“牛”在各地均读为韵母u，例如在陵水中读为gu^{21}。值得注意的是，口语常用字“臭”在各地韵母均为iau，例如在陵水英州中读为çiau^{213}。

万宁龙滚中，例字如：

豆ɗau^{23}$_{流开一}$|楼lau^{21}$_{流开一}$|亩mou^{31}$_{流开一}$，

酒tçiu^{31}$_{流开三}$|秀tiu^{312}$_{流开三}$|牛gu^{21}$_{流开三}$|旧ku^{23}$_{流开三}$|九kau^{31}$_{流开三}$|彪ɓiau^{23}$_{流开三}$。

万宁山根中，例字如：

豆ɗau^{24}$_{流开一}$|楼lau^{22}$_{流开一}$|亩mau^{32}$_{流开一}$，

酒tçiu^{32}$_{流开三}$|秀tiu^{212}$_{流开三}$|牛gu^{22}$_{流开三}$|旧ku^{24}$_{流开三}$|九kau^{32}$_{流开三}$|彪ɓiau^{24}$_{流开三}$。

万宁万城中，例字如：

豆ɗau^{33}$_{流开一}$|楼lau^{22}$_{流开一}$|亩mau^{31}$_{流开一}$，

酒tçiu^{31}$_{流开三}$|秀tθiu^{212}$_{流开三}$|牛gu^{22}$_{流开三}$|旧ku^{33}$_{流开三}$|九kau^{31}$_{流开三}$|彪ɓiau^{33}$_{流开三}$。

陵水光坡中，例字如：

豆ɗau^{33}$_{流开一}$|楼lau^{21}$_{流开一}$|亩mau^{31}$_{流开一}$，

酒tɕiu$^{31}_{\text{流开三}}$|秀tiu$^{34}_{\text{流开三}}$|牛ku$^{21}_{\text{流开三}}$||日ku$^{33}_{\text{流开三}}$|九kau$^{31}_{\text{流开三}}$|彪ɓiau$^{33}_{\text{流开三}}$。

陵水椰林中，例字如：

豆ɗau$^{22}_{\text{流开一}}$|楼lau$^{21}_{\text{流开一}}$|亩mau$^{21}_{\text{流开一}}$，

酒tɕiu$^{41}_{\text{流开三}}$|秀$_1$tiu$^{13}_{\text{流开三}}$|牛gu$^{21}_{\text{流开三}}$||日ku$^{22}_{\text{流开三}}$|九kau$^{41}_{\text{流开三}}$|彪ɓiau$^{22}_{\text{流开三}}$。

陵水英州中，例字如：

豆ɗau$^{22}_{\text{流开一}}$|楼lau$^{21}_{\text{流开一}}$|亩mau$^{31}_{\text{流开一}}$，

酒tɕiu$^{31}_{\text{流开三}}$|秀tiu$^{213}_{\text{流开三}}$|牛gu$^{21}_{\text{流开三}}$||日ku$^{22}_{\text{流开三}}$|九kau$^{31}_{\text{流开三}}$|彪ɓiau$^{22}_{\text{流开三}}$。

二、阳声韵

阳声韵的咸摄、深摄、山摄、臻摄、宕摄、江摄、曾摄、梗摄、通摄9摄有舒声韵和入声韵，为了方便对比和讨论，本小节只讨论舒声韵，在“入声韵”再讨论这9摄的入声韵。

阳声韵中，先来整体介绍各摄的最主要今读和白读情况。

其一，各阳声韵的最主要今读。

阳声韵各摄的主要今读多不止一个，有多个主要今读。开口一等、二等字今读多为开口呼，开口三等字今读多为齐齿呼，合口字今读主要为合口呼。曾摄、通摄等合口今读有例外。

各摄最主要今读依次如下。

咸摄开口一等字舒声韵最主要今读为am（an、aŋ），咸摄开口二等字的舒声韵最主要今读为am（an、aŋ），咸摄开口三等字舒声韵最主要今读为iam（ian、eŋ），咸摄开口四等字舒声韵最主要今读为iam（ian、eŋ、iŋ）。咸摄合口三等字舒声韵最主要今读为am（an、aŋ）。

深摄开口三等字舒声韵最主要今读为im（in、ien、eŋ）。

山摄开口一等、二等字舒声韵最主要今读为am（an、aŋ），山摄开口三等、四等字舒声韵最主要今读为in（ian、ien、iŋ）。山摄合口各等字舒声韵最主要今读为uam（uan、uaŋ）。

臻摄开口一等字舒声韵最主要今读为in（ien）、uŋ，臻摄开口三等字舒声韵最主要今读为in（ien、iŋ）。臻摄合口一等、三等字舒声韵最主要今读为un（um、uŋ）。

宕摄开口一等字舒声韵最主要今读为aŋ，宕摄开口三等字舒声韵最主要今读为iaŋ。宕摄合口一等字舒声韵最主要今读为uaŋ，宕摄合口三等字舒声韵最主要今读为aŋ、uaŋ。

江摄开口二等字舒声韵最主要今读为aŋ、iaŋ。

曾摄开口一等、三等字舒声韵最主要今读为en（eŋ），曾摄合口一等字舒声韵最主要今读为oŋ。

梗摄开口二等、三等、四等字舒声韵的最主要今读为en（eŋ）。梗摄合口二等、三等字舒声韵的最主要今读为oŋ、ioŋ。

通摄合口一等字舒声韵最主要今读为oŋ，通摄合口三等字舒声韵最主要今读为oŋ。

其二，各摄的文白异读。

咸摄舒声韵开口、合口字今读的主要白读为a。

深摄无明显文白异读。

山摄舒声韵开口一等、二等字今读的主要白读为ua、o（ɔ）、ai，舒声韵三等、四等字今读的主要白读为i、ai。山摄合口舒声韵一等字今读的主要白读为ua、ui、ᴇ，二等字今读的主要白读为iɛ（uɛ、oi），三等、四等字今读的主要白读为ui。

臻摄无明显文白异读。

宕摄舒声韵开口一等字今读的主要白读为ɔ（o），三等字今读的主要白读为io、ɔ（o）。宕摄舒声韵合口一等字今读的主要白读为ui，三等字今读的主要白读为ɔ（o）。

江摄舒声韵开口二等字今读的主要白读为ɔ（o）。

曾摄无明显文白异读。

梗摄舒声韵开口二等字今读的主要白读为ε（ᴇ），三等字今读的主要白读为ia、ε（ᴇ），四等字今读的主要白读为ia、ε（ᴇ）。

通摄舒声韵合口一等字今读的主要白读为aŋ，三等字今读的主要白读为iaŋ、aŋ、uaŋ。

其三，阳声韵尾的分合。

咸山摄、深臻摄韵尾今读有合并的趋势，合并结果是-m的衰弱和消失。咸山摄、深臻摄韵尾今读的合并表现为：在万宁万城，阳声韵今读无-m和-n，全部合并成了-ŋ尾；在万宁山根、陵水光坡、陵水椰林、陵水英州，-m和-n两个韵尾不存在对立，例如，am和an不存在对立，但是上述四地在韵尾为-m或-n时，韵尾发音不稳定，有时为-m，有时为-n，但两者均无对立。但在记录时，-m或-n只能择其一记录，所以，上述四地音系中记录为固定而具体的-m尾或-n尾，是对自然语言进行归纳的结果。

1.咸摄

（1）咸摄开口

表3.52　咸摄开口的主要今读类型

调查地点	开口	主要今读类型/%	最主要今读	最大比/%
万宁龙滚	一等	am（67）、a（26）	am	67
	二等	am（50）、iam（25）	am	50
	三等	iam（85）	iam	85
	四等	iam（89）	iam	89
万宁山根	一等	an（75）、a（16）	an	75
	二等	an（65）、ian（15）	an	65
	三等	ian（88）	ian	88
	四等	ian（80）	ian	80
万宁万城	一等	aŋ（78）、a（15）	aŋ	78
	二等	aŋ（56）、eŋ（17）	aŋ	56
	三等	eŋ（77）	eŋ	77
	四等	eŋ（57）、iŋ（29）	eŋ	57

续表

调查地点	开口	主要今读类型/%	最主要今读	最大比/%
陵水光坡	一等	am（77）、a（16）	am	77
	二等	am（57）、iam（10）	am	57
	三等	iam（88）	iam	88
	四等	iam（91）	iam	91
陵水椰林	一等	am（78）、a（15）	am	78
	二等	am（63）、iam（21）	am	63
	三等	iam（93）	iam	93
	四等	iam（91）	iam	91
陵水英州	一等	am（83）、a（11）	am	83
	二等	am（58）、iam（17）	am	58
	三等	iam（89）	iam	89
	四等	iam（88）	iam	88

咸摄开口一等字舒声韵今读主要为am（an、aŋ）、a，其中读为韵母a的是白读。例如“担”字，在万宁山根，在“挑担”的义项中白读为ɗa^{212}，在“担任”中文读为ɗan^{24}。

咸摄开口二等字的舒声韵今读主要为am（an、aŋ）、iam（ian、eŋ），个别字读为a。例如“衫”字，是训读字“衣”的本字，在各调查点中均读为韵母a，非常统一，例如在陵水椰林中读为ta^{22}。

咸摄开口三等字舒声韵主要今读为iam（ian、eŋ），例如，“尖”在万宁万城中读为tseŋ^{33}。

咸摄开口四等字舒声韵主要今读为iam（ian、eŋ、iŋ），例如，“点”在万宁龙滚中读为ɗiam^{31}。

万宁龙滚中，例字如：

蓝lam$^{21}_{\text{咸开一}}$|参sam$^{23}_{\text{咸开一}}$|三ta$^{23}_{\text{咸开一}}$|敢ka$^{31}_{\text{咸开一}}$，

咸kiam$^{21}_{\text{咸开二}}$|减kiam$^{31}_{\text{咸开二}}$|签çiam$^{23}_{\text{咸开三}}$|剑kiam$^{312}_{\text{咸开三}}$，

甜ɗiam$^{21}_{\text{咸开四}}$|店ɗiam$^{312}_{\text{咸开四}}$。

万宁山根中，例字如：

蓝lan$^{22}_{\text{咸开一}}$|参san$^{24}_{\text{咸开一}}$|三ta$^{24}_{\text{咸开一}}$|敢ka$^{32}_{\text{咸开一}}$，

咸kian$^{22}_{\text{咸开二}}$|减kian$^{32}_{\text{咸开二}}$|签çian$^{24}_{\text{咸开三}}$|剑kian$^{212}_{\text{咸开三}}$，

甜ɗian$^{22}_{\text{咸开四}}$|店ɗian$^{212}_{\text{咸开四}}$。

万宁万城中，例字如：

蓝laŋ$^{22}_{\text{咸开一}}$|参saŋ$^{33}_{\text{咸开一}}$|三θa$^{33}_{\text{咸开一}}$|敢ka$^{31}_{\text{咸开一}}$，

咸keŋ$^{22}_{\text{咸开二}}$|减keŋ$^{31}_{\text{咸开二}}$|签seŋ$^{33}_{\text{咸开三}}$|剑keŋ$^{212}_{\text{咸开三}}$，

甜ɗeŋ$^{22}_{\text{咸开四}}$|店ɗiŋ$^{212}_{\text{咸开四}}$。

陵水光坡中，例字如：

蓝lam$^{21}_{\text{咸开一}}$|参sam$^{33}_{\text{咸开一}}$|三ta$^{33}_{\text{咸开一}}$|敢ka$^{31}_{\text{咸开一}}$，

咸kiam$^{21}_{\text{咸开二}}$|减kiam$^{31}_{\text{咸开二}}$,签çiam$^{33}_{\text{咸开三}}$|剑kiam$^{34}_{\text{咸开三}}$，

甜ɗiam$^{21}_{\text{咸开四}}$|店ɗiam$^{34}_{\text{咸开四}}$。

陵水椰林中，例字如：

蓝lam$^{21}_{\text{咸开一}}$|参sam$^{22}_{\text{咸开一}}$|三ta$^{22}_{\text{咸开一}}$|敢ka$^{41}_{\text{咸开一}}$，

咸kiam$^{21}_{\text{咸开二}}$|减kiam$^{41}_{\text{咸开二}}$|签çiam$^{22}_{\text{咸开三}}$|剑kiam$^{13}_{\text{咸开三}}$，

甜ɗiam$^{21}_{\text{咸开四}}$|店ɗiam$^{13}_{\text{咸开四}}$。

陵水英州中，例字如：

蓝lam$^{21}_{\text{咸开一}}$|参sam$^{22}_{\text{咸开一}}$|三ta$^{22}_{\text{咸开一}}$|敢ka$^{41}_{\text{咸开一}}$，

咸kiam$^{21}_{\text{咸开二}}$|减kiam$^{41}_{\text{咸开二}}$|签çiam$^{22}_{\text{咸开三}}$|剑kiam$^{13}_{\text{咸开三}}$，

甜ɗiam$^{21}_{\text{咸开四}}$|店ɗiam$^{13}_{\text{咸开四}}$。

（2）咸摄合口

表3.53　咸摄合口的主要今读类型

调查地点	合口	主要今读类型/%	最主要今读	最大比/%
万宁龙滚	三等	am（80）	am	80
万宁山根	三等	an（80）	an	80
万宁万城	三等	aŋ（100）	aŋ	100
陵水光坡	三等	am（83）	am	83
陵水椰林	三等	am（83）	am	83
陵水英州	三等	am（80）	am	80

咸摄合口三等字舒声韵今读主要为am（an、aŋ），例如，“凡”在万宁万城中读为p^{h}aŋ^{22}。

万宁龙滚中，例字如：凡p^{h}an^{21}咸合三|范师范p^{h}am^{42}咸合三。

万宁山根中，例字如：凡p^{h}an^{22}咸合三|范p^{h}am^{41}咸合三。

万宁万城中，例字如：凡p^{h}aŋ^{22}咸合三|范p^{h}aŋ^{42}咸合三。

陵水光坡中，例字如：凡p^{h}am^{21}咸合三|范p^{h}am^{43}咸合三。

陵水椰林中，例字如：凡p^{h}am^{21}咸合三|范p^{h}am^{31}咸合三。

陵水英州中，例字如：凡p^{h}am^{21}咸合三|范师范p^{h}am^{43}咸合三。

2.深摄

表3.54　深摄开口的主要今读类型

调查地点	开口	主要今读类型/%	最主要今读	最大比/%
万宁龙滚	三等	im（85）	im	85
万宁山根	三等	ien（81）、un（10）	ien	81
万宁万城	三等	eŋ（51）、iŋ（33）	eŋ	51
陵水光坡	三等	in（60）、un（19）	in	60
陵水椰林	三等	in（75）、un（17）	in	75
陵水英州	三等	in（67）、un（15）	in	67

深摄开口三等字舒声韵主要今读为im（in、ien、eŋ），例如“心”在万宁龙滚中读为tim^{23}。深摄开口三等字在万宁万城发生了分化，主要今读为eŋ，次要今读为iŋ，例字如：金keŋ^{33}|林liŋ^{22}。值得注意的是，“针”在各地的读法虽与主要今读不一致，但在各地比较统一，“针”的具体读法如下例。

万宁龙滚中，例字如：金kim^{23}深开三|林lim^{21}深开三|任dʑim^{42}深开三|针tɕiam^{23}深开三。

万宁山根中，例字如：金kien^{24}深开三|林lien^{22}深开三|任zun^{41}深开三|针tɕian^{24}深开三。

万宁万城中，例字如：金keŋ^{33}深开三|林liŋ^{22}深开三|任dʑiŋ^{42}深开三|针tseŋ^{33}深开三。

陵水光坡中，例字如：金kin^{33}深开三|林lin^{21}深开三|任zun^{43}深开三|针tɕiam^{33}深开三。

陵水椰林中，例字如：金kin^{22}深开三|林lin^{21}深开三|任zum^{31}深开三|针tɕiam^{22}深开三。

陵水英州中，例字如：金kin^{22}$_{深开三}$|林lin^{21}$_{深开三}$|任zun^{43}$_{深开三}$|针tɕiam^{22}$_{深开三}$。

3.山摄

（1）山摄开口

表3.55　山摄开口的主要今读类型

调查地点	开口	主要今读类型/%	最主要今读	最大比/%
万宁龙滚	一等	an（65）、ua（22）、ɔ（7）	an	65
	二等	an（79）、ai（13）、ua（4）	an	79
	三等	in（77）、i（14）	in	77
	四等	in（62）、ai（14）、i（14）	in	62
万宁山根	一等	an（72）、ua（17）、ɔ（3）	an	72
	二等	an（65）、ai（10）、ua（6）	an	65
	三等	ian（40）、ien（36）、i（11）	ian	40
	四等	ian（33）、ien（33）、ai（10）、i（10）	ian、ien	33
万宁万城	一等	aŋ（62）、ua（20）、o（3）	aŋ	62
	二等	aŋ（52）、ai（9）、ua（9）	aŋ	52
	三等	iŋ（34）、eŋ（15）、i（10）	iŋ	34
	四等	iŋ（34）、eŋ（19）、ai（11）、i（11）	iŋ	34
陵水光坡	一等	am（70）、ua（20）、o（5）	am	70
	二等	am（52）、ua（9）、ai（6）	am	52
	三等	in（66）、i（12）	in	66
	四等	in（61）、ai（10）、i（10）	in	61
陵水椰林	一等	am（67）、ua（19）、o（6）	am	67
	二等	am（66）、ua（9）、ai（6）	am	66
	三等	in（67）、i（15）	in	67
	四等	in（65）、ai（10）、i（10）	in	65
陵水英州	一等	am（70）、ua（20）、o（6）	am	70
	二等	am（73）、ua（12）、ai（8）	am	73
	三等	in（67）、i（16）	in	67
	四等	in（63）、ai（12）、i（12）	in	63

山摄开口一等字舒声韵主要今读为am（an、aŋ）、ua、o（ɔ），其中白读为ua、o（ɔ），文读为am（an、aŋ）。例如“杆”字，在陵水光坡中，白读为ko^{33}，文读为kam^{33}。再如“烂”字，在陵水光坡中，白读为nua^{33}，文读为lam^{454}。

山摄开口二等字舒声韵主要今读为am（an、aŋ）、ua、ai，其中白读为ua、ai，各位文读为am（an、aŋ）。例如，在万宁山根中，“八”读为ɓoi^{354}，“山”读为tua^{24}，“杀”读为tua^{354}。

山摄开口三等字舒声韵主要今读为in（ian、ien、iŋ、eŋ）、i，其中，白读主要为i，文读为in（ian、ien、iŋ、eŋ）。例如“鲜”字，在万宁山根中，在“新鲜”的义项中白读为ɕi^{24}，在“朝鲜”的义项中文读为tien^{22}。

山摄开口四等字舒声韵主要今读为in（ian、ien、iŋ、eŋ）、ai、i，其中白读主要为i、ai，文读为in（ian、ien、iŋ、eŋ）。例如万宁山根中，“前”读为tai^{22}，“面$_{\text{面粉}}$”读为mi^{22}，“先”在“先后”中读为tai^{24}，在“先生”中读为tien^{24}。

万宁龙滚中，例字如：

安ʔan$^{23}_{\text{山开一}}$|难$_{\text{落难}}$nan$^{42}_{\text{山开一}}$|伞tua$^{312}_{\text{山开一}}$|汗kua$^{23}_{\text{山开一}}$|竿kɔ$^{23}_{\text{山开一}}$，

办ɓan$^{42}_{\text{山开二}}$|班ɓan$^{23}_{\text{山开二}}$|板ɓai$^{31}_{\text{山开二}}$|闲ʔai$^{21}_{\text{山开二}}$，

棉min$^{21}_{\text{山开三}}$|仙tin$^{23}_{\text{山开三}}$|件kin$^{42}_{\text{山开三}}$|连lin$^{21}_{\text{山开三}}$|扇ti$^{312}_{\text{山开三}}$|箭tɕi$^{312}_{\text{山开三}}$，

电ɗin$^{454}_{\text{山开四}}$|扁$_{\text{扁担}}$ɓin$^{23}_{\text{山开四}}$|典ɗin$^{31}_{\text{山开四}}$|练lin$^{42}_{\text{山开四}}$|前tai$^{21}_{\text{山开四}}$|千sai$^{23}_{\text{山开四}}$|天hi$^{23}_{\text{山开四}}$|年ɦi$^{21}_{\text{山开四}}$。

万宁山根中，例字如：

安ʔan$^{24}_{\text{山开一}}$|难$_{\text{落难}}$nan$^{41}_{\text{山开一}}$|伞tua$^{212}_{\text{山开一}}$|汗kua$^{24}_{\text{山开一}}$|竿kɔ$^{24}_{\text{山开一}}$，

办ɓan$^{41}_{\text{山开二}}$|班ɓan$^{24}_{\text{山开二}}$|板ɓai$^{32}_{\text{山开二}}$|闲ʔai$^{22}_{\text{山开二}}$，

棉mian$^{22}_{\text{山开三}}$|仙tian$^{24}_{\text{山开三}}$|件kien$^{41}_{\text{山开三}}$|连lien$^{22}_{\text{山开三}}$|扇ti$^{212}_{\text{山开三}}$|箭tɕi$^{212}_{\text{山开三}}$，

电ɗian$^{354}_{\text{山开四}}$|扁$_{\text{扁担}}$ɓian$^{32}_{\text{山开四}}$|典ɗien$^{32}_{\text{山开四}}$|练lien$^{41}_{\text{山开四}}$|前tai$^{22}_{\text{山开四}}$|千sai$^{24}_{\text{山开四}}$|天tʰi$^{24}_{\text{山开四}}$|年ɦi$^{22}_{\text{山开四}}$。

万宁万城中，例字如：

安ʔaŋ$^{33}_{\text{山开一}}$|难$_{\text{落难}}$naŋ$^{42}_{\text{山开一}}$|伞tθua$^{212}_{\text{山开一}}$|汗kua$^{33}_{\text{山开一}}$|竿ko$^{33}_{\text{山开一}}$，

办ɓaŋ$^{42}_{\text{山开二}}$|班ɓaŋ$^{33}_{\text{山开二}}$|板ɓai$^{31}_{\text{山开二}}$|闲ʔai$^{22}_{\text{山开二}}$，

棉miŋ$^{22}_{\text{山开三}}$|仙tθiŋ$^{33}_{\text{山开三}}$|件kiŋ$^{42}_{\text{山开三}}$|连liŋ$^{22}_{\text{山开三}}$|扇tθi$^{212}_{\text{山开三}}$|箭tɕi$^{212}_{\text{山开三}}$，

电ɗeŋ$^{454}_{\text{山开四}}$|扁$_{\text{形状}}$p^{h}iŋ$^{212}_{\text{山开四}}$|典ɗeŋ$^{31}_{\text{山开四}}$|练liŋ$^{42}_{\text{山开四}}$|前tai$^{22}_{\text{山开四}}$|千sai$^{33}_{\text{山开四}}$|天hi$^{33}_{\text{山开四}}$|年ɦi$^{22}_{\text{山开四}}$。

陵水光坡中，例字如：

安ʔam$^{33}_{\text{山开一}}$|难$_{\text{落难}}$nam$^{43}_{\text{山开一}}$|伞tua$^{34}_{\text{山开一}}$|汗kua$^{33}_{\text{山开一}}$|竿ko$^{33}_{\text{山开一}}$，

办ɓam$^{43}_{\text{山开二}}$|班ɓam$^{33}_{\text{山开二}}$|板ɓam$^{31}_{\text{山开二}}$|闲ʔai$^{21}_{\text{山开二}}$，

棉min$^{21}_{\text{山开三}}$|仙tin$^{33}_{\text{山开三}}$|件kin$^{43}_{\text{山开三}}$|连lin$^{21}_{\text{山开三}}$|扇ti$^{34}_{\text{山开三}}$|箭tɕi$^{34}_{\text{山开三}}$，

电ɗin$^{454}_{\text{山开四}}$|扁$_{\text{扁担}}$ɓin$^{454}_{\text{山开四}}$|典ɗin$^{31}_{\text{山开四}}$|练lin$^{43}_{\text{山开四}}$|前tai$^{21}_{\text{山开四}}$|千sai$^{33}_{\text{山开四}}$|天hi$^{33}_{\text{山开四}}$|年ɦi$^{21}_{\text{山开四}}$。

陵水椰林中，例字如：

安ʔam$^{22}_{\text{山开一}}$|难$_{\text{落难}}$nam$^{31}_{\text{山开一}}$|伞tua$^{13}_{\text{山开一}}$|汗kua$^{22}_{\text{山开一}}$|竿ko$^{22}_{\text{山开一}}$，

办ɓam$^{31}_{\text{山开二}}$|班ɓam$^{22}_{\text{山开二}}$|板ɓai$^{41}_{\text{山开二}}$|闲ʔai$^{21}_{\text{山开二}}$，

棉min$^{21}_{\text{山开三}}$|仙tin$^{22}_{\text{山开三}}$|件kin$^{31}_{\text{山开三}}$|连lin$^{21}_{\text{山开三}}$|扇ti$^{13}_{\text{山开三}}$|箭tɕi$^{13}_{\text{山开三}}$，

电ɗin$^{453}_{\text{山开四}}$|扁$_{\text{扁担}}$ɓin$^{41}_{\text{山开四}}$|典ɗin$^{41}_{\text{山开四}}$|练lin$^{31}_{\text{山开四}}$|前tai$^{21}_{\text{山开四}}$|千sai$^{22}_{\text{山开四}}$|天$_{\text{天上}}$hi$^{22}_{\text{山开四}}$|年ɦi$^{21}_{\text{山开四}}$。

陵水英州中，例字如：

安ʔam$^{22}_{\text{山开一}}$|难$_{\text{落难}}$nam$^{43}_{\text{山开一}}$|伞tua$^{213}_{\text{山开一}}$|汗kua$^{22}_{\text{山开一}}$|竿ko$^{22}_{\text{山开一}}$，

办ɓam$^{43}_{\text{山开二}}$|班ɓam$^{22}_{\text{山开二}}$|板ɓai$^{31}_{\text{山开二}}$|闲ʔai$^{21}_{\text{山开二}}$，

棉min$^{21}_{\text{山开三}}$|仙tin$^{22}_{\text{山开三}}$|件kin$^{43}_{\text{山开三}}$|连lin$^{21}_{\text{山开三}}$|扇ti$^{213}_{\text{山开三}}$|箭tɕi$^{213}_{\text{山开三}}$，

电ɗin$^{454}_{\text{山开四}}$|扁$_{\text{形状}}$p^{h}in$^{213}_{\text{山开四}}$|典ɗin$^{31}_{\text{山开四}}$|练lin$^{43}_{\text{山开四}}$|前tai$^{21}_{\text{山开四}}$|千sai$^{22}_{\text{山开四}}$|天$_{\text{天上}}$hi$^{22}_{\text{山开四}}$|年ɦi$^{21}_{\text{山开四}}$。

值得注意的是山摄开口三等、四等字今读的分化，在万宁龙滚、陵水光坡、陵水椰林、陵水英州中今读为in的字，在万宁山根中分化为ian、ien，在万宁万城中分化为iŋ、eŋ。

(2)山摄合口

表3.56 山摄合口的主要今读类型

调查地点	合口	主要今读类型/%	最主要今读	最大比/%
万宁龙滚	一等	uan(45)、ua(28)、ui(11)、an(10)	uan	45
	二等	uan(75)	uan	75
	三等	uan(46)、in(20)、ui(9)、an(8)	uan	46
万宁山根	一等	uan(48)、ua(25)、an(12)、ui(10)	uan	48
	二等	uan(72)	uan	72
	三等	uan(52)、ien(13)、an(8)、ian(7)、ui(7)	uan	52
万宁万城	一等	uaŋ(46)、ua(22)、aŋ(11)、ui(7)	uaŋ	46
	二等	uaŋ(77)	uaŋ	77
	三等	uaŋ(43)、aŋ(10)、iŋ(10)、ui(10)、eŋ(9)	uaŋ	43
陵水光坡	一等	uan(45)、ua(26)、am(11)、ui(8)	uan	45
	二等	uan(80)	uan	80
	三等	uan(50)、in(19)、am(11)、ui(6)	uan	50
陵水椰林	一等	uam(45)、ua(24)、am(11)、ui(9)	uam	45
	二等	uam(77)	uam	77
	三等	uam(47)、in(20)、am(12)、ui(7)	uam	47
陵水英州	一等	uam(43)、ua(28)、am(11)、ui(9)	uam	43
	二等	uam(64)	uam	64
	三等	uam(47)、in(16)、am(12)、ui(8)	uam	47

山摄合口一等字舒声韵主要今读为uam(uan、uaŋ)、am(an)、ua、ui,其中,白读为ua、ui,个别为ᴇ,文读为uam(uan、uaŋ)、am(an)。例如"算"字,同是"计算"的含义,在陵水光坡中白读为tui^{34},文读为$suan^{454}$。"半"字在陵水光坡中读为$ɓua^{34}$,"短"字在陵水光坡中读为$ɗᴇ^{31}$。

山摄合口二等字舒声韵今读主要为uam(uan、uaŋ),个别字今读为iɛ(uɛ、oi),其中白读为iɛ(uɛ、oi),文读为uam(uan、uaŋ)。"关"字在陵水光坡中,在"关门"义项中白读为koi^{33},在"海关"义项中文读为$kuan^{33}$。

山摄合口三等字舒声韵今读主要为uam(uan、uaŋ)、in(ien、ian、eŋ、iŋ)、am(an、aŋ)、ui,白读主要为ui,文读主要为uam(uan、uaŋ)、in(ien、ian、eŋ、iŋ)、am （an、aŋ）。例如“远”字，在陵水光坡中，在“远近”义项中白读为ɦui^{43}，在“永远”义项和人名中文读为zuan^{43}。

山摄合口四等字舒声韵字数量很少，且多为书面语用字，其中含有训读字，各调查点均能稳定读出来的是“县”字，韵母多读为uai，具体例字如下。

万宁龙滚中，例字如：

团huan^{21}$_{\text{山合一}}$|观kuan^{23}$_{\text{山合一}}$|半ɓua^{312}$_{\text{山合一}}$|官kua^{23}$_{\text{山合一}}$|算$_{\text{算数}}$tui^{312}$_{\text{山合一}}$|酸tui^{23}$_{\text{山合一}}$|馒man^{454}$_{\text{山合一}}$，

弯ʔuan^{23}$_{\text{山合二}}$|关$_{\text{关心}}$kuan^{23}$_{\text{山合二}}$|关$_{\text{关门}}$kiɛ^{23}$_{\text{山合二}}$，

院zuan^{42}$_{\text{山合三}}$|川suan^{23}$_{\text{山合三}}$|恋lin^{454}$_{\text{山合三}}$|权hin^{21}$_{\text{山合三}}$|软nui^{31}$_{\text{山合三}}$|远ɦui^{42}$_{\text{山合三}}$|万ban^{23}$_{\text{山合三}}$，

县kuai^{23}$_{\text{山合四}}$。

万宁山根中，例字如：

团t^{h}uan^{22}$_{\text{山合一}}$|观kuan^{24}$_{\text{山合一}}$|半ɓua^{212}$_{\text{山合一}}$|官kua^{24}$_{\text{山合一}}$|算$_{\text{算数}}$tui^{212}$_{\text{山合一}}$|酸tui^{24}$_{\text{山合一}}$|馒man^{354}$_{\text{山合一}}$，

弯ʔuan^{24}$_{\text{山合二}}$|关$_{\text{关心}}$kuan^{24}$_{\text{山合二}}$|关$_{\text{关门}}$kuɛ^{24}$_{\text{山合二}}$，

院zuan^{41}$_{\text{山合三}}$|川suan^{24}$_{\text{山合三}}$|恋lian^{354}$_{\text{山合三}}$|权hien^{22}$_{\text{山合三}}$|软nui^{32}$_{\text{山合三}}$|远ɦui^{41}$_{\text{山合三}}$|万ban^{24}$_{\text{山合三}}$，

县kuai^{24}$_{\text{山合四}}$。

万宁万城中，例字如：

团huaŋ^{22}$_{\text{山合一}}$|观kuaŋ^{33}$_{\text{山合一}}$|半ɓua^{212}$_{\text{山合一}}$|官kua^{33}$_{\text{山合一}}$|算$_{\text{算数}}$θui^{212}$_{\text{山合一}}$|酸θui^{33}$_{\text{山合一}}$|馒maŋ^{454}$_{\text{山合一}}$，

弯ʔuaŋ^{33}$_{\text{山合二}}$|关kuɛ^{33}$_{\text{山合二}}$，

院duaŋ^{42}$_{\text{山合三}}$|川suaŋ^{33}$_{\text{山合三}}$|恋liŋ^{454}$_{\text{山合三}}$|权hiŋ^{22}$_{\text{山合三}}$|软nui^{31}$_{\text{山合三}}$|远ɦui^{42}$_{\text{山合三}}$|万baŋ^{33}$_{\text{山合三}}$，

县kuai^{33}$_{\text{山合四}}$。

陵水光坡中，例字如：

团huan$^{21}_{山合一}$|观kuan$^{33}_{山合一}$|半ɓua$^{34}_{山合一}$|官kua$^{33}_{山合一}$|算$_{算数}$tui$^{34}_{山合一}$|酸tui$^{23}_{山合一}$|馒man$^{34}_{山合一}$，

弯ʔuan$^{33}_{山合二}$|关$_{关心}$kuan$^{33}_{山合二}$|关$_{关门}$koi$^{33}_{山合二}$，

院zuan$^{43}_{山合三}$|川suan$^{33}_{山合三}$|恋lin$^{454}_{山合三}$|权hin$^{21}_{山合三}$|软nui$^{31}_{山合三}$|远ɦui$^{43}_{山合三}$|万$_{数字}$bam$^{33}_{山合三}$，

县kuai$^{23}_{山合四}$。

陵水椰林中，例字如：

团huam$^{21}_{山合一}$|观kuam$^{22}_{山合一}$|半ɓua$^{13}_{山合一}$|官kua$^{22}_{山合一}$|算$_{算数}$tui$^{13}_{山合一}$|酸tui$^{33}_{山合一}$|馒mam$^{13}_{山合一}$，

弯ʔuam$^{22}_{山合二}$|关$_{关心}$kuam$^{22}_{山合二}$|关$_{关门}$koi$^{22}_{山合二}$，

院zuam$^{31}_{山合三}$|川suam$^{22}_{山合三}$|恋lin$^{453}_{山合三}$|权hin$^{21}_{山合三}$|软nui$^{41}_{山合三}$|远ɦui$^{31}_{山合三}$|万$_{数字}$bam$^{22}_{山合三}$，

县koi$^{22}_{山合四}$。

陵水英州中，例字如：

团huam$^{21}_{山合一}$|观kuam$^{22}_{山合一}$|半ɓua$^{213}_{山合一}$|官kua$^{22}_{山合一}$|算$_{算数}$tui$^{213}_{山合一}$|酸tui$^{22}_{山合一}$|馒mam$^{213}_{山合一}$，

弯ʔuam$^{22}_{山合二}$|关$_{关心}$kuam$^{22}_{山合二}$|关$_{关门}$koi$^{22}_{山合二}$，

院zuam$^{43}_{山合三}$|川suam$^{22}_{山合三}$|恋lin$^{213}_{山合三}$|权hin$^{21}_{山合三}$|软nui$^{31}_{山合三}$|远ɦui$^{43}_{山合三}$|万$_{数字}$bam$^{22}_{山合三}$，

县kuai$^{22}_{山合四}$。

值得注意的是，山摄合口三等字今读的分化情况和山摄开口三等、四等字今读的分化一致，山摄合口三等字在万宁龙滚、陵水光坡、陵水椰林、陵水英州中今读为in的字，在万宁山根中分化为ian、ien，在万宁万城中分化为iŋ、eŋ。

4.臻摄

(1)臻摄开口

表3.57　臻摄开口的主要今读类型

调查地点	开口	主要今读类型/%	最主要今读	最大比/%
万宁龙滚	一等	in(50)、un(33)	in	50
	三等	in(84)、un(6)	in	84
万宁山根	一等	ien(50)、un(30)	ien	50
	三等	ien(76)、un(8)、ian(7)	ien	76
万宁万城	一等	uŋ(50)、iŋ(38)	uŋ	50
	三等	iŋ(59)、eŋ(27)、uŋ(6)	iŋ	59
陵水光坡	一等	in(56)、un(22)	in	56
	三等	in(78)、un(10)、en(5)	in	78
陵水椰林	一等	in(63)、um(25)	in	63
	三等	in(80)、um(11)	in	80
陵水英州	一等	in(50)、un(38)	in	50
	三等	in(81)、eŋ(6)、un(6)	in	81

臻摄开口一等字舒声韵今读主要为un(um、uŋ)、in(ien、iŋ)。

臻摄开口三等字舒声韵今读主要为in(ien、iŋ/eŋ)。例如“珍”字，在万宁山根中读为tɕien^{24}。值得注意的是，臻摄开口三等字在万宁万城发生了分化，主要今读为iŋ，次要今读为eŋ，例字如：斤kiŋ^{33}|巾tɕiŋ^{33}|民meŋ^{22}|珍tseŋ^{33}。

万宁龙滚中，例字如：

根kin^{23}$_{\text{臻开一}}$|恨ɦun^{42}$_{\text{臻开一}}$，

新tin^{23}$_{\text{臻开三}}$|银ŋin^{21}$_{\text{臻开三}}$|民min^{21}$_{\text{臻开三}}$|秦sun^{21}$_{\text{臻开三}}$|阵tun^{23}$_{\text{臻开三}}$。

万宁山根中，例字如：

根kien^{24}$_{\text{臻开一}}$|恨ɦun^{41}$_{\text{臻开一}}$，

新tien^{24}$_{\text{臻开三}}$|银ŋien^{22}$_{\text{臻开三}}$|民mian^{22}$_{\text{臻开三}}$|秦sun^{22}$_{\text{臻开三}}$|阵tun^{24}$_{\text{臻开三}}$。

万宁万城中，例字如：

根kiŋ^{33}$_{\text{臻开一}}$|痕ɦuŋ^{22}$_{\text{臻开一}}$，

新tθiŋ^{33}$_{\text{臻开三}}$|银ŋiŋ^{33}$_{\text{臻开三}}$|民meŋ^{22}$_{\text{臻开三}}$|秦suŋ^{22}$_{\text{臻开三}}$|阵tuŋ^{33}$_{\text{臻开三}}$。

陵水光坡中，例字如：

根kin^{23}$_{\text{臻开一}}$|痕ɦun^{21}$_{\text{臻开一}}$，

新tin^{33}$_{\text{臻开三}}$|银ŋin^{21}$_{\text{臻开三}}$|民min^{21}$_{\text{臻开三}}$|秦sun^{21}$_{\text{臻开三}}$|阵$_{\text{一阵阵雨}}$tun^{33}$_{\text{臻开三}}$。

陵水椰林中，例字如：

根kin^{22}$_{\text{臻开一}}$|痕ɦum^{21}$_{\text{臻开一}}$，

新tin^{22}$_{\text{臻开三}}$|银ŋin^{21}$_{\text{臻开三}}$|民min^{21}$_{\text{臻开三}}$|秦sum^{21}$_{\text{臻开三}}$|阵$_{\text{一阵阵雨}}$tum^{22}$_{\text{臻开三}}$。

陵水英州中，例字如：

根kin^{22}$_{\text{臻开一}}$|痕ɦun^{21}$_{\text{臻开一}}$，

新tin^{22}$_{\text{臻开三}}$|银ŋin^{21}$_{\text{臻开三}}$|民min^{21}$_{\text{臻开三}}$|秦ɕin^{21}$_{\text{臻开三}}$|阵$_{\text{阵雨}}$tum^{43}$_{\text{臻开三}}$。

值得注意的是，臻摄开口字今读的分化情况和山摄开口三等、四等字，山摄合口三等字今读的分化一致。臻摄开口字在万宁龙滚、陵水光坡、陵水椰林、陵水英州中今读为in的字，在万宁山根中分化为ian、ien，在万宁万城中分化为iŋ、eŋ。

（2）臻摄合口

表3.58 臻摄合口的主要今读类型

调查地点	合口	主要今读类型/%	最主要今读	最大比/%
万宁龙滚	一等	un（79）、ui（6）	un	79
	三等	un（89）	un	89
万宁山根	一等	un（87）、ui（9）	un	87
	三等	un（88）	un	88
万宁万城	一等	uŋ（83）、ui（7）	uŋ	83
	三等	uŋ（84）	uŋ	84
陵水光坡	一等	un（83）、ui（7）	un	83
	三等	un（87）	un	87
陵水椰林	一等	um（84）、ui（9）	um	84
	三等	um（85）	um	85
陵水英州	一等	un（77）、ui（7）	un	77
	三等	un（84）	un	84

臻摄合口一等字舒声韵今读基本均为un（um、uŋ）、ui。其中，白读主要读为ui。例如“本”字，在万宁山根中，在“本子”的义项中读为ɓui^{32}，在“本来”的义项中读为ɓun^{32}。

臻摄合口三等字舒声韵今读基本为un（um、uŋ），例如“群”字，在万宁万城中读

为kuŋ^{22}；个别读为ui，例如“门”字，见下例。

万宁龙滚中，例字如：孙tun$^{23}_{\text{臻合一}}$|寸sun$^{312}_{\text{臻合一}}$|村sui$^{23}_{\text{臻合一}}$|门mui$^{21}_{\text{臻合一}}$，裙kun$^{21}_{\text{臻合三}}$|笋tun$^{31}_{\text{臻合三}}$|问mui$^{23}_{\text{臻合三}}$。

万宁山根中，例字如：孙tun$^{24}_{\text{臻合一}}$|寸sun$^{212}_{\text{臻合一}}$|村sui$^{24}_{\text{臻合一}}$|门mui$^{22}_{\text{臻合一}}$，裙kun$^{22}_{\text{臻合三}}$|笋tun$^{32}_{\text{臻合三}}$|问mui$^{24}_{\text{臻合三}}$。

万宁万城中，例字如：孙θuŋ$^{33}_{\text{臻合一}}$|寸suŋ$^{212}_{\text{臻合一}}$|村sui$^{33}_{\text{臻合一}}$|门mui$^{22}_{\text{臻合一}}$，裙kuŋ$^{22}_{\text{臻合三}}$|笋θuŋ$^{31}_{\text{臻合三}}$|问mui$^{33}_{\text{臻合三}}$。

陵水光坡中，例字如：孙tun$^{33}_{\text{臻合一}}$|寸sun$^{34}_{\text{臻合一}}$|村sui$^{33}_{\text{臻合一}}$|门mui$^{21}_{\text{臻合一}}$，裙kun$^{21}_{\text{臻合三}}$|笋tun$^{31}_{\text{臻合三}}$|问mui$^{33}_{\text{臻合三}}$。

陵水椰林中，例字如：孙tum$^{22}_{\text{臻合一}}$|寸sum$^{13}_{\text{臻合一}}$|村sui$^{22}_{\text{臻合一}}$|门mui$^{21}_{\text{臻合一}}$，裙kum$^{21}_{\text{臻合三}}$|笋tum$^{41}_{\text{臻合三}}$|问mui$^{22}_{\text{臻合三}}$。

陵水英州中，例字如：孙tun$^{22}_{\text{臻合一}}$|寸sun$^{213}_{\text{臻合一}}$|村sui$^{22}_{\text{臻合一}}$|门mui$^{21}_{\text{臻合一}}$，裙kun$^{21}_{\text{臻合三}}$|笋tun$^{31}_{\text{臻合三}}$|问mui$^{22}_{\text{臻合三}}$。

5.宕摄

（1）宕摄开口

表3.59　宕摄开口的主要今读类型

调查地点	开口	主要今读类型/%	最主要今读	最大比/%
万宁龙滚	一等	aŋ（64）、ɔ（26）	aŋ	64
	三等	iaŋ（46）、io（34）、ɔ（9）、uaŋ（6）	iaŋ	46
万宁山根	一等	aŋ（76）、ɔ（20）	aŋ	76
	三等	iaŋ（52）、io（28）、ɔ（7）、uaŋ（7）	iaŋ	52
万宁万城	一等	aŋ（81）、o（13）	aŋ	81
	三等	iaŋ（56）、io（23）、o（9）、uaŋ（6）	iaŋ	56
陵水光坡	一等	aŋ（82）、o（17）	aŋ	82
	三等	iaŋ（52）、io（28）、o（8）、uaŋ（5）	iaŋ	52
陵水椰林	一等	aŋ（78）、o（17）	aŋ	78
	三等	iaŋ（52）、io（27）、o（7）、uaŋ（6）	iaŋ	52
陵水英州	一等	aŋ（73）、o（20）	aŋ	73
	三等	iaŋ（43）、io（31）、uaŋ（11）、o（8）	iaŋ	43

宕摄开口一等字舒声韵主要今读为aŋ、ɔ（o），口语用字多读为ɔ（o）。“汤”“忙”二字在陵水光坡中读为ho^{33}|maŋ^{21}。

宕摄开口三等字舒声韵主要今读为iaŋ，次要今读为io、ɔ（o）、iaŋ、uaŋ，其中白读为io、ɔ（o）。因为宕摄开口三等字舒声韵整体字数较多，所以各个今读韵母的字数都不算少。例字如“长”，在陵水椰林中，在“长短”中白读为ɗo^{21}，在“长春”中文读为ɕiaŋ^{21}；例字如“量”，在陵水椰林中，白读为lio^{21}，文读为liaŋ^{41}。这组字中文白异读的字比较多。

万宁龙滚中，例字如：

刚kaŋ^{23}$_{\text{宕开一}}$|忙maŋ^{21}$_{\text{宕开一}}$|汤hɔ^{23}$_{\text{宕开一}}$|浪lɔ^{23}$_{\text{宕开一}}$，

厂ɕiaŋ^{31}$_{\text{宕开三}}$|商tiaŋ^{23}$_{\text{宕开三}}$|象ɕio^{42}$_{\text{宕开三}}$|酱tɕio^{312}$_{\text{宕开三}}$|床sɔ^{21}$_{\text{宕开三}}$|肠ɗɔ^{21}$_{\text{宕开三}}$|壮tuaŋ^{312}$_{\text{宕开三}}$。

万宁山根中，例字如：

刚kaŋ^{24}$_{\text{宕开一}}$|忙maŋ^{22}$_{\text{宕开一}}$|汤tʰɔ^{24}$_{\text{宕开一}}$|浪$_{\text{风浪}}$lɔ^{24}$_{\text{宕开一}}$，

厂ɕiaŋ^{32}$_{\text{宕开三}}$|商tiaŋ^{24}$_{\text{宕开三}}$|象ɕio^{41}$_{\text{宕开三}}$|酱tɕio^{212}$_{\text{宕开三}}$|床sɔ^{22}$_{\text{宕开三}}$|肠ɗɔ^{22}$_{\text{宕开三}}$|壮tuaŋ^{212}$_{\text{宕开三}}$。

万宁万城中，例字如：

刚kaŋ^{33}$_{\text{宕开一}}$|忙maŋ^{22}$_{\text{宕开一}}$|汤ho^{33}$_{\text{宕开一}}$|糖ho^{22}$_{\text{宕开一}}$，

厂ɕiaŋ^{31}$_{\text{宕开三}}$|商tθiaŋ^{33}$_{\text{宕开三}}$|象ɕio^{42}$_{\text{宕开三}}$|酱tɕio^{212}$_{\text{宕开三}}$|床so^{22}$_{\text{宕开三}}$|肠ɗo^{22}$_{\text{宕开三}}$|壮tuaŋ^{212}$_{\text{宕开三}}$。

陵水光坡中，例字如：

刚kaŋ^{33}$_{\text{宕开一}}$|忙maŋ^{21}$_{\text{宕开一}}$|汤ho^{33}$_{\text{宕开一}}$|糖tʰo^{21}$_{\text{宕开一}}$，

厂ɕiaŋ^{31}$_{\text{宕开三}}$|商tiaŋ^{33}$_{\text{宕开三}}$|象ɕio^{43}$_{\text{宕开三}}$|酱tɕio^{212}$_{\text{宕开三}}$|床so^{21}$_{\text{宕开三}}$|肠ɗo^{21}$_{\text{宕开三}}$|壮tuaŋ^{34}$_{\text{宕开三}}$。

陵水椰林中，例字如：

刚$_{1}$kaŋ^{22}$_{\text{宕开一}}$|忙maŋ^{21}$_{\text{宕开一}}$|汤ho^{22}$_{\text{宕开一}}$|糖ho^{21}$_{\text{宕开一}}$，

疆kiaŋ$^{22}_{宕开三}$|商tiaŋ$^{22}_{宕开三}$|象ɕio$^{31}_{宕开三}$|酱tɕio$^{13}_{宕开三}$|床so$^{21}_{宕开三}$|肠ɗo$^{21}_{宕开三}$|壮tuaŋ$^{13}_{宕开三}$。

陵水英州中，例字如：

刚kaŋ$^{22}_{宕开一}$|忙maŋ$^{21}_{宕开一}$|汤ho$^{22}_{宕开一}$|糖ho$^{21}_{宕开一}$，

疆kiaŋ$^{22}_{宕开三}$|商tiaŋ$^{22}_{宕开三}$|象ɕio$^{43}_{宕开三}$|酱tɕio$^{213}_{宕开三}$|床so$^{21}_{宕开三}$|肠ɗo$^{21}_{宕开三}$|壮tuaŋ$^{213}_{宕开三}$。

（2）宕摄合口

表3.60　宕摄合口的主要今读类型

调查地点	合口	主要今读类型/%	最主要今读	最大比/%
万宁龙滚	一等	uaŋ（90）	uaŋ	90
	三等	aŋ（61）、uaŋ（33）	aŋ	61
万宁山根	一等	uaŋ（93）	uaŋ	93
	三等	aŋ（59）、uaŋ（37）	aŋ	59
万宁万城	一等	uaŋ（93）	uaŋ	93
	三等	aŋ（61）、uaŋ（39）	aŋ	61
陵水光坡	一等	uaŋ（87）	uaŋ	87
	三等	aŋ（57）、uaŋ（43）	aŋ	57
陵水椰林	一等	uaŋ（87）	uaŋ	87
	三等	aŋ（58）、uaŋ（42）	aŋ	58
陵水英州	一等	uaŋ（87）	uaŋ	87
	三等	aŋ（60）、uaŋ（40）	aŋ	60

宕摄合口一等字舒声韵主要今读为uaŋ，个别读为ui，其中白读为ui。例字如“广”，在万宁龙滚中读为kuaŋ^{31}。例字如“黄”，白读为ʔui^{21}，文读为ʔuaŋ^{21}。

宕摄合口三等字舒声韵主要今读为aŋ、uaŋ。例字如“方”“忘”，在万宁万城中读为pʰaŋ^{33}|baŋ^{22}。

万宁龙滚中，例字如：广kuaŋ$^{31}_{宕合一}$|黄$_{文,姓}$ʔuaŋ$^{21}_{宕合一}$|黄$_{白,黄色}$ʔui$^{21}_{宕合一}$，

方pʰaŋ$^{23}_{宕合三}$|忘baŋ$^{21}_{宕合三}$|王ʔuaŋ$^{21}_{宕合三}$。

万宁山根中，例字如：广kuaŋ$^{32}_{宕合一}$|黄$_{文,姓}$ʔuaŋ$^{22}_{宕合一}$|黄$_{白,黄色}$ʔui$^{22}_{宕合一}$，

方pʰaŋ$^{24}_{宕合三}$|忘baŋ$^{22}_{宕合三}$|王ʔuaŋ$^{22}_{宕合三}$。

万宁万城中, 例字如: 广kuaŋ$^{31}_{\text{宕合一}}$|黄ʔui$^{22}_{\text{宕合一}}$, 方p^{h}aŋ$^{33}_{\text{宕合三}}$|忘baŋ$^{22}_{\text{宕合三}}$|王ʔuaŋ$^{22}_{\text{宕合三}}$。

陵水光坡中, 例字如: 广kuaŋ$^{31}_{\text{宕合一}}$|黄ʔui$^{21}_{\text{宕合一}}$, 方p^{h}aŋ$^{33}_{\text{宕合三}}$|忘baŋ$^{21}_{\text{宕合三}}$|王ɦuaŋ$^{21}_{\text{宕合三}}$。

陵水椰林中, 例字如: 广kuaŋ$^{41}_{\text{宕合一}}$|黄ʔui$^{21}_{\text{宕合一}}$, 方p^{h}aŋ$^{22}_{\text{宕合三}}$|忘baŋ$^{21}_{\text{宕合三}}$|王ɦuaŋ$^{21}_{\text{宕合三}}$。

陵水英州中, 例字如: 广kuaŋ$^{31}_{\text{宕合一}}$|黄ʔui$^{21}_{\text{宕合一}}$, 方p^{h}aŋ$^{22}_{\text{宕合三}}$|忘baŋ$^{21}_{\text{宕合三}}$|王ʔuaŋ$^{21}_{\text{宕合三}}$。

6.江摄

表3.61 江摄开口的主要今读类型

调查地点	开口	主要今读类型/%	最主要今读	最大比/%
万宁龙滚	二等	iaŋ(50)、aŋ(25)、oŋ(8)	iaŋ	50
万宁山根	二等	iaŋ(32)、aŋ(27)、oŋ(23)	iaŋ	32
万宁万城	二等	aŋ(33)、iaŋ(28)、oŋ(22)	aŋ	33
陵水光坡	二等	aŋ(41)、iaŋ(23)、oŋ(9)	aŋ	41
陵水椰林	二等	aŋ(32)、iaŋ(32)、oŋ(21)	aŋ、iaŋ	32
陵水英州	二等	aŋ(31)、iaŋ(31)、oŋ(13)	aŋ、iaŋ	31

江摄开口二等字舒声韵今读主要为aŋ、iaŋ、oŋ。例字如"港""江""讲", 在万宁山根中读为kaŋ^{31}|kiaŋ^{33}|koŋ^{31}。

万宁龙滚中, 例字如: 江kiaŋ$^{23}_{\text{江开二}}$|双tiaŋ$^{23}_{\text{江开二}}$|港kaŋ$^{31}_{\text{江开二}}$|讲koŋ$^{31}_{\text{江开二}}$。

万宁山根中, 例字如: 江kiaŋ$^{24}_{\text{江开二}}$|双tiaŋ$^{24}_{\text{江开二}}$|港kaŋ$^{32}_{\text{江开二}}$|讲koŋ$^{32}_{\text{江开二}}$。

万宁万城中, 例字如: 江kiaŋ$^{33}_{\text{江开二}}$|双tθiaŋ$^{33}_{\text{江开二}}$|港kaŋ$^{31}_{\text{江开二}}$|讲koŋ$^{31}_{\text{江开二}}$。

陵水光坡中, 例字如: 江kiaŋ$^{33}_{\text{江开二}}$|双tiaŋ$^{33}_{\text{江开二}}$|港kaŋ$^{31}_{\text{江开二}}$|讲koŋ$^{31}_{\text{江开二}}$。

陵水椰林中, 例字如: 江kiaŋ$^{22}_{\text{江开二}}$|双tiaŋ$^{22}_{\text{江开二}}$|港kaŋ$^{41}_{\text{江开二}}$|讲koŋ$^{41}_{\text{江开二}}$。

陵水英州中, 例字如: 江kiaŋ$^{22}_{\text{江开二}}$|双tiaŋ$^{22}_{\text{江开二}}$|港kaŋ$^{31}_{\text{江开二}}$|讲koŋ$^{31}_{\text{江开二}}$。

7.曾摄

（1）曾摄开口

表3.62　曾摄开口的主要今读类型

调查地点	开口	主要今读类型/%	最主要今读	最大比/%
万宁龙滚	一等	en（63）、in（13）	en	63
	三等	en（95）、in（5）	en	95
万宁山根	一等	en（68）、ien（9）	en	68
	三等	en（83）、ien（10）	en	83
万宁万城	一等	eŋ（58）、iŋ（11）	eŋ	58
	三等	eŋ（75）、iŋ（9）	eŋ	75
陵水光坡	一等	en（59）、in（14）	en	59
	三等	en（81）、in（13）	en	81
陵水椰林	一等	eŋ（57）、in（13）	eŋ	57
	三等	eŋ（87）、in（6）	eŋ	87
陵水英州	一等	eŋ（56）、in（19）	eŋ	56
	三等	eŋ（86）、in（10）	eŋ	86

曾摄开口一等字舒声韵今读主要为en（eŋ），一小部分读为in（ien、iŋ）。例字如“灯”，在万宁山根中读为ɗen^{24}。

曾摄开口三等字舒声韵今读主要为en（eŋ），例字如“胜”，在万宁山根中读为ten^{212}。一小部分读为in（ien、iŋ），如“秤”读为in（ien），各地比较统一，例如在陵水椰林中读为çin^{13}。

万宁龙滚中，例字如：灯ɗen^{23}$_{\text{曾开一}}$|邓ɗen^{42}$_{\text{曾开一}}$|肯hin^{31}$_{\text{曾开一}}$，

冰ɓen^{23}$_{\text{曾开三}}$|胜ten^{31}$_{\text{曾开三}}$|秤çin^{312}$_{\text{曾开三}}$。

万宁山根中，例字如：灯ɗen^{24}$_{\text{曾开一}}$|邓ɗen^{41}$_{\text{曾开一}}$|肯hien^{32}$_{\text{曾开一}}$，

冰ɓen^{24}$_{\text{曾开三}}$|胜ten^{212}$_{\text{曾开三}}$|，称çin^{312}$_{\text{曾开三}}$。

万宁万城中，例字如：灯ɗeŋ^{33}$_{\text{曾开一}}$|邓ɗeŋ^{42}$_{\text{曾开一}}$|肯hiŋ^{31}$_{\text{曾开一}}$，

冰ɓeŋ^{33}$_{\text{曾开三}}$|胜θeŋ^{212}$_{\text{曾开三}}$|称çiŋ^{212}$_{\text{曾开三}}$。

陵水光坡中，例字如：灯ɗen^{33}$_{\text{曾开一}}$|邓ɗen^{43}$_{\text{曾开一}}$|肯hin^{31}$_{\text{曾开一}}$，

冰ɓen^{33}$_{\text{曾开三}}$|胜ten^{43}$_{\text{曾开三}}$|秤çin^{34}$_{\text{曾开三}}$。

陵水椰林中，例字如：灯ɗeŋ$^{22}_{\text{曾开一}}$|邓ɗeŋ$^{21}_{\text{曾开一}}$|肯hin$^{41}_{\text{曾开一}}$，冰ɓeŋ$^{22}_{\text{曾开三}}$|胜teŋ$^{31}_{\text{曾开三}}$|秤ɕin$^{13}_{\text{曾开三}}$。

陵水英州中，例字如：灯ɗeŋ$^{22}_{\text{曾开一}}$|邓ɗeŋ$^{43}_{\text{曾开一}}$|肯hin$^{31}_{\text{曾开一}}$，冰ɓeŋ$^{22}_{\text{曾开三}}$|胜teŋ$^{43}_{\text{曾开三}}$|秤ɕin$^{213}_{\text{曾开三}}$。

（2）曾摄合口

曾摄合口一等字舒声韵只有一个“弘”字，各地韵母今读均为oŋ，例如“弘”在万宁万城中读为ɦoŋ^{22}。

曾摄合口三等字无舒声韵字。

8.梗摄

（1）梗摄开口

表3.63　梗摄开口的主要今读类型

调查地点	开口	主要今读类型/%	最主要今读	最大比/%
万宁龙滚	二等	en（31）、ɛ（28）、oŋ（17）、aŋ（10）	en	31
	三等	en（56）、ia（23）、ɛ（10）、in（5）	en	56
	四等	en（73）、ia（12）、ɛ（6）	en	73
万宁山根	二等	en（43）、ᴇ（20）、oŋ（16）、aŋ（10）	en	43
	三等	en（61）、ia（19）、ᴇ（8）、ien（5）	en	61
	四等	en（77）、ia（9）、ᴇ（5）	en	77
万宁万城	二等	eŋ（27）、ᴇ（22）、oŋ（16）、aŋ（11）	eŋ	27
	三等	eŋ（56）、ia（21）、ᴇ（11）、iŋ（7）	eŋ	56
	四等	eŋ（76）、ia（10）、ᴇ（7）	eŋ	76
陵水光坡	二等	en（41）、ᴇ（24）、oŋ（17）、aŋ（12）	en	41
	三等	en（59）、ia（21）、ᴇ（12）、in（3）	en	59
	四等	en（79）、ia（9）、ᴇ（9）	en	79
陵水椰林	二等	eŋ（47）、ɛ（18）、oŋ（18）、aŋ（11）	eŋ	47
	三等	eŋ（59）、ia（20）、ɛ（11）、in（4）	eŋ	59
	四等	eŋ（69）、ia（11）、ɛ（11）	eŋ	69
陵水英州	二等	eŋ（26）、oŋ（24）、ɛ（21）、aŋ（11）	eŋ	26
	三等	eŋ（54）、ia（22）、ɛ（12）、in（3）	eŋ	54
	四等	eŋ（69）、ɛ（14）、ia（10）	eŋ	69

梗摄开口二等字的舒声韵今读主要为en（eŋ）、ɛ（ᴇ）、oŋ、aŋ，其中白读为ɛ

（ᴇ），文读为en（eŋ）、oŋ、aŋ。例如，在万宁龙滚中，“生”在“生熟”的义项中白读为tɛ^{23}，在“发生”的义项中文读为sen^{23}。

梗摄开口三等字的舒声韵今读主要为en（eŋ）、ia、ɛ（ᴇ），其中白读主要为ia、ɛ（ᴇ），文读主要为en（eŋ）。例如“命”字，在陵水光坡中，在“算命”中白读为mia^{33}，在“革命”中文读为men^{43}，再如“平”字，在“地面很平坦”的义项中白读为ɓᴇ^{21}，在用作人名中读为p^{h}en^{21}。

梗摄开口四等字的舒声韵今读主要为en（eŋ）、ia、ɛ（ᴇ），其中白读为ia、ɛ（ᴇ），文读为en（eŋ）、ek、ik。例如“青”字，在陵水光坡中，在“青色”的义项中白读为sᴇ^{33}，在“青年”的义项中文读为sen^{33}。

万宁龙滚中，例字如：

省ten^{31}$_{\text{梗开二}}$|橙sen^{21}$_{\text{梗开二}}$|生$_{\text{生熟}}$tɛ^{23}$_{\text{梗开二}}$|冷lɛ^{31}$_{\text{梗开二}}$|孟moŋ^{454}$_{\text{梗开二}}$|浜ɓaŋ^{23}$_{\text{梗开二}}$，

京ken^{23}$_{\text{梗开三}}$|晴sen^{23}$_{\text{梗开三}}$|兵ɓia^{23}$_{\text{梗开三}}$|名mia^{21}$_{\text{梗开三}}$|病ɓɛ^{23}$_{\text{梗开三}}$|井tsɛ^{31}$_{\text{梗开三}}$|晶tɕin^{23}$_{\text{梗开三}}$，

零len^{21}$_{\text{梗开四}}$|亭hen^{21}$_{\text{梗开四}}$|听hia^{23}$_{\text{梗开四}}$|星$_{\text{白，星星}}$sɛ^{23}$_{\text{梗开四}}$。

万宁山根中，例字如：

省ten^{32}$_{\text{梗开二}}$|橙sen^{22}$_{\text{梗开二}}$|生$_{\text{生熟}}$tᴇ^{24}$_{\text{梗开二}}$|冷lᴇ^{32}$_{\text{梗开二}}$|孟moŋ^{354}$_{\text{梗开二}}$|盲maŋ^{22}$_{\text{梗开二}}$，

京ken^{24}$_{\text{梗开三}}$|晴sen^{24}$_{\text{梗开三}}$|兵ɓia^{24}$_{\text{梗开三}}$|名mia^{22}$_{\text{梗开三}}$|病ɓᴇ^{24}$_{\text{梗开三}}$|井tsᴇ^{32}$_{\text{梗开三}}$|令lien^{41}$_{\text{梗开三}}$，

零len^{22}$_{\text{梗开四}}$|亭t^{h}en^{22}$_{\text{梗开四}}$|听t^{h}ia^{24}$_{\text{梗开四}}$|星$_{\text{白，星星}}$sᴇ^{24}$_{\text{梗开四}}$。

万宁万城中，例字如：

省θeŋ^{31}$_{\text{梗开二}}$|筝tseŋ^{33}$_{\text{梗开二}}$|生$_{\text{生熟}}$θᴇ^{33}$_{\text{梗开二}}$|冷lᴇ^{31}$_{\text{梗开二}}$|孟moŋ^{454}$_{\text{梗开二}}$|盲maŋ^{22}$_{\text{梗开二}}$，

京keŋ^{33}$_{\text{梗开三}}$|晴seŋ^{22}$_{\text{梗开三}}$|兵ɓia^{33}$_{\text{梗开三}}$|名mia^{22}$_{\text{梗开三}}$|病ɓᴇ^{33}$_{\text{梗开三}}$|井tsᴇ^{31}$_{\text{梗开三}}$|令liŋ^{42}$_{\text{梗开三}}$，

零leŋ^{22}$_{\text{梗开四}}$|亭heŋ^{22}$_{\text{梗开四}}$|听hia^{33}$_{\text{梗开四}}$|星$_{\text{白，星星}}$sᴇ^{33}$_{\text{梗开四}}$。

陵水光坡中，例字如：

省ten^{31}$_{\text{梗开二}}$|橙sen^{21}$_{\text{梗开二}}$|生$_{\text{生熟}}$tᴇ^{33}$_{\text{梗开二}}$|冷lᴇ^{43}$_{\text{梗开二}}$|孟moŋ^{454}$_{\text{梗开二}}$|浜ɓaŋ^{33}$_{\text{梗开二}}$，

京ken$^{33}_{梗开三}$|晴tsE$^{21}_{梗开三}$|兵ɓia$^{33}_{梗开三}$|名mia$^{21}_{梗开三}$|病ɓE$^{3}_{梗开三}$|井tsE$^{31}_{梗开三}$|令len$^{43}_{梗开三}$，

零len$^{21}_{梗开四}$|亭t^{h}en$^{21}_{梗开四}$|听t^{h}ia$^{33}_{梗开四}$|星$_{白,星星}$sE$^{33}_{梗开四}$。

陵水椰林中，例字如：

省teŋ$^{41}_{梗开二}$|橙seŋ$^{21}_{梗开二}$|生$_{生熟}$tɛ$^{22}_{梗开二}$|冷lɛ$^{31}_{梗开二}$|孟moŋ$^{453}_{梗开二}$|浜ɓaŋ$^{22}_{梗开二}$，

京keŋ$^{22}_{梗开三}$|晴tseŋ$^{21}_{梗开三}$|兵ɓia$^{22}_{梗开三}$|名mia$^{21}_{梗开三}$|病ɓɛ$^{22}_{梗开三}$|井tsɛ$^{41}_{梗开三}$|令leŋ$^{31}_{梗开三}$，

零leŋ$^{21}_{梗开四}$|亭heŋ$^{21}_{梗开四}$|听hia$^{22}_{梗开四}$|星$_{白,星星}$sɛ$^{22}_{梗开四}$。

陵水英州中，例字如：

省teŋ$^{31}_{梗开二}$|征tseŋ$^{22}_{梗开二}$|生$_{生熟}$tɛ$^{22}_{梗开二}$|冷lɛ$^{43}_{梗开二}$|孟moŋ$^{454}_{梗开二}$|氓maŋ$^{31}_{梗开二}$，

京keŋ$^{22}_{梗开三}$|晴seŋ$^{21}_{梗开三}$|兵ɓia$^{22}_{梗开三}$|名mia$^{21}_{梗开三}$|病ɓɛ$^{22}_{梗开三}$|井tsɛ$^{31}_{梗开三}$|令leŋ$^{43}_{梗开三}$，

零leŋ$^{21}_{梗开四}$|亭heŋ$^{21}_{梗开四}$|听hia$^{22}_{梗开四}$|星$_{白,星星}$sɛ$^{22}_{梗开四}$。

(2) 梗摄合口

梗摄合口有二等、三等、四等，但各等字的数量都比较少，个别字读音的改变对百分比的影响也很大，所以梗摄合口字的今读只列今读类型，不列百分比，排在前面的今读字数较多，排在后面的今读字数较少。

表3.64　梗摄合口的主要今读类型

调查地点	合口	主要今读类型	最主要今读
万宁龙滚	二等	oŋ、iɛ、uang	oŋ
	三等	ioŋ、en、ia	ioŋ
万宁山根	二等	oŋ、uɛ、uang	oŋ
	三等	ioŋ、en、ia	ioŋ
万宁万城	二等	oŋ、uɛ、uang	oŋ
	三等	ioŋ、eŋ、ia	ioŋ
陵水光坡	二等	oŋ、oi、uang	oŋ
	三等	oŋ、en、ia	oŋ
陵水椰林	二等	oŋ、oi、uang	oŋ
	三等	oŋ、eŋ、ia	oŋ
陵水英州	二等	oŋ、oi、uang	oŋ
	三等	oŋ、eŋ、ia	oŋ

梗摄合口二等字，舒声韵主要今读为oŋ、iɛ（uɛ、oi）、uang，其中读为iɛ（oi）的为口语常用字，例如陵水光坡中，“横”读为ɦoi^{21}。

梗摄合口三等字，舒声韵主要今读为ioŋ、oŋ、en（eŋ）、ia，其中白读为ia，文读为oŋ、en（eŋ），例如陵水光坡中，“兄”读为ɦia^{22}，“营”在“营长”中读为ʔia^{21}，在“营养”中读为zoŋ^{21}。

梗摄合口四等字只有三个字，比较生僻，一些调查点的发音人无法读出。陵水椰林中“萤”读为zeŋ^{21}。

万宁龙滚中，例字如：横ɦiɛ^{21}$_{\text{梗合二}}$|轰ɦoŋ^{21}$_{\text{梗合二}}$|矿huaŋ^{312}$_{\text{梗合二}}$，

荣dʑioŋ^{21}$_{\text{梗合三}}$|琼$_{\text{海南省简称}}$hen^{21}$_{\text{梗合三}}$|兄ɦia^{23}$_{\text{梗合三}}$。

万宁山根中，例字如：横ɦuɛ^{22}$_{\text{梗合二}}$|轰ɦoŋ^{22}$_{\text{梗合二}}$|矿huaŋ^{212}$_{\text{梗合二}}$，

荣dʑioŋ^{22}$_{\text{梗合三}}$|琼$_{\text{海南省简称}}$hen^{22}$_{\text{梗合三}}$|兄ɦia^{24}$_{\text{梗合三}}$。

万宁万城中，例字如：横ɦuɛ^{22}$_{\text{梗合二}}$|轰ɦoŋ^{22}$_{\text{梗合二}}$|矿huaŋ^{212}$_{\text{梗合二}}$，

荣dʑioŋ^{22}$_{\text{梗合三}}$|琼$_{\text{海南省简称}}$heŋ^{22}$_{\text{梗合三}}$|兄ɦia^{33}$_{\text{梗合三}}$。

陵水光坡中，例字如：横ɦoi^{22}$_{\text{梗合二}}$|轰ɦoŋ^{21}$_{\text{梗合二}}$|矿huaŋ^{34}$_{\text{梗合二}}$，

荣zoŋ^{21}$_{\text{梗合三}}$|琼$_{\text{海南省简称}}$hen^{21}$_{\text{梗合三}}$|兄ɦia^{33}$_{\text{梗合三}}$。

陵水椰林中，例字如：横ɦoi^{21}$_{\text{梗合二}}$|轰ɦoŋ^{21}$_{\text{梗合二}}$|矿huaŋ^{13}$_{\text{梗合二}}$，

荣zoŋ^{21}$_{\text{梗合三}}$|琼$_{\text{海南省简称}}$heŋ^{21}$_{\text{梗合三}}$|兄ɦia^{22}$_{\text{梗合三}}$。

陵水英州中，例字如：横ɦoi^{21}$_{\text{梗合二}}$|轰ɦoŋ^{21}$_{\text{梗合二}}$|矿huaŋ^{213}$_{\text{梗合二}}$，

荣zoŋ^{21}$_{\text{梗合三}}$|琼$_{\text{海南省简称}}$heŋ^{21}$_{\text{梗合三}}$|兄ɦia^{22}$_{\text{梗合三}}$。

9.通摄

表3.65　通摄合口的主要今读类型

调查地点	合口	主要今读类型/%	最主要今读	最大比/%
万宁龙滚	一等	oŋ（55）、aŋ（39）	oŋ	55
	三等	oŋ（55）、ioŋ（55）、iaŋ（30）、aŋ（39）	oŋ	55
万宁山根	一等	oŋ（67）、aŋ（30）	oŋ	67
	三等	oŋ（56）、ioŋ（23）、iaŋ（13）、aŋ（6）	oŋ	56

续表

调查地点	合口	主要今读类型/%	最主要今读	最大比/%
万宁万城	一等	oŋ(68)、aŋ(29)	oŋ	68
	三等	oŋ(52)、ioŋ(20)、iaŋ(13)、aŋ(6)	oŋ	52
陵水光坡	一等	oŋ(64)、aŋ(33)	oŋ	64
	三等	oŋ(73)、iaŋ(13)、ioŋ(7)、aŋ(6)	oŋ	73
陵水椰林	一等	oŋ(61)、aŋ(34)	oŋ	61
	三等	oŋ(70)、iaŋ(12)、ioŋ(6)、aŋ(6)	oŋ	70
陵水英州	一等	oŋ(56)、aŋ(36)	oŋ	56
	三等	oŋ(65)、iaŋ(16)、aŋ(8)、ioŋ(6)	oŋ	65

通摄合口一等字舒声韵今读主要为oŋ、aŋ，其中白读为aŋ，例如“东”字，在陵水光坡中，在“方位”的义项中白读为ɗaŋ^{33}，在“名字”的义项中文读为ɗoŋ^{33}。值得注意的是，“痛”在各地韵母均读为ia，比较统一，例如在陵水光坡中读为hia^{34}。

通摄合口三等字舒声韵今读主要为oŋ、iaŋ、ioŋ、aŋ，其中白读为iaŋ、aŋ、uaŋ。例如“龙”字，在陵水光坡中，在“属龙”的义项中读为liaŋ^{21}，在“龙头”中读为loŋ^{21}。口语常用字“虫、重”的韵母在各地均为aŋ。个别字如“风”，在陵水光坡中，在“大风”中白读ɦuaŋ^{33}，在“风气”中文读为ɦuaŋ^{33}。

万宁龙滚中，例字如：

农noŋ$^{21}_{\text{通合一}}$|宋toŋ$^{312}_{\text{通合一}}$|葱saŋ$^{23}_{\text{通合一}}$|空haŋ$^{23}_{\text{通合一}}$，

宫koŋ$^{23}_{\text{通合三}}$|用dʑioŋ$^{42}_{\text{通合三}}$|穷kiaŋ$^{21}_{\text{通合三}}$|重$_{\text{轻重}}$ɗaŋ$^{42}_{\text{通合三}}$|风ɦuaŋ$^{23}_{\text{通合三}}$。

万宁山根中，例字如：

农noŋ$^{22}_{\text{通合一}}$|宋toŋ$^{212}_{\text{通合一}}$|葱saŋ$^{24}_{\text{通合一}}$|空haŋ$^{24}_{\text{通合一}}$，

宫koŋ$^{24}_{\text{通合三}}$|用dʑioŋ$^{41}_{\text{通合三}}$|穷kiaŋ$^{22}_{\text{通合三}}$|重$_{\text{轻重}}$ɗaŋ$^{41}_{\text{通合三}}$|风ɦuaŋ$^{24}_{\text{通合三}}$。

万宁万城中，例字如：

农noŋ$^{22}_{\text{通合一}}$|宋toŋ$^{212}_{\text{通合一}}$|葱saŋ$^{33}_{\text{通合一}}$|空haŋ$^{33}_{\text{通合一}}$，

宫koŋ$^{33}_{\text{通合三}}$|用dʑioŋ$^{42}_{\text{通合三}}$|穷kiaŋ$^{22}_{\text{通合三}}$|重$_{\text{轻重}}$ɗaŋ$^{42}_{\text{通合三}}$|风ɦuaŋ$^{24}_{\text{通合三}}$。

陵水光坡中，例字如：

农noŋ$^{21}_{\text{通合一}}$|宋toŋ$^{34}_{\text{通合一}}$|葱saŋ$^{33}_{\text{通合一}}$|空haŋ$^{33}_{\text{通合一}}$，

宫koŋ$^{33}_{\text{通合三}}$|用zoŋ$^{43}_{\text{通合三}}$|穷kiaŋ$^{21}_{\text{通合三}}$|重$_{\text{轻重}}$ɗaŋ$^{43}_{\text{通合三}}$|风ɦuaŋ$^{33}_{\text{通合三}}$。

陵水椰林中，例字如：

农noŋ$^{21}_{\text{通合一}}$|宋$_1$toŋ$^{13}_{\text{通合一}}$|宋2taŋ$^{13}_{\text{通合一}}$|葱saŋ$^{22}_{\text{通合一}}$|空haŋ$^{22}_{\text{通合一}}$，

宫koŋ$^{22}_{\text{通合三}}$|用zoŋ$^{31}_{\text{通合三}}$|穷kiaŋ$^{21}_{\text{通合三}}$|重$_{\text{轻重}}$ɗaŋ$^{31}_{\text{通合三}}$|风ɦuaŋ$^{22}_{\text{通合三}}$。

陵水英州中，例字如：

农noŋ$^{21}_{\text{通合一}}$|宋$_1$toŋ$^{213}_{\text{通合一}}$|宋2taŋ$^{213}_{\text{通合一}}$|葱saŋ$^{22}_{\text{通合一}}$|空haŋ$^{22}_{\text{通合一}}$，

宫koŋ$^{22}_{\text{通合三}}$|用zoŋ$^{43}_{\text{通合三}}$|穷kiaŋ$^{21}_{\text{通合三}}$|重$_{\text{轻重}}$ɗaŋ$^{43}_{\text{通合三}}$|风ɦuaŋ$^{22}_{\text{通合三}}$。

三、入声韵

在海南闽语小片中，有很多训读字。另外，当地流行着“有边读边”的说法，例如“疫”字读如“没”字，“猾”字读如“骨”字等，这些字疑似误读，但是各地发音人读法统一，已经成为当地约定俗成的读法，似乎也不能算作误读。所以，本书在统计各例字读音时，以上两种情况的读音都算在了今读中。

这种统计方法在统计中古声母、中古舒声韵今读百分比时没有问题，因为这两者字数较多，而训读字和“有边读边”字数量极少，对百分比的统计影响非常小。但在统计中古各摄中入声字今读时会存在一些问题。因为各摄中，入声韵字的数量均不多，所以训读字和“有边读边”会对今读来源的百分比造成一定影响，为了力保准确，文书在入声韵部分，各地今读均不列百分比，只按照读音多少的情况依次排列出来。

1.咸摄入声韵

（1）咸摄入声韵开口

表3.66　咸摄入声韵开口的主要今读类型

调查地点	开口	主要今读类型	最主要今读
万宁龙滚	一等	a、ap	a
	二等	a、iap	a
	三等	iap	iap
	四等	iap	iap

续表

调查地点	开口	主要今读类型	最主要今读
万宁山根	一等	a、at	a
	二等	a、iat	a
	三等	iat	iat
	四等	iat	iat
万宁万城	一等	a、ak	a
	二等	a、ek	a
	三等	ek	ek
	四等	ek	ek
陵水光坡	一等	a、at	a
	二等	a、iet	a
	三等	iet	iet
	四等	iet	iet
陵水椰林	一等	a、ap	a
	二等	a、iep	a
	三等	iep	iep
	四等	iep	iep
陵水英州	一等	a、ap	a
	二等	a、iap	a
	三等	iap	iap
	四等	iap	iap

咸摄开口一等字入声韵主要今读为a、ap（at、ak），其中，口语常用字多读为a，书面语用字多读为ap（at、ak）。

咸摄开口二等字入声韵今读为a、iap（iat、ek、iet、iep），口语常用字多读为a，书面语用字多读为iap（iet、iat、ak、iep）。

咸摄开口三等字入声韵主要今读为iap（iat、ek、iet、iep），其中，白读为io，文读为iap（iat、ek、iet、iep）。例如，“叶”字，在陵水英州中，在“树叶”中白读为ɦio^{43}，在“姓”的义项中文读为dʑiap^{5}。

咸摄开口四等字入声韵主要今读为iap（iat、ek、iet、iep）。

万宁龙滚中，例字如：

蜡la$^{42}_{\text{咸开一入}}$|杂ta$^{42}_{\text{咸开一入}}$|塔ha$^{454}_{\text{咸开一入}}$|合kap$^{5}_{\text{咸开一入}}$|鸽kap$^{5}_{\text{咸开一入}}$，

鸭ʔa$^{454}_{\text{咸开二入}}$|甲ka$^{454}_{\text{咸开二入}}$|夹hiap$^{3}_{\text{咸开二入}}$，

业ŋiap$^{3}_{\text{咸开三入}}$|接tɕiap$^{5}_{\text{咸开三入}}$|蝶ɗiap$^{5}_{\text{咸开四入}}$。

万宁山根中，例字如：

蜡la$^{41}_{\text{咸开一入}}$|杂ta$^{41}_{\text{咸开一入}}$|塔tʰa$^{354}_{\text{咸开一入}}$|合kat$^{4}_{\text{咸开一入}}$|鸽kat$^{5}_{\text{咸开一入}}$，

鸭ʔa$^{354}_{\text{咸开二入}}$|甲ka$^{354}_{\text{咸开二入}}$|夹hiat$^{5}_{\text{咸开二入}}$，

业ŋiap$^{4}_{\text{咸开三入}}$|接tɕiat$^{5}_{\text{咸开三入}}$|帖tʰiat$^{5}_{\text{咸开四入}}$。

万宁万城中，例字如：

蜡la$^{31}_{\text{咸开一入}}$|杂ta$^{31}_{\text{咸开一入}}$|塔ha$^{454}_{\text{咸开一入}}$|合kak$^{\underline{45}}_{\text{咸开一入}}$|鸽kak$^{\underline{45}}_{\text{咸开一入}}$，

鸭ʔa$^{454}_{\text{咸开二入}}$|甲ka$^{454}_{\text{咸开二入}}$|夹ɦek$^{\underline{32}}_{\text{咸开二入}}$，

业ŋek$^{\underline{32}}_{\text{咸开三入}}$|接tsek$^{\underline{45}}_{\text{咸开三入}}$|帖hek$^{\underline{45}}_{\text{咸开四入}}$。

陵水光坡中，例字如：

蜡la$^{43}_{\text{咸开一入}}$|杂ta$^{43}_{\text{咸开一入}}$|塔tʰa$^{454}_{\text{咸开一入}}$|合kat$^{\underline{45}}_{\text{咸开一入}}$|鸽kat$^{\underline{45}}_{\text{咸开一入}}$，

鸭ʔa$^{454}_{\text{咸开二入}}$|甲ka$^{454}_{\text{咸开二入}}$|夹hiet$^{3}_{\text{咸开二入}}$，

业ŋiet$^{3}_{\text{咸开三入}}$|接tɕiet$^{\underline{45}}_{\text{咸开三入}}$|帖hiet$^{\underline{45}}_{\text{咸开四入}}$。

陵水椰林中，例字如：

蜡la$^{31}_{\text{咸开一入}}$|杂ta$^{31}_{\text{咸开一入}}$|塔ha$^{453}_{\text{咸开一入}}$|合kap$^{5}_{\text{咸开一入}}$|鸽kap$^{5}_{\text{咸开一入}}$，

鸭ʔa$^{453}_{\text{咸开二入}}$|甲ka$^{453}_{\text{咸开二入}}$|夹hiep$^{\underline{42}}_{\text{咸开二入}}$，

业ŋiep$^{\underline{42}}_{\text{咸开三入}}$|接tɕiep$^{5}_{\text{咸开三入}}$|帖hiep$^{5}_{\text{咸开四入}}$。

陵水英州中，例字如：

蜡la$^{43}_{\text{咸开一入}}$|杂ta$^{43}_{\text{咸开一入}}$|塔ha$^{454}_{\text{咸开一入}}$|合kap$^{5}_{\text{咸开一入}}$|鸽kap$^{5}_{\text{咸开一入}}$，

鸭ʔa$^{454}_{\text{咸开二入}}$|甲ka$^{454}_{\text{咸开二入}}$|夹hiap$^{3}_{\text{咸开二入}}$，

业ŋiep$^{3}_{\text{咸开三入}}$|接tɕiap$^{5}_{\text{咸开三入}}$|帖hiap$^{5}_{\text{咸开四入}}$。

（2）咸摄入声韵合口

表3.67　咸摄入声韵合口的主要今读类型

调查地点	合口	主要今读类型	最主要今读
万宁龙滚	三等	ap	ap

续表

调查地点	合口	主要今读类型	最主要今读
万宁山根	三等	at	at
万宁万城	三等	ak	ak
陵水光坡	三等	at	at
陵水椰林	三等	ap	ap
陵水英州	三等	ap	ap

咸摄合口三等字入声韵主要今读为ap（at、ak）。

万宁龙滚中，例字如：法p^hap^5咸合三入。

万宁山根中，例字如：法p^hat^5咸合三入。

万宁万城中，例字如：法$p^hak^{\underline{45}}$咸合三入。

陵水光坡中，例字如：法$p^hat^{\underline{45}}$咸合三入。

陵水椰林中，例字如：法p^hap^5咸合三入。

陵水英州中，例字如：法p^hap^5咸合三入。

2.深摄入声韵

表3.68　深摄入声韵开口的主要今读类型

调查地点	开口	主要今读类型	最主要今读
万宁龙滚	三等	ip、iap	ip
万宁山根	三等	ik、iat	ik
万宁万城	三等	ek、ik	ek
陵水光坡	三等	it、iet	it
陵水椰林	三等	ip、iep	ip
陵水英州	三等	ik、iap	ik

深摄开口三等字入声韵今读主要有ip（it、ik）、iap（iat、ek、iet、iep）。值得注意的是“十”字，今读韵母为ap/at/ak，在万宁龙滚、万宁山根、万宁万城、陵水光坡、陵水椰林、陵水英州中分别读为tap^3|tat^4|$tak^{\underline{32}}$|tat^3|$tap^{\underline{42}}$|tap^3。

万宁龙滚中，例字如：急kip^5深开三入|习$tɕip^3$深开三入|汁$tɕiap^5$深开三入。

万宁山根中，例字如：急kik^5深开三入|习$tɕik^4$深开三入|汁$tɕiat^5$深开三入。

万宁万城中，例字如：急$kik^{\underline{45}}$深开三入|习$tsek^{\underline{32}}$深开三入|汁$tsek^{\underline{45}}$深开三入。

陵水光坡中, 例字如: 急$\text{kit}^{45}_{\text{深开三入}}$|习$\text{tɕit}^{3}_{\text{深开三入}}$|汁$\text{tɕiet}^{45}_{\text{深开三入}}$。

陵水椰林中, 例字如: 急$\text{kip}^{5}_{\text{深开三入}}$|习$\text{tɕip}^{42}_{\text{开三入}}$|汁$\text{tɕiep}^{5}_{\text{深开三入}}$。

陵水英州中, 例字如: 急$\text{kik}^{5}_{\text{深开三入}}$|习$\text{tɕik}^{3}_{\text{深开三入}}$|汁$\text{tɕiap}^{5}_{\text{深开三入}}$。

3.山摄入声韵

(1)山摄入声韵开口

表3.69 山摄入声韵开口的主要今读类型

调查地点	开口	主要今读类型	最主要今读
万宁龙滚	一等	ua、a	ua
	二等	ua	ua
	三等	ik、ek、ua、i	ik
	四等	ɛ、ik、i、at	ɛ
万宁山根	一等	ua、a	ua
	二等	ua	ua
	三等	ik、ek、ua、i	ik
	四等	ᴇ、ik、i、at	ᴇ
万宁万城	一等	ua、a	ua
	二等	ua	ua
	三等	ek、ik、ua、i	ek
	四等	ᴇ、ik、i、ak	ᴇ
陵水光坡	一等	ua、a	ua
	二等	ua	ua
	三等	it、ek、ua、i	it
	四等	ᴇ、it、i、at	ᴇ
陵水椰林	一等	ua、a	ua
	二等	ua	ua
	三等	ek、ip、ua、i	ek
	四等	ɛ、ip、i、ap	ɛ
陵水英州	一等	ua、a	ua
	二等	ua	ua
	三等	ek、ik、ua、i	ek
	四等	ɛ、ik、i、ap	ɛ

山摄开口一等字入声韵的字几乎都舒化了, 今读主要为ua、a, 声调以高去调居多, 例如"渴"字在各调查地均读为高去调, 在陵水光坡中读为hua^{454}; "捺"在各地中

多读为高去，在陵水光坡中读为na^{454}；但“辣”没有变为高去，变为了阳上去，在陵水光坡中读为lua^{43}。

山摄开口二等字入声韵的字几乎都舒化了，今读主要为ua，声调以高去调居多，例如，“杀”字在各调查地均读为高去调，在万宁山根中读为tua^{354}。另外，值得注意的是，数字“八”在各地韵母读为oi（oe），如ɓoi^{454}$_{\text{万宁龙滚}}$|ɓoi^{354}$_{\text{万宁山根}}$|ɓoe^{454}$_{\text{万宁万城}}$|ɓoi^{454}$_{\text{陵水光坡}}$|ɓoi^{453}$_{\text{陵水椰林}}$|ɓoi^{454}$_{\text{陵水英州}}$。

山摄开口三等字入声韵今读主要为ik、ek、it，个别读为ua，其中ua为白读。例如，“热”在“天气热”中读为zua^{43}，在“热烈”中读为dʑik^{3}。

山摄开口四等字入声韵今读比较杂，以陵水光坡为例，有ɛ（ᴇ）、ik（ip、it）、i、ak（ap、at）等今读韵母，每个韵母只有一两个例字。但是，在闽语内部，各地诸字的今读是比较一致的，具体如下例字。

万宁龙滚中，例字如：

辣lua^{42}$_{\text{山开一入}}$|萨$_{\text{菩萨}}$sa^{23}$_{\text{山开一入}}$|杀tua^{454}$_{\text{山开二入}}$，

灭mik^{3}$_{\text{山开三入}}$|哲tsek^{5}$_{\text{山开三入}}$|热$_{\text{白}}$zua^{42}$_{\text{山开三入}}$|舌tɕi^{42}$_{\text{山开三入}}$，

洁hɛ^{454}$_{\text{山开四入}}$|结kik^{5}$_{\text{山开四入}}$|铁hi^{454}$_{\text{山开四入}}$|节tat^{5}$_{\text{山开四入}}$。

万宁山根中，例字如：

辣lua^{41}$_{\text{山开一入}}$|萨$_{\text{菩萨}}$sa^{24}$_{\text{山开一入}}$|杀tua^{354}$_{\text{山开二入}}$，

灭mik^{4}$_{\text{山开三入}}$|哲tsek^{5}$_{\text{山开三入}}$|热$_{\text{白}}$zua^{41}$_{\text{山开三入}}$|舌tɕi^{41}$_{\text{山开三入}}$，

洁tʰᴇ^{354}$_{\text{山开四入}}$|结kik^{5}$_{\text{山开四入}}$|铁tʰi^{354}$_{\text{山开四入}}$|节tat^{5}$_{\text{山开四入}}$。

万宁万城中，例字如：

辣lua^{42}$_{\text{山开一入}}$|萨$_{\text{菩萨}}$sa^{33}$_{\text{山开一入}}$|杀tθua^{454}$_{\text{山开二入}}$，

灭mik$^{\underline{45}}$$_{\text{山开三入}}$|哲tsek$^{\underline{45}}$$_{\text{山开三入}}$|热$_{\text{白}}dua^{42}_{\text{山开三入}}$|舌tɕi^{43}$_{\text{山开三入}}$，

洁hᴇ^{454}$_{\text{山开四入}}$|结kik$^{\underline{45}}$$_{\text{山开四入}}$|铁hi^{454}$_{\text{山开四入}}$|节tak$^{\underline{45}}$$_{\text{山开四入}}$。

陵水光坡中，例字如：

辣lua^{43}$_{\text{山开一入}}$|萨$_{\text{菩萨}}$sa^{33}$_{\text{山开一入}}$|杀tua^{454}$_{\text{山开二入}}$，

灭mit^{3}$_{\text{山开三入}}$|哲tsek^{45}$_{\text{山开三入}}$|热$_{\text{白}}$zua^{43}$_{\text{山开三入}}$|舌tɕi^{43}$_{\text{山开三入}}$，

洁hᴇ^{454}$_{\text{山开四入}}$|结kit^{45}$_{\text{山开四入}}$|铁tʰi^{454}$_{\text{山开四入}}$|节tat^{45}$_{\text{山开四入}}$。

陵水椰林中，例字如：

辣lua^{31}$_{\text{山开一入}}$|萨$_{\text{菩萨}}$sa^{22}$_{\text{山开一入}}$|杀tua^{453}$_{\text{山开二入}}$，

灭mip^{42}$_{\text{山开三入}}$|哲tsek^{5}$_{\text{山开三入}}$|热$_{\text{白}}$zua^{31}$_{\text{山开三入}}$|舌tɕi^{31}$_{\text{山开三入}}$，

洁hɛ^{453}$_{\text{山开四入}}$|结kip^{5}$_{\text{山开四入}}$|铁hi^{453}$_{\text{山开四入}}$|节tap^{5}$_{\text{山开四入}}$。

陵水英州中，例字如：

辣lua^{43}$_{\text{山开一入}}$|萨$_{\text{菩萨}}$sa^{22}$_{\text{山开一入}}$|杀tua^{454}$_{\text{山开二入}}$，

灭mik^{3}$_{\text{山开三入}}$|哲tsek^{5}$_{\text{山开三入}}$|热$_{\text{白}}$zua^{43}$_{\text{山开三入}}$|舌tɕi^{43}$_{\text{山开三入}}$，

洁hɛ^{454}$_{\text{山开四入}}$|结kik^{5}$_{\text{山开四入}}$|铁hi^{454}$_{\text{山开四入}}$|节tap^{5}$_{\text{山开四入}}$。

上例中的"舌"字，与"钱"字的读音关系密切。根据张惠英等人的《海南澄迈方言研究》第110—111页的考证，海南闽语中名词"舌"和动词"舔"读音一致，而这两个字均与当地"钱"的读音接近，声韵相同，声调不同，这种发音形式是一种求吉利、求金钱的民俗心态，与广东大片区把"舌"读为"脷(利)"的出发点类似。

具体到闽语万宁小片，各地"钱"的读法为：钱tɕi^{21}$_{\text{万宁龙滚}}$|钱tɕi^{22}$_{\text{万宁山根}}$|钱tɕi^{22}$_{\text{万宁万城}}$|钱tɕi^{21}$_{\text{陵水光坡}}$|钱tɕi^{21}$_{\text{陵水椰林}}$|钱tɕi^{21}$_{\text{陵水英州}}$。与《海南澄迈方言研究》中提到的一致，"钱"与"舌"声韵相同，声调不同，发音类似。

(2)山摄入声韵合口

表3.70　山摄入声韵合口的主要今读类型

调查地点	合口	主要今读类型	最主要今读
万宁龙滚	一等	uak、ua	uak
	二等	uak、ua	uak
	三等	uak、at	uak
	四等	uak、iɛ	uak
万宁山根	一等	uat、ua	uat
	二等	ua、uat	ua
	三等	uat、at	uat
	四等	uat、uɛ	uat

续表

调查地点	合口	主要今读类型	最主要今读
万宁万城	一等	ua、uak	ua
	二等	ua、uak	ua
	三等	uak、ak	uak
	四等	uak、uɛ	uak
陵水光坡	一等	ua、uat	ua
	二等	ua、uat	ua
	三等	uat、at	uat
	四等	uat、oi	uat
陵水椰林	一等	uap、ua	uap
	二等	ua、uap	ua
	三等	uap、ap	uap
	四等	uap、oi	uap
陵水英州	一等	ua、uap	ua
	二等	ua、uap	ua
	三等	uap、ap	uap
	四等	uap、oi	uap

山摄合口一等字入声韵今读主要为uap（uat、uak）、ua，其中白读为ua，例如“泼”，在万宁山根中，在“泼水”中读为p^hua^{354}，在“泼辣”中读为p^huat^4。

山摄合口二等字入声韵今读主要为uap（uat、uak）、ua。例如，“挖”“刷”，在陵水光坡中读为$ʔuat^{45}$、sua^{454}。在陵水光坡中，“滑”“猾”二字韵母读为ut，和臻摄合口一等字“骨”读音一样，在其他调查点也有一模一样的情况，可以归纳为训读，所以不记入山摄合口二等字的今读。

山摄合口三等字入声韵今读主要为uap（uat、uak）、at。例如“说”字，在陵水光坡中，在“说话”中白读为$tɛ^{453}$，在“小说”中文读为$suap^5$。值得注意的是，“月”在“月亮”中，各地分别读为：$giɛ^{31}_{\text{万宁龙滚}}$|$guɛ^{41}_{\text{万宁山根}}$|$guɛ^{42}_{\text{万宁万城}}$|$ɦoi^{43}_{\text{陵水光坡}}$|$gui^{31}_{\text{陵水椰林}}$|$gui^{43}_{\text{陵水英州}}$。“雪”在各地分别读为：$toi^{454}_{\text{万宁龙滚}}$|$toi^{354}_{\text{万宁山根}}$|$θoe^{454}_{\text{万宁万城}}$|$toi^{454}_{\text{陵水光坡}}$|$toi^{453}_{\text{陵水椰林}}$|$toi^{454}_{\text{陵水英州}}$。

山摄合口四等字入声韵今读主要为uap（uat、uak）、iɛ（uɛ、oi）。其中，口语用字读为iɛ（uɛ、oi）。

万宁龙滚中，例字如：

末muak$^{5}_{\text{山合一入}}$|活ʔua$^{42}_{\text{山合一入}}$|挖ʔuak$^{5}_{\text{山合二入}}$|刮kua$^{454}_{\text{山合二入}}$，

发ɦuak$^{5}_{\text{山合三入}}$|袜bat$^{3}_{\text{山合三入}}$|决kuak$^{5}_{\text{山合四入}}$|血ɦiɛ$^{454}_{\text{山合四入}}$。

万宁山根中，例字如：

末muak$^{5}_{\text{山合一入}}$|活ʔua$^{41}_{\text{山合一入}}$|挖ʔuat$^{5}_{\text{山合二入}}$|刮kua$^{354}_{\text{山合二入}}$，

发ɦuat$^{5}_{\text{山合三入}}$|袜bat$^{5}_{\text{山合三入}}$|决kuat$^{5}_{\text{山合四入}}$|血ɦuɛ$^{354}_{\text{山合四入}}$。

万宁万城中，例字如：

末muak$^{\underline{45}}_{\text{山合一入}}$|活ʔua$^{31}_{\text{山合一入}}$|挖ʔuak$^{\underline{45}}_{\text{山合二入}}$|刮kua$^{454}_{\text{山合二入}}$，

发ɦuak$^{\underline{45}}_{\text{山合三入}}$|袜bak$^{\underline{45}}_{\text{山合三入}}$|决kuak$^{\underline{45}}_{\text{山合四入}}$|血ɦuɛ$^{454}_{\text{山合四入}}$。

陵水光坡中，例字如：

末muat$^{\underline{45}}_{\text{山合一入}}$|活ʔua$^{43}_{\text{山合一入}}$|挖ʔuat$^{\underline{45}}_{\text{山合二入}}$|刮kua$^{454}_{\text{山合二入}}$，

发ɦuat$^{\underline{45}}_{\text{山合三入}}$|袜bak$^{3}_{\text{山合三入}}$|决kuat$^{\underline{45}}_{\text{山合四入}}$|血ɦoi$^{454}_{\text{山合四入}}$。

陵水椰林中，例字如：

末muap$^{5}_{\text{山合一入}}$|活ʔua$^{31}_{\text{山合一入}}$|挖ʔuap$^{5}_{\text{山合二入}}$|刮kua$^{453}_{\text{山合二入}}$，

发ɦuap$^{5}_{\text{山合三入}}$|袜bap$^{\underline{42}}_{\text{山合三入}}$|决kuap$^{5}_{\text{山合四入}}$|血ɦoi$^{453}_{\text{山合四入}}$。

陵水英州中，例字如：

末muap$^{5}_{\text{山合一入}}$|活ʔua$^{43}_{\text{山合一入}}$|挖ʔuap$^{5}_{\text{山合二入}}$|刮kua$^{454}_{\text{山合二入}}$，

发ɦuap$^{5}_{\text{山合三入}}$|袜bap$^{3}_{\text{山合三入}}$|决kuap$^{5}_{\text{山合四入}}$|血ɦoi$^{454}_{\text{山合四入}}$。

4.臻摄入声韵

(1)臻摄入声韵开口

臻摄开口一等字没有入声韵。

表3.71　臻摄入声韵开口的主要今读类型

调查地点	开口	主要今读类型	最主要今读
万宁龙滚	三等	ik、ek	ik
万宁山根	三等	ik、ek	ik
万宁万城	三等	ik、ek	ik
陵水光坡	三等	it、ek	it

续表

调查地点	开口	主要今读类型	最主要今读
陵水椰林	三等	ip、ek	ip
陵水英州	三等	ik、ek	ik

臻摄开口三等字入声韵今读主要为it（ip、ik），一小部分读为ek。需要注意的是，“一”在各地均存在两个读音，如在陵水英州中，在“一二三”“一定”中，读为ʔik^{5}，在“十一”“二十一”中，读为dʑiak^{3}。

万宁龙滚中，例字如：笔ɓik^{3}$_{臻开三入}$|七ɕik^{5}$_{臻开三入}$|质tsek^{5}$_{臻开三入}$。

万宁山根中，例字如：笔ɓik^{5}$_{臻开三入}$|七ɕik^{5}$_{臻开三入}$|质tsek^{5}$_{臻开三入}$。

万宁万城中，例字如：笔ɓik^{45}$_{臻开三入}$|七ɕik^{45}$_{臻开三入}$|质tsek^{45}$_{臻开三入}$。

陵水光坡中，例字如：笔ɓit^{45}$_{臻开三入}$|七ɕit^{45}$_{臻开三入}$|质tsek^{45}$_{臻开三入}$。

陵水椰林中，例字如：笔ɓip^{5}$_{臻开三入}$|七ɕip^{5}$_{臻开三入}$|质tsek^{5}$_{臻开三入}$。

陵水英州中，例字如：笔ɓik^{5}$_{臻开三入}$|七ɕik^{5}$_{臻开三入}$|质tsek^{5}$_{臻开三入}$。

（2）臻摄入声韵合口

表3.72 臻摄入声韵合口的主要今读类型

调查地点	合口	主要今读类型	最主要今读
万宁龙滚	一等	uk	uk
	三等	uk	uk
万宁山根	一等	ut	ut
	三等	ut	ut
万宁万城	一等	uk	uk
	三等	uk	uk
陵水光坡	一等	ut	ut
	三等	ut	ut
陵水椰林	一等	uk	uk
	三等	uk	uk
陵水英州	一等	ut	ut
	三等	ut	ut

臻摄合口一等字入声韵今读主要为ut（uk）。

臻摄合口三等字入声韵今读主要为ut（uk）。

万宁龙滚中，例字如：出$suk^{5}$$_{臻合一入}$|骨$kuk^{5}$$_{臻合一入}$|律$luk^{3}$$_{臻合三入}$|术$tuk^{3}$$_{臻合三入}$。

万宁山根中，例字如：出$sut^{5}$$_{臻合一入}$|骨$kut^{5}$$_{臻合一入}$|律$lut^{4}$$_{臻合三入}$|术$tut^{4}$$_{臻合三入}$。

万宁万城中，例字如：出$suk^{\underline{45}}$$_{臻合一入}$|骨$kuk^{\underline{45}}$$_{臻合一入}$|律$luk^{\underline{32}}$$_{臻合三入}$|术$\theta uk^{\underline{32}}$$_{臻合三入}$。

陵水光坡中，例字如：出$sut^{\underline{45}}$$_{臻合一入}$|骨$kut^{\underline{45}}$$_{臻合一入}$|律$lut^{3}$$_{臻合三入}$|术$tut^{3}$$_{臻合三入}$。

陵水椰林中，例字如：出$suk^{5}$$_{臻合一入}$|骨$kuk^{5}$$_{臻合一入}$|律$luk^{\underline{42}}$$_{臻合三入}$|术$tuk^{\underline{42}}$$_{臻合三入}$。

陵水英州中，例字如：出$sut^{5}$$_{臻合一入}$|骨$kut^{5}$$_{臻合一入}$|律$lut^{3}$$_{臻合三入}$|术$tut^{3}$$_{臻合三入}$。

5.宕摄入声韵

（1）宕摄入声韵开口

表3.73　宕摄入声韵开口的主要今读类型

调查地点	开口	主要今读类型	最主要今读
万宁龙滚	一等	ok、ak、ɔ	ok
	三等	iak、io	iak
万宁山根	一等	ok、ak、ɔ	ok
	三等	iak、io、iok	iak
万宁万城	一等	o、ok、ak	o
	三等	iok、iak、io	iok
陵水光坡	一等	o、ok、ak	o
	三等	iok、iak、io	iok
陵水椰林	一等	ok、o、ak	ok
	三等	iok、iak、io	iok
陵水英州	一等	ok、o、ak	ok
	三等	iok、iak、io	iok

宕摄开口一等字入声韵今读主要为o（ɔ）、ok、ak，读为o（ɔ）的有口语用字，也有书面语用字。例字如“作”“各”“博”“落”，在陵水光坡中，分别读为to^{454}|ko^{454}|$ɓok^{\underline{45}}$|$la^{\underline{45}}$。

宕摄开口三等字入声韵今读主要为iok、iak，个别读为io，读为io的是口语常用字。例字如：虐$niok^{\underline{32}}$|雀$çiak^{\underline{45}}$|药$ʔio^{31}$。

万宁龙滚中，例字如：

博ɓok^{5}$_{\text{宕开一入}}$|乐$_{\text{快乐}}$lok^{3}$_{\text{宕开一入}}$|落lak^{5}$_{\text{宕开一入}}$|鳄ŋak^{5}$_{\text{宕开一入}}$|作tɔ^{454}$_{\text{宕开一入}}$，
雀ɕiak^{5}$_{\text{宕开三入}}$|弱niak^{3}$_{\text{宕开三入}}$|药ʔio^{42}$_{\text{宕开三入}}$。

万宁山根中，例字如：

博ɓok^{5}$_{\text{宕开一入}}$|乐$_{\text{快乐}}$lok^{4}$_{\text{宕开一入}}$|落lak^{5}$_{\text{宕开一入}}$|鳄ŋak^{5}$_{\text{宕开一入}}$|作tɔ^{354}$_{\text{宕开一入}}$，
雀ɕiak^{5}$_{\text{宕开三入}}$|弱niak^{4}$_{\text{宕开三入}}$|药ʔio^{32}$_{\text{宕开三入}}$。

万宁万城中，例字如：

博ɓok$^{\underline{45}}$$_{\text{宕开一入}}$|乐$_{\text{快乐}}lok^{\underline{32}}$$_{\text{宕开一入}}$|落lak$^{\underline{45}}$$_{\text{宕开一入}}$|鳄ʔo^{454}$_{\text{宕开一入}}$|作to^{454}$_{\text{宕开一入}}$，
雀ɕiak$^{\underline{45}}$$_{\text{宕开三入}}$|弱niok$^{\underline{32}}$$_{\text{宕开三入}}$|药ʔio^{31}$_{\text{宕开三入}}$。

陵水光坡中，例字如：

博ɓok$^{\underline{45}}$$_{\text{宕开一入}}$|乐$_{\text{快乐}}lok^{3}_{\text{宕开一入}}$|落lak$^{\underline{45}}$$_{\text{宕开一入}}$|鳄ŋo^{454}$_{\text{宕开一入}}$|作to^{454}$_{\text{宕开一入}}$，
雀ɕiak$^{\underline{45}}$$_{\text{宕开三入}}$|弱niok^{3}$_{\text{宕开三入}}$|药ʔio^{454}$_{\text{宕开三入}}$。

陵水椰林中，例字如：

博ɓok^{5}$_{\text{宕开一入}}$|乐$_{\text{快乐}}$lok$^{\underline{42}}$$_{\text{宕开一入}}$|落lak^{5}$_{\text{宕开一入}}$|鳄lŋak^{5}$_{\text{宕开一入}}$|作to^{453}$_{\text{宕开一入}}$，
雀ɕiak^{5}$_{\text{宕开三入}}$|弱niok$^{\underline{42}}$$_{\text{宕开三入}}$|药ʔio^{453}$_{\text{宕开三入}}$。

陵水英州中，例字如：

博ɓok^{5}$_{\text{宕开一入}}$|乐$_{\text{快乐}}$lok^{3}$_{\text{宕开一入}}$|落lak^{5}$_{\text{宕开一入}}$|鳄ŋak^{5}$_{\text{宕开一入}}$|作to^{454}$_{\text{宕开一入}}$，
雀ɕiak^{5}$_{\text{宕开三入}}$|弱niok^{3}$_{\text{宕开三入}}$|药ʔio^{43}$_{\text{宕开三入}}$。

（2）宕摄入声韵合口

宕摄合口一等字和三等字的字数非常少，只有个别字，且书面语用字较多，各地发音人读法不一，例如把“扩”韵母读为uaŋ等，应是“有边读边”的误读，不计入今读。

在宕摄合口一等字中，各地读音比较一致的字有“郭”“霍”“廓”等字，今读分别为iɛ（uɛ、oi、ui）、ok（uk、ak）、uak（uat）。

在宕摄合口三等字只有三个字，其中两个为生僻字，无法读出，只有一个“缚”字各地均可读出，今读为ak。

万宁龙滚中，例字如：郭kiɛ$^{454}_{\text{宕合一入}}$|霍hok$^{5}_{\text{宕合一入}}$|缚ɓak$^{3}_{\text{宕合三入}}$。

万宁山根中，例字如：郭kuɛ$^{354}_{\text{宕合一入}}$|霍hak$^{5}_{\text{宕合一入}}$|廓kuak$^{5}_{\text{宕合一入}}$|缚ɓak$^{4}_{\text{宕合三入}}$。

万宁万城中，例字如：郭kuɛ$^{454}_{\text{宕合一入}}$|霍hok$^{\underline{45}}_{\text{宕合一入}}$|廓kuak$^{\underline{45}}_{\text{宕合一入}}$|缚ɓak$^{\underline{32}}_{\text{宕合三入}}$。

陵水光坡中，例字如：郭koi$^{454}_{\text{宕合一入}}$|霍hok$^{\underline{45}}_{\text{宕合一入}}$|廓kuat$^{\underline{45}}_{\text{宕合一入}}$|缚ɓak$^{3}_{\text{宕合三入}}$。

陵水椰林中，例字如：郭kui$^{453}_{\text{宕合一入}}$|霍huk$^{5}_{\text{宕合一入}}$|廓kuak$^{5}_{\text{宕合一入}}$|缚ɓak$^{\underline{42}}_{\text{宕合三入}}$。

陵水英州中，例字如：郭koi$^{454}_{\text{宕合一入}}$|缚ɓak$^{3}_{\text{宕合三入}}$。

6.江摄入声韵

表3.74　江摄入声韵开口的主要今读类型

调查地点	开口	主要今读类型	最主要今读
万宁龙滚	二等	ɔ、ak、ok、iok	ɔ
万宁山根	二等	ok、ak、ɔ、iok	ok
万宁万城	二等	o、ak、iok、ok	o
陵水光坡	二等	o、ak、ok、iok	o
陵水椰林	二等	ok、ak、o、iok	ok
陵水英州	二等	ok、ak、o、iok	ok

江摄开口二等字入声韵今读主要为ɔ（o）、ak、ok、iok，其中口语用字多读为ɔ（o）。例字如“桌、角”，在陵水椰林中读为ɗo^{453}|kak^{5}。

万宁龙滚中，例字如：学ʔɔ$^{42}_{\text{江开二入}}$|角kak$^{5}_{\text{江开二入}}$|握ʔok$^{5}_{\text{江开二入}}$|觉kiok$^{5}_{\text{江开二入}}$。

万宁山根中，例字如：学ʔɔ$^{41}_{\text{江开二入}}$|角kak$^{5}_{\text{江开二入}}$|握ʔok$^{5}_{\text{江开二入}}$|觉kiok$^{5}_{\text{江开二入}}$。

万宁万城中，例字如：学ʔo$^{42}_{\text{江开二入}}$|角kak$^{\underline{45}}_{\text{江开二入}}$|握ʔo$^{212}_{\text{江开二入}}$|觉hiok$^{5}_{\text{江开二入}}$。

陵水光坡中，例字如：学ʔo$^{43}_{\text{江开二入}}$|角kak$^{\underline{45}}_{\text{江开二入}}$|握ʔok$^{\underline{45}}_{\text{江开二入}}$|觉hiok$^{\underline{45}}_{\text{江开二入}}$。

陵水椰林中，例字如：学ʔo$^{31}_{\text{江开二入}}$|角kak$^{5}_{\text{江开二入}}$|握ʔok$^{5}_{\text{江开二入}}$|觉hiok$^{\underline{45}}_{\text{江开二入}}$。

陵水英州中，例字如：学ʔo$^{43}_{\text{江开二入}}$|角kak$^{5}_{\text{江开二入}}$|握ʔok$^{5}_{\text{江开二入}}$|觉hiok$^{5}_{\text{江开二入}}$。

7.曾摄入声韵

(1)曾摄入声韵开口

表3.75　曾摄入声韵开口的主要今读类型

调查地点	开口	主要今读类型	最主要今读
万宁龙滚	一等	ek、ak、ik、ok	ek
	三等	ek、ik	ek
万宁山根	一等	ek、ak、ik、ok	ek
	三等	ek、ik	ek
万宁万城	一等	ak、ek、ik、ok	ak
	三等	ek、ik	ek
陵水光坡	一等	ek、ak、it、ok	ek
	三等	ek、it	ek
陵水椰林	一等	ek、ak、ok、ip	ek
	三等	ek、ip	ek
陵水英州	一等	ek、ak、ok、ik	ek
	三等	ek、ik	ek

曾摄开口一等字入声韵今读主要为ek、ak、ip，例字如“德”“北”，在万宁龙滚中读为ɗek^{5}|ɓak^{5}。

曾摄开口三等字入声韵今读主要为ek，次要今读为ik，例字如“色”“直”，在陵水椰林中读为sek^{5}|ɗip^{42}。

万宁龙滚中，例字如：

德ɗek$^{5}_{\text{曾开一入}}$|克hek$^{5}_{\text{曾开一入}}$|北ɓak$^{5}_{\text{曾开一入}}$|墨bak$^{3}_{\text{曾开一入}}$|默mok$^{5}_{\text{曾开一入}}$|得ɗik$^{5}_{\text{曾开一入}}$，极kek$^{3}_{\text{曾开三入}}$|植tsek$^{3}_{\text{曾开三入}}$|直ɗik$^{3}_{\text{曾开三入}}$|翼tik$^{3}_{\text{曾开三入}}$。

万宁山根中，例字如：

德ɗek$^{5}_{\text{曾开一入}}$|克hek$^{5}_{\text{曾开一入}}$|北ɓak$^{5}_{\text{曾开一入}}$|墨bak$^{4}_{\text{曾开一入}}$|默mok$^{5}_{\text{曾开一入}}$|得ɗik$^{5}_{\text{曾开一入}}$，极kek$^{4}_{\text{曾开三入}}$|植tsek$^{4}_{\text{曾开三入}}$|直ɗik$^{4}_{\text{曾开三入}}$|翼tik$^{4}_{\text{曾开三入}}$。

万宁万城中，例字如：

德ɗek$^{45}_{\text{曾开一入}}$|克hek$^{45}_{\text{曾开一入}}$|北ɓak$^{45}_{\text{曾开一入}}$|墨bak$^{32}_{\text{曾开一入}}$|默$_{1}$mok$^{45}_{\text{曾开一入}}$|得ɗik$^{45}_{\text{曾开一入}}$，极kek$^{32}_{\text{曾开三入}}$|植tsek$^{45}_{\text{曾开三入}}$|直ɗik$^{32}_{\text{曾开三入}}$|翼tθik$^{32}_{\text{曾开三入}}$。

陵水光坡中，例字如：

德ɗek$^{45}_{\text{曾开一入}}$|克hek$^{45}_{\text{曾开一入}}$|北ɓak$^{45}_{\text{曾开一入}}$|墨bak$^{3}_{\text{曾开一入}}$|默mok$^{3}_{\text{曾开一入}}$|得ɗit$^{45}_{\text{曾开一入}}$，极kek$^{3}_{\text{曾开三入}}$|植tsek$^{45}_{\text{曾开三入}}$|直ɗit$^{3}_{\text{曾开三入}}$|翼tit$^{3}_{\text{曾开三入}}$。

陵水椰林中，例字如：

德ɗek$^{5}_{\text{曾开一入}}$|克hek$^{5}_{\text{曾开一入}}$|北ɓak$^{5}_{\text{曾开一入}}$|墨bak$^{42}_{\text{曾开一入}}$|默$_1$mok$^{5}_{\text{曾开一入}}$|得ɗip$^{5}_{\text{曾开一入}}$，极kek$^{42}_{\text{曾开三入}}$|植tsek$^{5}_{\text{曾开三入}}$|直ɗip$^{42}_{\text{曾开三入}}$|翼tip$^{42}_{\text{曾开三入}}$。

陵水英州中，例字如：

德ɗek$^{5}_{\text{曾开一入}}$|克hek$^{5}_{\text{曾开一入}}$|北ɓak$^{5}_{\text{曾开一入}}$|墨bak$^{3}_{\text{曾开一入}}$|默$_1$mok$^{5}_{\text{曾开一入}}$|得ɗik$^{5}_{\text{曾开一入}}$，极kek$^{3}_{\text{曾开三入}}$|植tsek$^{5}_{\text{曾开三入}}$|直ɗik$^{3}_{\text{曾开三入}}$|翼tik$^{3}_{\text{曾开三入}}$。

（2）曾摄入声韵合口

表3.76　曾摄入声韵合口的主要今读类型

调查地点	合口	主要今读类型	最主要今读
万宁龙滚	一等	ok	ok
万宁山根	一等	ok	ok
万宁万城	一等	ok	ok
陵水光坡	一等	ok	ok
陵水椰林	一等	ok	ok
陵水英州	一等	ok	ok

曾摄合口一等字入声韵字数不多，但各字今读非常统一，均为ok。

曾摄合口三等字入声韵只有一个“域”，均为ok，且均与“或$_{\text{曾合一入}}$”同音，例如：在陵水光坡中读为ɦok^{45}。个别发音人读不出这个字。

万宁龙滚中，例字如：国kok$^{5}_{\text{曾合一入}}$|或ɦok$^{3}_{\text{曾合一入}}$。

万宁山根中，例字如：国kok$^{5}_{\text{曾合一入}}$|或ɦok$^{4}_{\text{曾合一入}}$。

万宁万城中，例字如：国kok$^{45}_{\text{曾合一入}}$|或ɦok$^{32}_{\text{曾合一入}}$。

陵水光坡中，例字如：国kok$^{45}_{\text{曾合一入}}$|或ɦok$^{3}_{\text{曾合一入}}$。

陵水椰林中，例字如：国kok$^{5}_{\text{曾合一入}}$|或$_{\text{或者}}$ɦok$^{42}_{\text{曾合一入}}$。

陵水英州中，例字如：国kok$^{5}_{\text{曾合一入}}$|或$_{\text{或者}}$ɦok$^{3}_{\text{曾合一入}}$。

8.梗摄入声韵

(1)梗摄入声韵开口

表3.77　梗摄入声韵开口的主要今读类型

调查地点	开口	主要今读类型	最主要今读
万宁龙滚	二等	ɛ、ek、ia	ɛ
	三等	ia、ek、io、ɛ、i、ik	ia
	四等	ek、ia、ik、ɛ	ek
万宁山根	二等	ᴇ、ek、ia	ᴇ
	三等	ek、ᴇ、ia、i、io、ik	ek
	四等	ek、ik、ia、ᴇ	ek
万宁万城	二等	ᴇ、ek、ia	ᴇ
	三等	ek、ia、ᴇ、ik、i、io	ek
	四等	ek、ia、ik、ɛ	ek
陵水光坡	二等	ᴇ、ek、ia	ᴇ
	三等	ek、ia、it、ᴇ、io、i	ek
	四等	ek、ia、ᴇ、it	ek
陵水椰林	二等	ɛ、ek、ia	ɛ
	三等	ek、ia、ɛ、io、ip、i	ek
	四等	ek、ia、ɛ、ip	ek
陵水英州	二等	ɛ、ek、ia	ɛ
	三等	ia、ek、ɛ、i、io、ik	ia
	四等	ek、ia、ɛ、ik	ek

梗摄开口二等字入声韵的今读主要为ɛ(ᴇ)、ek、ia,其中白读为ɛ(ᴇ)。例如“革”字,在陵水光坡中,在“皮革”义项中白读为kᴇ^{454},在“革命”中文读为ken^{454}。

梗摄开口三等字入声韵的今读主要为ek、ia、ɛ(ᴇ)、io、i、ik(ip、it),口语常用字读为ia、io,例字如“适、石、惜、只$_{一只鸡}$”,在万宁万城中分别读为ɗek^{32}|tɕio^{31}|sᴇ^{454}|tɕia^{454}。有些调查点中今读ia的字比较多,是因为今读为ia的为口语常用字,各调查点均能读出,而今读为ek的多为书面语用字,一些调查点调查不出来今读为ek字的读音,所以读ek的字数量少了,被今读ia的字超过了,表面上来看今读为ia的字比较多。

梗摄开口四等字入声韵的主要今读为ek、ik(ip、it)、ia、ɛ(ᴇ),其中白读为ia、ε（ᴇ），文读为ek、ik（ip、it）。例如“历”字，在万宁万城中，在“日历”中白读为lᴇ^{31}，在“历史”中文读为lik$^{\underline{32}}$。

万宁龙滚中，例字如：

百ɓε^{454}$_{\text{梗开二入}}$|白ɓε^{42}$_{\text{梗开二入}}$|泽tsek^{5}$_{\text{梗开二入}}$|拆hia^{454}$_{\text{梗开二入}}$，

只$_{\text{一只鸡}}$tɕia^{454}$_{\text{梗开三入}}$|易zek^{5}$_{\text{梗开三入}}$|尺ɕio^{454}$_{\text{梗开三入}}$|石tɕio^{42}$_{\text{梗开三入}}$|液zε^{312}$_{\text{梗开三入}}$|剧ki^{454}$_{\text{梗开三入}}$|积tɕik^{5}$_{\text{梗开三入}}$，

敌ɗek^{3}$_{\text{梗开四入}}$|壁ɓia^{454}$_{\text{梗开四入}}$|击kik^{5}$_{\text{梗开四入}}$|历$_{\text{日历}}$lε^{42}$_{\text{梗开四入}}$。

万宁山根中，例字如：

百ɓᴇ^{354}$_{\text{梗开二入}}$|白ɓᴇ^{41}$_{\text{梗开二入}}$|泽tsek^{5}$_{\text{梗开二入}}$|拆t^{h}ia^{354}$_{\text{梗开二入}}$，

只$_{\text{一只鸡}}$tɕia^{354}$_{\text{梗开三入}}$|易zek^{5}$_{\text{梗开三入}}$|尺ɕio^{354}$_{\text{梗开三入}}$|石tɕio^{41}$_{\text{梗开三入}}$|液zᴇ^{212}$_{\text{梗开三入}}$|剧ki^{354}$_{\text{梗开三入}}$|积tɕik^{5}$_{\text{梗开三入}}$，

敌ɗek^{4}$_{\text{梗开四入}}$|壁ɓia^{354}$_{\text{梗开四入}}$|击kek^{5}$_{\text{梗开四入}}$|历$_{\text{日历}}$lᴇ^{41}$_{\text{梗开四入}}$。

万宁万城中，例字如：

百ɓᴇ^{454}$_{\text{梗开二入}}$|白ɓᴇ^{41}$_{\text{梗开二入}}$|泽tsek$^{\underline{45}}$$_{\text{梗开二入}}$|拆hia^{454}$_{\text{梗开二入}}$，

只$_{\text{一只鸡}}$tɕia^{454}$_{\text{梗开三入}}$|译dzek$^{\underline{45}}$$_{\text{梗开三入}}$|尺ɕio^{354}$_{\text{梗开三入}}$|石tɕio^{41}$_{\text{梗开三入}}$|液dzᴇ^{212}$_{\text{梗开三入}}$|剧ki^{354}$_{\text{梗开三入}}$|碧ɓik$^{\underline{45}}$$_{\text{梗开三入}}$，

敌ɗek$^{\underline{32}}$$_{\text{梗开四入}}$|壁ɓia^{454}$_{\text{梗开四入}}$|击kek$^{\underline{45}}$$_{\text{梗开四入}}$|历$_{\text{日历}}$lᴇ^{31}$_{\text{梗开四入}}$。

陵水光坡中，例字如：

百ɓᴇ^{454}$_{\text{梗开二入}}$|白ɓᴇ^{43}$_{\text{梗开二入}}$|泽tsek$^{\underline{45}}$$_{\text{梗开二入}}$|拆hia^{454}$_{\text{梗开二入}}$，

只$_{\text{一只鸡}}$tɕia^{454}$_{\text{梗开三入}}$|易zek$^{\underline{45}}$$_{\text{梗开三入}}$|尺ɕio^{454}$_{\text{梗开三入}}$|石tɕio^{43}$_{\text{梗开三入}}$|液zᴇ^{34}$_{\text{梗开三入}}$|剧ki^{454}$_{\text{梗开三入}}$|积tɕit$^{\underline{45}}$$_{\text{梗开三入}}$，

敌ɗek^{3}$_{\text{梗开四入}}$|壁ɓia^{454}$_{\text{梗开四入}}$|击kek$^{\underline{45}}$$_{\text{梗开四入}}$|历$_{\text{日历}}$lᴇ^{31}$_{\text{梗开四入}}$。

陵水椰林中，例字如：

百ɓε^{453}$_{\text{梗开二入}}$|白ɓε^{31}$_{\text{梗开二入}}$|泽tsek^{5}$_{\text{梗开二入}}$|拆hia^{453}$_{\text{梗开二入}}$，

只$_{\text{一只鸡}}$tɕia^{453}$_{\text{梗开三入}}$|易zek^{5}$_{\text{梗开三入}}$|尺ɕio^{453}$_{\text{梗开三入}}$|石tɕio^{31}$_{\text{梗开三入}}$|液zε^{13}$_{\text{梗开三入}}$|剧ki^{453}$_{\text{梗}}$

$_{\text{开三入}}$|积tɕip^{5}$_{\text{梗开三入}}$，

敌ɗek^{42}$_{\text{梗开四入}}$|壁ɓia^{453}$_{\text{梗开四入}}$|击kek^{5}$_{\text{梗开四入}}$|历$_{\text{日历}}$lɛ^{41}$_{\text{梗开四入}}$。

陵水英州中，例字如：

百ɓɛ^{454}$_{\text{梗开二入}}$|白ɓɛ^{43}$_{\text{梗开二入}}$|泽tsek^{5}$_{\text{梗开二入}}$|拆hia^{454}$_{\text{梗开二入}}$，

只$_{\text{一只鸡}}$tɕia^{454}$_{\text{梗开三入}}$|译zek^{5}$_{\text{梗开三入}}$|尺ɕio^{454}$_{\text{梗开三入}}$|石tɕio^{43}$_{\text{梗开三入}}$|液zɛ^{213}$_{\text{梗开三入}}$|剧ki^{454}$_{\text{梗开三入}}$|积tɕik^{5}$_{\text{梗开三入}}$，

敌ɗek^{3}$_{\text{梗开四入}}$|壁ɓia^{454}$_{\text{梗开四入}}$|击kek^{5}$_{\text{梗开四入}}$|历$_{\text{日历}}$lɛ^{41}$_{\text{梗开四入}}$。

（2）梗摄入声韵合口

梗摄合口二等字入声韵字非常少，主要有“获、划”两个字，今读主要为ok，例如在陵水光坡中，“获”读为ɦok^{5}。

梗摄合口三等字入声韵字非常少，主要有“疫、役”两个字，今读主要为uak（uat、uap），但这是训读音，“疫、役”韵母各地均读如臻摄合口一等字“没$_{\text{出没}}$”，非常统一。

梗摄合口四等字无入声韵字。

9.通摄入声韵

表3.78　通摄入声韵合口的主要今读类型

调查地点	合口	主要今读类型	最主要今读
万宁龙滚	一等	ok、ak	ok
	三等	ok、iak、ak、iok、i	ok
万宁山根	一等	ok、ak	ok
	三等	ok、iak、iok、ak、i	ok
万宁万城	一等	ok、ak	ok
	三等	ok、iak、iok、ak、i	ok
陵水光坡	一等	ok、ak	ok
	三等	ok、iak、ak、iok、i	ok
陵水椰林	一等	ok、ak	ok
	三等	ok、iak、ak、iok、i	ok
陵水英州	一等	ok、ak	ok
	三等	ok、iak、ak、iok、i	ok

通摄合口一等字入声韵主要今读为ok、ak，个别字如“鹿”，韵母今读为iak（iat），各地比较一致，例如在万宁龙滚中，“鹿”读为ɗiak^{3}。

通摄合口三等字入声韵字数比较多，今读韵母也比较多，主要今读为ok、iak、ak、iok、i。

万宁龙滚中，例字如：

木mok$^{3}_{\text{通合一入}}$|独ɗok$^{3}_{\text{通合一入}}$|毒ɗak$^{3}_{\text{通合一入}}$，

粥tok$^{5}_{\text{通合三入}}$|陆lok$^{5}_{\text{通合三入}}$|绿liak$^{3}_{\text{通合三入}}$|六lak$^{3}_{\text{通合三入}}$|玉dʑi$^{31}_{\text{通合三入}}$|竹ɗiok$^{5}_{\text{通合三入}}$。

万宁山根中，例字如：

木mok$^{4}_{\text{通合一入}}$|独ɗok$^{4}_{\text{通合一入}}$|毒ɗak$^{4}_{\text{通合一入}}$，

粥tok$^{5}_{\text{通合三入}}$|陆lok$^{4}_{\text{通合三入}}$|绿liak$^{4}_{\text{通合三入}}$|六lak$^{4}_{\text{通合三入}}$|玉dʑi$^{354}_{\text{通合三入}}$|竹ɗiok$^{5}_{\text{通合三入}}$。

万宁万城中，例字如：

木mok$^{\underline{32}}_{\text{通合一入}}$|独ɗok$^{\underline{32}}_{\text{通合一入}}$|毒ɗak$^{\underline{32}}_{\text{通合一入}}$，

粥tok$^{\underline{45}}_{\text{通合三入}}$|陆lok$^{\underline{45}}_{\text{通合三入}}$|绿liak$^{\underline{32}}_{\text{通合三入}}$|六lak$^{\underline{32}}_{\text{通合三入}}$|玉dʑi$^{454}_{\text{通合三入}}$|竹ɗiok$^{\underline{45}}_{\text{通合三入}}$。

陵水光坡中，例字如：

木mok$^{3}_{\text{通合一入}}$|独ɗok$^{3}_{\text{通合一入}}$|毒ɗak$^{3}_{\text{通合一入}}$，

粥tok$^{\underline{45}}_{\text{通合三入}}$|陆lok$^{\underline{45}}_{\text{通合三入}}$|绿liak$^{3}_{\text{通合三入}}$|六lak$^{3}_{\text{通合三入}}$|玉dʑi$^{454}_{\text{通合三入}}$|竹ɗiok$^{\underline{45}}_{\text{通合三入}}$。

陵水椰林中，例字如：

木mok$^{\underline{42}}_{\text{通合一入}}$|独ɗok$^{\underline{42}}_{\text{通合一入}}$|毒ɗak$^{\underline{42}}_{\text{通合一入}}$，

粥tok$^{5}_{\text{通合三入}}$|陆lok$^{5}_{\text{通合三入}}$|绿liak$^{\underline{42}}_{\text{通合三入}}$|六lak$^{\underline{42}}_{\text{通合三入}}$|玉$_{2}$dʑi$^{453}_{\text{通合三入}}$|竹ɗiok$^{5}_{\text{通合三入}}$。

陵水英州中，例字如：

木mok$^{3}_{\text{通合一入}}$|独ɗok$^{3}_{\text{通合一入}}$|毒ɗak$^{3}_{\text{通合一入}}$，

粥tok$^{5}_{\text{通合三入}}$|陆lok$^{5}_{\text{通合三入}}$|绿liak$^{3}_{\text{通合三入}}$|六lak$^{3}_{\text{通合三入}}$|玉dʑi$^{454}_{\text{通合三入}}$|竹ɗiok$^{5}_{\text{通合三入}}$。

第三节　海南闽语声调与中古声调的比较

一、古平声

1.古清平的演变

表3.79　古清平的演变

调查地点	中古音	主要今读类型/%	最主要类型	最大比/%
万宁龙滚	平全清	阴平87	阴平	87
	平次清	阴平93	阴平	93
万宁山根	平全清	阴平86	阴平	86
	平次清	阴平88	阴平	88
万宁万城	平全清	阴平91	阴平	91
	平次清	阴平85	阴平	85
陵水光坡	平全清	阴平88	阴平	88
	平次清	阴平90	阴平	90
陵水椰林	平全清	阴平89	阴平	89
	平次清	阴平91	阴平	91
陵水英州	平全清	阴平90	阴平	90
	平次清	阴平92	阴平	92

在海南闽语中，古清平主要今归“阴平”，与汉语普通话的演变规律相同，且在演变中各调查点的一致性很强。

在万宁龙滚中，例字如：开hui$^{23}_{\text{平全清}}$|飞ɓiɛ$^{23}_{\text{平全清}}$|刀ɗɔ$^{23}_{\text{平全清}}$|书tu$^{23}_{\text{平全清}}$，粗sou$^{23}_{\text{平次清}}$|区hi$^{23}_{\text{平次清}}$|吹sui$^{23}_{\text{平次清}}$|葱saŋ$^{23}_{\text{平次清}}$。

在万宁山根中，例字如：开hui$^{24}_{\text{平全清}}$|飞ɓuɛ$^{24}_{\text{平全清}}$|刀ɗɔ$^{24}_{\text{平全清}}$|书tu$^{24}_{\text{平全清}}$，粗sau$^{24}_{\text{平次清}}$|区hi$^{24}_{\text{平次清}}$|吹sui$^{24}_{\text{平次清}}$|葱saŋ$^{24}_{\text{平次清}}$。

在万宁万城中，例字如：开hui$^{33}_{\text{平全清}}$|飞ɓuɛ$^{33}_{\text{平全清}}$|刀ɗo$^{33}_{\text{平全清}}$|书tu$^{33}_{\text{平全清}}$，粗sau$^{33}_{\text{平次清}}$|区hi$^{33}_{\text{平次清}}$|吹sui$^{33}_{\text{平次清}}$|葱saŋ$^{33}_{\text{平次清}}$。

在陵水光坡中，例字如：开hui$^{33}_{\text{平全清}}$|飞ɓoi$^{33}_{\text{平全清}}$|刀ɗo$^{33}_{\text{平全清}}$|书tu$^{33}_{\text{平全清}}$，粗sau$^{33}_{\text{平次清}}$|区hi$^{33}_{\text{平次清}}$|吹sui$^{33}_{\text{平次清}}$|葱saŋ$^{33}_{\text{平次清}}$。

在陵水椰林中，例字如：开hui$^{22}_{\text{平全清}}$|飞ɓoi$^{22}_{\text{平全清}}$|刀ɗo$^{22}_{\text{平全清}}$|书tu$^{22}_{\text{平全清}}$，

粗sau$^{22}_{\text{平次清}}$|区hi$^{22}_{\text{平次清}}$|吹sui$^{22}_{\text{平次清}}$|葱saŋ$^{22}_{\text{平次清}}$。

在陵水英州中，例字如：开hui$^{22}_{\text{平全清}}$|飞ɓoi$^{22}_{\text{平全清}}$|刀ɗo$^{22}_{\text{平全清}}$|书tu$^{22}_{\text{平全清}}$，粗sau$^{22}_{\text{平次清}}$|区hi$^{22}_{\text{平次清}}$|吹sui$^{22}_{\text{平次清}}$|葱saŋ$^{22}_{\text{平次清}}$。

2.古浊平的演变

表3.80　古浊平的演变

调查地点	中古音	主要今读类型/%	最主要类型	最大比/%
万宁龙滚	平全浊	阳平81	阳平	81
	平次浊	阳平85	阳平	85
万宁山根	平全浊	阳平79	阳平	79
	平次浊	阳平79	阳平	79
万宁万城	平全浊	阳平85	阳平	85
	平次浊	阳平80	阳平	80
陵水光坡	平全浊	阳平86	阳平	86
	平次浊	阳平85	阳平	85
陵水椰林	平全浊	阳平87	阳平	87
	平次浊	阳平86	阳平	86
陵水英州	平全浊	阳平88	阳平	88
	平次浊	阳平86	阳平	86

在海南闽语中，古浊平主要今归“阳平”，与汉语普通话的演变规律相同，且在演变中各调查点的一致性很强。

在万宁龙滚中，例字如：河ɦɔ$^{21}_{\text{平全浊}}$|排ɓai$^{21}_{\text{平全浊}}$|茶ɗɛ$^{21}_{\text{平全浊}}$|台hai$^{21}_{\text{平全浊}}$，牙gɛ$^{21}_{\text{平次浊}}$|无bɔ$^{21}_{\text{平次浊}}$|毛mɔ$^{21}_{\text{平次浊}}$|来lai$^{21}_{\text{平次浊}}$。

在万宁山根中，例字如：河ɦɔ$^{22}_{\text{平全浊}}$|排ɓai$^{22}_{\text{平全浊}}$|茶ɗᴇ$^{22}_{\text{平全浊}}$|台tʰai$^{22}_{\text{平全浊}}$，牙gᴇ$^{22}_{\text{平次浊}}$|无bɔ$^{22}_{\text{平次浊}}$|毛mɔ$^{22}_{\text{平次浊}}$|来lai$^{22}_{\text{平次浊}}$。

在万宁万城中，例字如：河ɦo$^{22}_{\text{平全浊}}$|排ɓai$^{22}_{\text{平全浊}}$|茶ɗᴇ$^{22}_{\text{平全浊}}$|台hai$^{22}_{\text{平全浊}}$，牙gᴇ$^{22}_{\text{平次浊}}$|无bo$^{22}_{\text{平次浊}}$|毛mo$^{22}_{\text{平次浊}}$|来lai$^{22}_{\text{平次浊}}$。

在陵水光坡中，例字如：河ɦo$^{21}_{\text{平全浊}}$|排ɓai$^{21}_{\text{平全浊}}$|茶ɗᴇ$^{21}_{\text{平全浊}}$|台tʰai$^{22}_{\text{平全浊}}$，牙ŋᴇ$^{21}_{\text{平次浊}}$|无bo$^{21}_{\text{平次浊}}$|毛mo$^{21}_{\text{平次浊}}$|来lai$^{21}_{\text{平次浊}}$。

在陵水椰林中，例字如：河ɦo$^{21}_{\text{平全浊}}$|排ɓai$^{21}_{\text{平全浊}}$|茶ɗɛ$^{21}_{\text{平全浊}}$|台hai$^{21}_{\text{平全浊}}$，

牙gɛ^{21}$_{平次浊}$|无bo^{21}$_{平次浊}$|毛mo^{21}$_{平次浊}$|来lai^{21}$_{平次浊}$。

在陵水英州中，例字如：河ɦo^{21}$_{平全浊}$|排ɓai^{21}$_{平全浊}$|茶ɗɛ^{21}$_{平全浊}$|台hai^{21}$_{平全浊}$，牙gɛ^{21}$_{平次浊}$|无bo^{21}$_{平次浊}$|毛mo^{21}$_{平次浊}$|来lai^{21}$_{平次浊}$。

二、古上声

海南闽语中古上声的演变有明显的文白分调现象。具体的演变路径为古上声分阴阳，古清上和次浊上今读多为“阴上”，但有一部分书面语字今读为“阳平”；古全浊上今读与古浊去合并，多为“阳上去”，但也有一部分书面语字今读为“高去”。

1.古清上的演变

表3.81　古清上的演变

调查地点	中古音	主要今读类型/%	最主要类型	最大比/%
万宁龙滚	上全清	阴上77	阴上	77
	上次清	阴上66、阳平19	阴上	66
万宁山根	上全清	阴上64、阳平12	阴上	64
	上次清	阴上59、阳平25	阴上	59
万宁万城	上全清	阴上65、阳平11	阴上	65
	上次清	阴上58、阳平23	阴上	58
陵水光坡	上全清	阴上71、阳平9	阴上	71
	上次清	阴上66、阳平19	阴上	66
陵水椰林	上全清	阴上72、阳平9	阴上	72
	上次清	阴上68、阳平17	阴上	68
陵水英州	上全清	阴上73、阳平7	阴上	73
	上次清	阴上63、阳平18	阴上	63

在海南闽语中，古清上主要今归“阴上”，与汉语普通话的演变规律相同，且在演变中各调查点的一致性很强。

在万宁龙滚中，例字如：狗kau^{31}$_{上全清}$|少$_{多少}$tɕio^{31}$_{上全清}$|果kiɛ^{31}$_{上全清}$|好ɦo^{31}$_{上全清}$，起hi^{31}$_{上次清}$|草sau^{31}$_{上次清}$|腿hui^{31}$_{上次清}$。

在万宁山根中，例字如：狗kau^{32}$_{上全清}$|少$_{多少}$tɕio^{32}$_{上全清}$|果kuɛ^{32}$_{上全清}$|好ɦo^{32}$_{上全清}$，起hi^{32}$_{上次清}$|草sau^{32}$_{上次清}$|腿t^{h}ui^{32}$_{上次清}$。

在万宁万城中，例字如：狗kau$^{13}_{\text{上全清}}$|少$_{\text{多少}}$tɕio$^{31}_{\text{上全清}}$|果kuɛ$^{31}_{\text{上全清}}$|好ɦo$^{31}_{\text{上全清}}$，起hi$^{31}_{\text{上次清}}$|草sau$^{31}_{\text{上次清}}$|腿hui$^{31}_{\text{上次清}}$。

在陵水光坡中，例字如：狗kau$^{31}_{\text{上全清}}$|少$_{\text{多少}}$tɕio$^{31}_{\text{上全清}}$|果koi$^{31}_{\text{上全清}}$|好ɦo$^{31}_{\text{上全清}}$，起hi$^{31}_{\text{上次清}}$|草sau$^{31}_{\text{上次清}}$|腿t^{h}ui$^{31}_{\text{上次清}}$。

在陵水椰林中，例字如：狗kau$^{41}_{\text{上全清}}$|少$_{\text{多少}}$tɕio$^{41}_{\text{上全清}}$|果koi$^{41}_{\text{上全清}}$|好ɦo$^{41}_{\text{上全清}}$，起hi$^{41}_{\text{上次清}}$|草sau$^{41}_{\text{上次清}}$|腿hui$^{41}_{\text{上次清}}$。

在陵水英州中，例字如：狗kau$^{31}_{\text{上全清}}$|少$_{\text{多少}}$tɕio$^{31}_{\text{上全清}}$|果koi$^{31}_{\text{上全清}}$|好ɦo$^{31}_{\text{上全清}}$，起hi$^{31}_{\text{上次清}}$|草sau$^{21}_{\text{上次清}}$|腿hui$^{31}_{\text{上次清}}$。

海南闽语古全清上的分化，有一个现象值得注意，就是有一部分字古全清上今读归"阳平"，其中，古上次清的字今归"阳平"的比例比古上全清的字今归"阳平"的比例高。上表中，调查点万宁龙滚中并没有标注古上全清今归"阳平"的比例，是因为占比极低，没有统计学上的意义。这些调查点中古全清上今归"阳平"的字和中古次清上今归"阳平"的字，多为口语中不常用的书面语，且这些字多在普通话中读为阴上214调，而闽语万宁小片各地"阳平"的声调多为21调或22调，与普通话阴上的前半部分调值类似，或许古清上今归"阳平"是对普通话模仿的结果。

古全清上今归"阳平"的例字如下。

在万宁龙滚中，例字如：股$_{\text{股票}}$ku^{21}|史su^{21}|鲜$_{\text{朝鲜}}$tin^{21}。

在万宁山根中，例字如：股$_{\text{股票}}$ku^{22}|史su^{22}|鲜$_{\text{朝鲜}}$tien^{22}。

在万宁万城中，例字如：股$_{\text{股票}}$ku^{22}|史ɕi^{22}|鲜$_{\text{朝鲜}}$tθiŋ^{22}。

在陵水光坡中，例字如：股$_{\text{股票}}$ku^{21}|史ɕi^{31}|鲜$_{\text{朝鲜}}$ɕin^{21}。

在陵水椰林中，例字如：股$_{\text{股票}}$ku^{21}|始ti^{21}|首hau^{21}。

在陵水英州中，例字如：股$_{\text{股票}}$ku^{21}|始ti^{21}|首hau^{21}。

古次清上的调查条目较少，所以即使各点均有20%左右的古次清上字今归"阳平"，但整体的数量也没有古全清上今归"阳平"的多。古次清上今归"阳平"的例字如下。

在万宁龙滚中，例字如：普p^hu^{21}|齿$ɕi^{21}$|土hou^{21}。

在万宁山根中，例字如：普p^hu^{22}|齿$ɕi^{22}$|土t^hau^{22}。

在万宁万城中，例字如：普p^hu^{22}|齿$ɕi^{22}$|土hau^{22}。

在陵水光坡中，例字如：普p^hu^{21}|恐$hoŋ^{21}$|土t^hau^{21}。

在陵水椰林中，例字如：普p^hu^{21}|恐$hoŋ^{21}$|土hau^{21}。

在陵水英州中，例字如：普p^hu^{21}|恐$hoŋ^{21}$|土hau^{21}。

综上，古清上有文白分调现象。其一，大部分古清上字今读归"阴上"，包括口语用字和部分书面语用字，说明这是闽语的自然演变，这一演变和普通话的演变规律一致；其二，一部分书面语用字今归"阳平"，或许是对普通话读音模仿的结果。

2.古次浊上的演变

表3.82 古次浊上的演变

调查地点	中古音	主要今读类型/%	最主要类型	最大比/%
万宁龙滚	上次浊	阴上54、阳上去20、阳平14	阴上	54
万宁山根	上次浊	阴上52、阳平17、阳上去11	阴上	52
万宁万城	上次浊	阴上49、阳平20、阳上去12	阴上	49
陵水光坡	上次浊	阴上50、阳平19、阳上去15	阴上	50
陵水椰林	上次浊	阴上50、阳平19、阳上去17	阴上	50
陵水英州	上次浊	阴上53、阳上去20、阳平16	阴上	53

在海南闽语中，古次浊上主要今归"阴上"，与汉语普通话的演变规律相同，与古清上的演变规律一致，且在演变中各调查点的一致性很强。

在万宁龙滚中，例字如：马$bɛ^{31}$|米bi^{31}|买boi^{31}|冷$lɛ^{31}$。

在万宁山根中，例字如：马$bɛ^{32}$|米bi^{32}|买boi^{32}|冷$lɛ^{32}$。

在万宁万城中，例字如：马$bɛ^{31}$|米bi^{31}|买$boɛ^{31}$|冷$lɛ^{31}$。

在陵水光坡中，例字如：马$bɛ^{31}$|米bi^{31}|买boi^{31}|软nui^{31}。

在陵水椰林中，例字如：马$bɛ^{41}$|米bi^{41}|买boi^{41}|软nui^{41}。

在陵水英州中，例字如：马$bɛ^{31}$|米bi^{31}|买boi^{31}|软nui^{31}。

海南闽语古次浊上的分化和古全清上的分化，有一个相同点，就是有一部分全清上字今读归“阳平”。且和古全清上今归“阳平”的字一样，古次浊上今归“阳平”的字也是书面语用字，口语中并不常用。

在万宁龙滚中，例字如：唯ɦui^{21}|语dʑi^{21}。

在万宁山根中，例字如：唯ʔui^{22}|语dʑi^{22}。

在万宁万城中，例字如：唯ʔui^{22}|语dʑi^{22}。

在陵水光坡中，例字如：唯ʔui^{22}|语dʑi^{22}。

在陵水椰林中，例字如：唯ʔui^{22}|语dʑi^{22}。

在陵水英州中，例字如：唯ʔui^{22}|语dʑi^{22}。

海南闽语古次浊上的分化，还有一个特点，就是一部分古次浊上字今归“阳上去”，这一点和古清上的演变路径不同。而且，古次浊上今归“阳上去”的字，大多都为口语常用字。

在万宁龙滚中，例字如：耳ɦi^{42}|五ŋou^{42}|雨ɦou^{42}。

在万宁山根中，例字如：耳ɦi^{41}|五ŋau^{41}|雨ɦau^{41}。

在万宁万城中，例字如：耳ɦi^{42}|五ŋau^{42}|雨ɦau^{42}。

在陵水光坡中，例字如：耳ɦi^{43}|五ŋau^{43}|雨ɦau^{43}。

在陵水椰林中，例字如：耳ɦi^{31}|五ŋau^{31}|雨ɦau^{31}。

在陵水英州中，例字如：耳ɦi^{43}|五ŋau^{43}|雨ɦau^{43}。

综上，古次浊上有文白分调现象，一共有三个层次。其一，最底层的口语字归阳调，读为“阳上去”，这是闽语万宁小片较早语音层次的遗留；其二，大部分字今归为“阴上”，是受共同语影响的结果，这个共同语不仅仅是如今的普通话，还是历代共同语的共同影响；其三，一部分字今归“阳平”，且都是书面语用字，但当地方言“阳平”字的读音与这部分字的普通话读音相去甚远，例如万宁山根中“唯”声调为22，普通话中声调为35，“语”声调为22，普通话中声调为214。

3.古全浊上的演变

表3.83　古全浊上的演变

调查地点	中古音	主要今读类型/%	最主要类型	最大比/%
万宁龙滚	上全浊	阳上去60、高去19	阳上去	60
万宁山根	上全浊	阳上去45、高去21	阳上去	45
万宁万城	上全浊	阳上去48、高去25	阳上去	48
陵水光坡	上全浊	阳上去55、高去22	阳上去	55
陵水椰林	上全浊	阳上去55、高去17	阳上去	55
陵水英州	上全浊	阳上去56、高去17	阳上去	56

在海南闽语中，古全浊上字主要今归“阳上去”，和普通话的演变趋势一致，古全浊上和古浊去字合并。

在万宁龙滚中，例字如：是ti^{42}|在tu^{42}|下$_{\text{动词,下去}}$ʔε^{42}|近kin^{42}。

在万宁山根中，例字如：是ti^{42}|在tai^{42}|下$_{\text{动词,下去}}$ʔε^{41}|近kien^{41}。

在万宁万城中，例字如：是tθi^{42}|在tu^{42}|下$_{\text{动词,下去}}$ʔε^{42}|近kiŋ^{42}。

在陵水光坡中，例字如：是ti^{43}|在tai^{43}|下$_{\text{动词,下去}}$ʔε^{43}|近kin^{43}。

在陵水椰林中，例字如：是ti^{41}|在tai^{21}|下$_{\text{动词,下去}}$ʔε^{31}|近kin^{31}。

在陵水英州中，例字如：是ti^{43}|在tai^{43}|下$_{\text{动词,下去}}$ʔε^{43}|近kin^{43}。

在海南闽语中，一部分古全浊上字今归“高去”，这部分字一般为书面语用字。

在万宁龙滚中，例字如：士$_{\text{士兵}}$ɕu^{454}|菌$_{\text{细菌}}$hun^{454}。

在万宁山根中，例字如：士$_{\text{士兵}}$su^{354}|菌$_{\text{细菌}}$hun^{354}。

在万宁万城中，例字如：士$_{\text{士兵}}$su^{454}|菌$_{\text{细菌}}$huŋ^{454}。

在陵水光坡中，例字如：仕ɕi^{454}|菌$_{\text{细菌}}$hun^{454}。

在陵水椰林中，例字如：仕ɕi^{453}|菌$_{\text{细菌}}$hum^{453}。

在陵水英州中，例字如：仕ɕi^{454}|浩hau^{454}。

综上，古全浊上有文白分调现象，其一，大部分古全浊上字今为阳调，归“阳上去”，包括口语用字和部分书面语用字，说明这是闽语万宁小片的自然演变，这一演变和普通话的演变规律一致；其二，一部分书面语用字今归“高去”，这部分字在普通话中多读为去声，这种现象是对普通话读音模仿的结果，例如万宁万城的“士”读为454调，调域较高，且后半部分为降调，这与当地人对普通话去声的听感接近。

三、古去声

海南闽语古去声的演变有明显的文白分调现象。具体的演变路径为古去声的演变分阴阳，古清去主要今归“阴去”，古浊去主要今归“阳上去”，和古浊上合流。值得注意的是：其一，一部分书面语常用的古清去字今归“高去”，这个演变受普通话影响很大，往往是普通话中今读为去声53调的古清去字先读为“高去”，再影响到其他的书面语清去字；其二，一部分底层口语常用的古浊去字今读为阴平，这反映了闽语的语音底层。

1.古清去的演变

表3.84　古清去的演变

调查地点	中古音	主要今读类型/%	最主要类型	最大比/%
万宁龙滚	去全清	阴去67、高去15	阴去	67
	去次清	阴去68、高去13	阴去	68
万宁山根	去全清	阴去56、高去22	阴去	56
	去次清	阴去48、高去31	阴去	48
万宁万城	去全清	阴去61、高去22	阴去	61
	去次清	阴去62、高去24	阴去	62
陵水光坡	去全清	阴去63、高去21	阴去	63
	去次清	阴去68、高去15	阴去	68
陵水椰林	去全清	阴去62、高去22	阴去	62
	去次清	阴去64、高去19	阴去	64
陵水英州	去全清	阴去66、高去16	阴去	66
	去次清	阴去67、高去14	阴去	67

在海南闽语中，古清去字今读主要归“阴去”，各地均比较一致。

在万宁龙滚中，例字如：四ti$^{312}_{\text{去全清}}$|笑çio$^{312}_{\text{去全清}}$|半ɓua$^{312}_{\text{去全清}}$|蒜tun$^{312}_{\text{去全清}}$，去hu$^{312}_{\text{去次清}}$|气hui$^{312}_{\text{去次清}}$|菜sai$^{312}_{\text{去次清}}$。

在万宁山根中，例字如：四ti$^{212}_{\text{去全清}}$|笑çio$^{212}_{\text{去全清}}$|半ɓua$^{212}_{\text{去全清}}$|蒜tun$^{212}_{\text{去全清}}$，

去hu$^{212}_{\text{去次清}}$|气hui$^{212}_{\text{去次清}}$|菜sai$^{212}_{\text{去次清}}$。

在万宁万城中，例字如：四tθi$^{212}_{\text{去全清}}$|笑ɕio$^{212}_{\text{去全清}}$|半ɓua$^{212}_{\text{去全清}}$|蒜θuŋ$^{212}_{\text{去全清}}$，去hu$^{212}_{\text{去次清}}$|气hui$^{212}_{\text{去次清}}$|菜sai$^{212}_{\text{去次清}}$。

在陵水光坡中，例字如：四ti$^{34}_{\text{去全清}}$|笑ɕio$^{34}_{\text{去全清}}$|半ɓua$^{34}_{\text{去全清}}$|蒜tun$^{34}_{\text{去全清}}$，去hu$^{34}_{\text{去次清}}$|气$_{\text{空气}}$hui$^{34}_{\text{去次清}}$|菜sai$^{34}_{\text{去次清}}$。

在陵水椰林中，例字如：四ti$^{13}_{\text{去全清}}$|笑ɕio$^{13}_{\text{去全清}}$|半ɓua$^{13}_{\text{去全清}}$|蒜tum$^{13}_{\text{去全清}}$，去hu$^{13}_{\text{去次清}}$|气$_{\text{空气}}$hui$^{13}_{\text{去次清}}$|菜sai$^{13}_{\text{去次清}}$。

在陵水英州中，例字如：四ti$^{213}_{\text{去全清}}$|笑ɕio$^{213}_{\text{去全清}}$|半ɓua$^{213}_{\text{去全清}}$|蒜tun$^{213}_{\text{去全清}}$，去hu$^{213}_{\text{去次清}}$|气$_{\text{空气}}$hui$^{213}_{\text{去次清}}$|菜sai$^{213}_{\text{去次清}}$。

在海南闽语中，古清去字也有一部分字今读归“高去”，这部分字多为书面语用字，口语中较少用到。

在万宁龙滚中，例字如：庇ɓi^{454}|冠$_{\text{冠军}}$kuan^{454}。

在万宁山根中，例字如：庇ɓi^{354}|冠$_{\text{冠军}}$kuan^{354}。

在万宁万城中，例字如：庇ɓi^{454}|冠$_{\text{冠军}}$kuaŋ^{454}。

在陵水光坡中，例字如：庇ɓi^{454}|冠$_{\text{冠军}}$kuan^{454}。

在陵水椰林中，例字如：庇ɓi^{453}|冠$_{\text{冠军}}$kuam^{453}。

在陵水英州中，例字如：庇ɓi^{454}|冠$_{\text{冠军}}$kuam^{454}。

综上，古清去有文白分调现象，其一，大部分古清去字今为阴调，归“阴去”，包括口语用字和部分书面语用字，说明这是闽语的自然演变，这一演变和普通话的演变规律一致；一部分古清去字今归“高去”这部分字在普通话中多读为去声，这种现象是对普通话读音模仿的结果，例如万宁万城的“庇”读为454调，调域较高，且后半部分为降调，这与当地人对普通话去声的听感接近。

2.古全浊去的演变

海南闽语古全浊去主要今归“阳上去”，另外还有一部分今读“阴平”和“高去”，各地的分布略有区别，主要如下。

表3.85　古全浊去的演变

调查地点	中古音	主要今读类型/%	最主要类型	最大比/%
万宁龙滚	去全浊	阳上去48、阴平21、高去14	阳上去	48
万宁山根	去全浊	阳上去39、高去24、阴平18	阳上去	39
万宁万城	去全浊	阳上去38、高去23、阴平18	阳上去	38
陵水光坡	去全浊	阳上去40、高去23、阴平18	阳上去	40
陵水椰林	去全浊	阳上去41、高去21、阴平18	阳上去	41
陵水英州	去全浊	阳上去45、阴平17、高去16	阳上去	45

在海南闽语中，古全浊去字今读主要归“阳上去”。这部分字可以称作A类字。

在万宁龙滚中，例字如：地ɗi^{42}|败ɓai^{42}|护ɦu^{42}|洞ɗoŋ^{42}；

在万宁山根中，例字如：地ɗi^{41}|败ɓai^{41}|护ɦu^{41}|洞ɗoŋ^{41}。

在万宁万城中，例字如：地ɗi^{42}|住hia^{42}|护ɦu^{42}|洞ɗoŋ^{42}。

在陵水光坡中，例字如：地ɗi^{43}|败ɓai^{43}|护ɦu^{43}|洞ɗoŋ^{43}。

在陵水椰林中，例字如：地ɗi^{31}|败ɓai^{31}|护ɦu^{31}|洞ɗoŋ^{31}。

在陵水英州中，例字如：地ɗi^{43}|败ɓai^{43}|护ɦu^{43}|洞ɗoŋ^{43}。

在海南闽语中，古全浊去字今读除了归“阳上去”外，还有一部分今读归“高去”。这部分基本上都是口语不常用的书面语用字。这部分字可以称作B类字。

在万宁龙滚中，例字如：币ɓi^{454}|代$_{\text{代表}}$ɗai^{454}|视ti^{454}|淀$_{\text{淀粉}}$ɗin^{454}。

在万宁山根中，例字如：币ɓi^{354}|代$_{\text{代表}}$ɗai^{354}|视ti^{354}|淀$_{\text{淀粉}}$ɗen^{354}。

在万宁万城中，例字如：币ɓi^{454}|代$_{\text{代表}}$ɗai^{454}|视tθi^{454}|淀$_{\text{淀粉}}$ɗeŋ^{354}。

在陵水光坡中，例字如：币ɓi^{454}|代$_{\text{代表}}$ɗai^{454}|视ti^{454}|淀$_{\text{淀粉}}$ɗen^{454}。

在陵水椰林中，例字如：币ɓi^{453}|代$_{\text{代表}}$ɗai^{453}|视ti^{453}|淀$_{\text{淀粉}}$ɗen^{453}。

在陵水英州中，例字如：币ɓi^{454}|代$_{\text{代表}}$ɗai^{454}|视ti^{454}|淀$_{\text{淀粉}}$ɗin^{454}。

在海南闽语中，古全浊去字今读除了归“阳上去”和“高去”外，还有一部分今读归“阴平”，这部分字的实际字数量并不多，但全部是口语中的常用字。这部分字可以称作C类字。

在万宁龙滚中，例字如：大ɗua^{23}|鼻pʰi^{23}|病ɓɛ^{23}|豆ɗau^{23}|画ɦiɛ^{23}|汗kua^{23}||臼ku^{23}|箸$_{\text{筷子}}$ɗu^{23}|树çiu^{23}。

在万宁山根中，例字如：大ɗua^{24}|鼻pʰi^{24}|病ɓɛ^{24}|豆ɗau^{24}|画ɦiɛ^{24}|汗kua^{24}||臼ku^{24}|箸$_{\text{筷子}}$ɗu^{24}|树çiu^{24}。

在万宁万城中，例字如：大ɗua^{33}|鼻pʰi^{33}|病ɓɛ^{33}|豆ɗau^{33}|画ʔuɛ^{33}|汗kua^{33}||臼ku^{33}|箸$_{\text{筷子}}$ɗu^{33}|树çiu^{33}。

在陵水光坡中，例字如：大ɗua^{33}|鼻pʰi^{33}|病ɓɛ^{33}|豆ɗau^{33}|画ʔoi^{33}|汗kua^{33}||臼ku^{33}|箸$_{\text{筷子}}$ɗu^{33}|树çiu^{33}。

在陵水椰林中，例字如：大ɗua^{22}|鼻pʰi^{22}|病ɓɛ^{22}|豆ɗau^{22}|画ʔoi^{22}|汗kua^{22}||臼ku^{22}|箸$_{\text{筷子}}$ɗu^{22}|树çiu^{22}。

在陵水英州中，例字如：大ɗua^{22}|鼻pʰi^{22}|病ɓɛ^{22}|豆ɗau^{22}|画ʔoi^{22}|汗kua^{22}||臼ku^{22}|箸$_{\text{筷子}}$ɗu^{22}|树çiu^{22}。

综上，古全浊去有文白分调现象。以上三类字的例字，以当地口语中的常用度为标准，从高到低依次排列为A>B>C，即在闽语万宁小片中，古全浊去今归“阴平”的字的海南闽语的底层用字，与今普通话“浊上归去”的演变规律不一致，反映了底层高频用字的“顽固”；今归“阳上去”的字与今普通话的演变规律一致，受到了普通话演变规律的影响，反映了历时演变的规律；今归“高去”的字日常使用频率最低，几乎都是书面语用字，读音也为模仿普通话去声51调而来，反映了共时语言接触的影响。

在海南闽语中，有些字根据使用条件的不同，分别读为A类和C类，呈现出非常有趣的对立现象。以陵水光坡为例，古全浊去“大”在口语常用的“大小”的含义中，读作阴平ɗua^{44}，但在书面用语的人名“斯大林”中的“大”，读作高去ɗa^{454}；古全浊去“度”在口语常用的“温度”中，读作阴平ɗau^{44}，但在“度量衡”中的“度”，读作ɗu^{454}；古全浊去“校”在“学校”的含义中，读作阳上去ɦiau^{43}，但在书面语“校对”中的“校”，读作高去kiau^{454}；古全浊去的“代”在口语常用的“一代人”中，读作ɗai^{43}，但在“人大代表”中的“代”，读作阳上去ɗai^{454}。

3.古次浊去的演变

海南闽语古全浊去主要今归“阳上去”或“高去”，另外还有一部分今读“阴平”和各地的分布略有区别，主要如下。

表3.86　古次浊去的演变

调查地点	中古音	主要今读类型/%	最主要类型	最大比/%
万宁龙滚	去次浊	阳上去35、阴平31、高去13	阳上去	35
万宁山根	去次浊	高去26、阳上去25、阴平22	高去	26
万宁万城	去次浊	阳上去29、高去25、阴平22	阳上去	29
陵水光坡	去次浊	高去27.4、阳上去26.8、阴平20	高去	27
陵水椰林	去次浊	高去27.1、阳上去26.5、阴平21	高去	27
陵水英州	去次浊	阳上去32、阴平22.2、高去22.2	阳上去	32

（1）古次浊去读为“阳上去”和“高去”

在海南闽语中，古次浊去字今读主要归“阳上去”或“高去”，万宁龙滚、万宁万城、陵水英州三个调查点今读的主要类型是“阳上去”，万宁山根、陵水光坡、陵水椰林三个调查点今读的主要类型是高去。但不论是读为“阳上去”还是“高去”，两者之间绝对数量相差不大，整体呈现出不分上下的状态。

各调查点中，有一些古次浊去字在各点今读均归“阳上去”。这部分字可以称作A类字。

在万宁龙滚中，例字如：内lai^{42}|运zun^{42}。

在万宁山根中，例字如：内lai^{41}|运zun^{41}。

在万宁万城中，例字如：内lai^{42}|运duŋ^{42}。

在陵水光坡中，例字如：内lai^{43}|运zun^{43}。

在陵水椰林中，例字如：内lai^{31}|运zum^{31}。

在陵水英州中，例字如：内lai^{43}|运zun^{43}。

有一些古次浊去字在各点今读均归“高去”。这部分字可以称作B类字。

在万宁龙滚中，例字如：艺ŋi^{454}|虑li^{454}。

在万宁山根中，例字如：艺ŋi^{354}|虑li^{354}。

在万宁万城中，例字如：艺ŋi^{354}|虑li^{354}。

在陵水光坡中，例字如：艺ŋi^{454}|虑li^{454}。

在陵水椰林中，例字如：艺ŋi^{453}|虑li^{453}。

在陵水英州中，例字如：艺ŋi^{454}|虑li^{454}。

但也有一些古次浊上字，在各调查地今读的归并上并不一致，在一些调查点读为“阳上去”，另一些调查点读为“高去”。这部分字可以称作C类字。举例如下。

“泪”在万宁龙滚中读为阳上去lui^{42}，在万宁山根中读为阳上去lui^{41}，在陵水光坡中读为阳上去lui^{43}，在陵水椰林中读为阳上去lui^{31}，在陵水英州中读为阳上去lui^{43}，但在万宁万城中读为高去lui^{454}。

又如，“量”在“重量”的义项中，在万宁龙滚中读为阳上去liaŋ^{42}，在万宁山根中读为阳上去liaŋ^{41}，在万宁万城中读为阳上去liaŋ^{42}，在陵水光坡中读为阳上去liaŋ^{43}，在陵水椰林中读为阳上去liaŋ^{31}，但在陵水英州中读为高去liaŋ^{454}。

再如，“贸”在“贸易”的义项中，只在万宁龙滚中读为阳上去mo^{42}，在其他各点均读为高去，在万宁山根中读为高去mau^{354}，在万宁万城中读为高去mau^{454}，在陵水光坡中读为高去mau^{454}，在陵水椰林中读为高去mau^{453}，在陵水英州中读为高去mau^{454}。

以当地口语中的常用度为标准，A类字和C类字常用度从高到低依次排列为A>C，B类字介于A类字和C类字之间。B类字的读音有两个特点，一是在各调查点一致性不高，同一个字在一些调查点读作“阳上去”，在另一些调查点读作“高去”，二是即使在同一调查点内，同一个字的读音并不固定，例如在万宁万城调查点内的“莉”字，发音人有时读作“阳上去”，有时读作“高去”，只是读为“高去”的次数更多而已。

古去次浊今读为“高去”和全浊入今读为“高去”的演变规律一致，都是口语不常用的书面语用字模仿普通话读音而读为“高去”。

（2）古次浊去读为“阴平”

各调查点中，有一些古次浊去字在各点今读均归“阴平”，绝对数量不多，全部是口语中的常用字。这部分字可以称作D类字。

在万宁龙滚中，例字如：妹miɛ^{23}|卖boi^{23}|面$_{\text{面粉}}$mi^{23}|尿ɗʑio^{23}|万ban^{23}|利$_{\text{锋利}}$lai^{23}|芋ʔou^{23}。

在万宁山根中，例字如：妹muɛ^{24}|卖boi^{24}|面$_{\text{面粉}}$mi^{24}|尿ɗʑio^{24}|万ban^{24}|利$_{\text{锋利}}$lai^{24}|芋ʔou^{24}。

在万宁万城中，例字如：妹muɛ^{33}|卖boe^{33}|面$_{\text{面粉}}$mi^{33}|尿ɗʑio^{33}|万baŋ^{33}|利$_{\text{锋利}}$lai^{33}|芋ʔau^{33}。

在陵水光坡中，例字如：妹moi^{33}|卖boi^{33}|面$_{\text{面粉}}$mi^{33}|尿ɗʑio^{33}|万bam^{33}|利$_{\text{锋利}}$lai^{33}|芋ʔau^{33}。

在陵水椰林中，例字如：妹moi^{22}|卖boi^{22}|面$_{\text{面粉}}$mi^{22}|尿ɗʑio^{22}|万bam^{22}|利$_{\text{锋利}}$lai^{22}|芋ʔou^{22}。

在陵水英州中，例字如：妹moi^{22}|卖boi^{22}|面$_{\text{面粉}}$mi^{22}|尿ɗʑio^{22}|万bam^{22}|利$_{\text{锋利}}$lai^{22}|芋ʔou^{22}。

这一特点和古浊去字独为“阴平”的规律一样，都是底层的口语常用字读为“阴平”。

在海南闽语中，有些字根据使用条件的不同，分别读为D类“阴平”和C类“高去”，呈现出非常有趣的对立现象。以陵水椰林为例，“万”在“数字”的语境下，读为阴平bam^{22}，但是在“皇帝万岁”的语境下，读为高去bam^{453}；“利”在“刀很锋利”的语境下，读为阴平lai^{22}，在“吉利”的语境下，读为高去li^{453}。

也有一些字，根据使用条件的不同，分别读为D类“阴平”和A类“阳上去”。以陵水椰林为例，“露”在二十四节气“白露”的语境下，读为阴平lau^{22}，在“露水”的语境下，读为阳上去lu^{31}。

海南闽语古全浊去、次浊去读为“阴平”的现象在冯法强的《海南闽语声调演变补论》中也有讨论。《海南闽语声调演变补论》探讨了海南闽语中古浊去字今读阴平的现象。他指出，将浊去归为阴平是海南闽语去声的早期音变规则，至今仍是多数海南闽语的主流音变规则。然而，随着时间的推移，晚期产生的“浊去归阳上”（“浊上归去”的变式）规则也在海南闽语中发挥作用，尤其在层次较晚的昌感片地区，这一规则已经占据主流。从以上两种演变可以看出，海南闽语声调的演变既包括自发的动力，也受到官话文读的影响，这两者交织在一起，使得海南闽语声调的演变呈现出相对复杂的局面。

综上，古次浊去有文白分调现象，分合规律与全浊去一致，不再赘述。

四、古入声

在海南闽语中，各调查点古清入字的归并规律是比较统一的，各调查点今读均主要归“阴入”，次要今读主要归“高去”，从用字情况来看，两者都存在底层常用的口语用字，两者都属于自然演变。但是，两者的演变趋势有所不同，古清入字读为“阴入”已经定型，变化较少，但是古清入字读为“高去”还在演变进程中，表现为古清入的书面语用字渐渐从“阴入”读为“高去”。

各调查点古浊入字的今读有着明显的文白分调现象，古全浊入和次浊入的口语常用字基本今归“阳入”，但是一部分文读字今归“阴入”。古次浊入文读字今归“阴入”的速度比全浊入快，这是闽语万宁小片的演变特点，值得注意。

1.古清入的演变

表3.87　古清入的演变

调查地点	中古音	主要今读类型/%	最主要类型	最大比/%
万宁龙滚	入全清	阴入57、高去29	阴入	57
	入次清	阴入55、高去27	阴入	55
万宁山根	入全清	阴入64、高去20	阴入	64
	入次清	阴入60、高去24	阴入	60
万宁万城	入全清	阴入55、高去29	阴入	55
	入次清	阴入52、高去31	阴入	52
陵水光坡	入全清	阴入55、高去29	阴入	55
	入次清	阴入54、高去30	阴入	54

续表

调查地点	中古音	主要今读类型/%	最主要类型	最大比/%
陵水椰林	入全清	阴入56、高去29	阴入	56
	入次清	阴入49、高去29	阴入	49
陵水英州	入全清	阴入54、高去27	阴入	54
	入次清	阴入58、高去28	阴入	58

在海南闽语中，各地古清入的演变规律比较一致，古全清入和次清入的今读主要类型都是“阴入”，次要类型都是“高去”。

古清入今归“阴入”的字，分调查点举例如下。

在万宁龙滚中，例字如：北ɓak^{5}$_{入全清}$|骨kuk^{5}$_{入全清}$|角kak^{5}$_{入全清}$，

出suk^{5}$_{入次清}$|七çik^{5}$_{入次清}$|刻hek^{5}$_{入次清}$。

在万宁山根中，例字如：北ɓak^{5}$_{入全清}$|骨kut^{5}$_{入全清}$|角kak^{5}$_{入全清}$，

出sut^{5}$_{入次清}$|七çik^{5}$_{入次清}$|刻hek^{5}$_{入次清}$。

在万宁万城中，例字如：北ɓak^{45}$_{入全清}$|骨kuk^{45}$_{入全清}$|角kak^{45}$_{入全清}$，

出suk^{45}$_{入次清}$|七çik^{45}$_{入次清}$|刻hek^{45}$_{入次清}$。

在陵水光坡中，例字如：北ɓak^{5}$_{入全清}$|骨kuk^{5}$_{入全清}$|角kak^{5}$_{入全清}$，

出sut^{45}$_{入次清}$|七çit^{45}$_{入次清}$|刻hek^{45}$_{入次清}$。

在陵水椰林中，例字如：北ɓak^{5}$_{入全清}$|骨kuk^{5}$_{入全清}$|角kak^{5}$_{入全清}$，

出suk^{5}$_{入次清}$|七çip^{5}$_{入次清}$|刻hek^{5}$_{入次清}$。

在陵水英州中，例字如：北ɓak^{5}$_{入全清}$|骨kut^{5}$_{入全清}$|角kak^{5}$_{入全清}$，

出sut^{5}$_{入次清}$|七çik^{5}$_{入次清}$|刻hek^{5}$_{入次清}$。

古全清入今归“高去”的字，有一些是书面语常用字，如壁、割等，但也有一些是口语常用字，如八、百、血等。古次清入今归“高去”的字，有一些是书面语常用字，如册、客、尺等，但也有一些是口语常用字，如渴、铁等。现分调查点举例如下。

在万宁龙滚中，例字如：

壁ɓia^{454}$_{入全清}$|割kua^{454}$_{入全清}$|八ɓoi^{454}$_{入全清}$|百ɓɛ^{454}$_{入全清}$|血ɦiɛ^{454}$_{入全清}$，

册sɛ^{454}$_{\text{入次清}}$|客hɛ^{454}$_{\text{入次清}}$|尺ɕio^{454}$_{\text{入次清}}$|渴$_{\text{口渴}}$hua^{454}$_{\text{入次清}}$|铁hi^{454}$_{\text{入次清}}$。

在万宁山根中，例字如：

壁ɓia^{354}$_{\text{入全清}}$|割kua^{354}$_{\text{入全清}}$|八ɓoi^{354}$_{\text{入全清}}$|百ɓɛ^{354}$_{\text{入全清}}$|血ɦuɛ^{354}$_{\text{入全清}}$，

册sᴇ^{354}$_{\text{入次清}}$|客hᴇ^{354}$_{\text{入次清}}$|尺ɕio^{354}$_{\text{入次清}}$|渴$_{\text{口渴}}$hua^{354}$_{\text{入次清}}$|铁t^{h}i^{354}$_{\text{入次清}}$。

在万宁万城中，例字如：

壁ɓia^{454}$_{\text{入全清}}$|割kua^{454}$_{\text{入全清}}$|八ɓoi^{454}$_{\text{入全清}}$|百ɓɛ^{454}$_{\text{入全清}}$|血ɦuɛ^{454}$_{\text{入全清}}$，

册sᴇ^{454}$_{\text{入次清}}$|客hᴇ^{454}$_{\text{入次清}}$|尺ɕio^{454}$_{\text{入次清}}$|渴$_{\text{口渴}}$hua^{454}$_{\text{入次清}}$|铁hi^{454}$_{\text{入次清}}$。

在陵水光坡中，例字如：

壁ɓia^{454}$_{\text{入全清}}$|割kua^{454}$_{\text{入全清}}$|八ɓoi^{454}$_{\text{入全清}}$|百ɓɛ^{454}$_{\text{入全清}}$|血ɦoi^{454}$_{\text{入全清}}$，

册sᴇ^{454}$_{\text{入次清}}$|客hᴇ^{454}$_{\text{入次清}}$|尺ɕio^{454}$_{\text{入次清}}$|渴$_{\text{口渴}}$hua^{454}$_{\text{入次清}}$|铁t^{h}i^{454}$_{\text{入次清}}$。

在陵水椰林中，例字如：

壁ɓia^{453}$_{\text{入全清}}$|割kua^{453}$_{\text{入全清}}$|八ɓoi^{453}$_{\text{入全清}}$|百ɓɛ^{453}$_{\text{入全清}}$|血ɦoi^{453}$_{\text{入全清}}$，

册sɛ^{454}$_{\text{入次清}}$|客hɛ^{454}$_{\text{入次清}}$|尺ɕio^{454}$_{\text{入次清}}$|渴$_{\text{口渴}}$hua^{454}$_{\text{入次清}}$|铁hi^{454}$_{\text{入次清}}$。

在陵水英州中，例字如：

壁ɓia^{454}$_{\text{入全清}}$|割kua^{454}$_{\text{入全清}}$|八ɓoi^{454}$_{\text{入全清}}$|百ɓɛ^{454}$_{\text{入全清}}$|血ɦoi^{454}$_{\text{入全清}}$，

册sɛ^{453}$_{\text{入次清}}$|客hɛ^{453}$_{\text{入次清}}$|尺ɕio^{453}$_{\text{入次清}}$|渴$_{\text{口渴}}$hua^{453}$_{\text{入次清}}$|铁hi^{453}$_{\text{入次清}}$。

冯法强在《海南闽语声调演变补论》中提到，高去的入声字中占主体的是清入字，清入字在海南闽语中一般为短调5，其舒化后先保持高调，但是由于短调特征，很容易变为高降调，这属于自然音变。从这些字的使用情况看，一般为生活中使用频率很高的常用字，还有不少为白读音，这说明这种音变属于自然音变。

本书的调查也证实了这个观点，口语常用的“八、百、血、渴$_{\text{口渴}}$、铁”等字今读都归为“高去”。其中万宁龙滚中，“渴”在“口渴”中白读为hua^{454}，在“渴望”中文读为ho^{454}，也证实古清入字读为高去是自发演变的结果。另外，古全清入字“押$_{\text{抵押}}$”只在万宁万城中读为阴入ʔak^{45}，在其余各点均读为高去，如在万宁龙滚中读为高去ʔa^{454}，在万宁山根中读为高去ʔa^{354}，在陵水光坡中读为高去ʔa^{454}，在陵水椰林中读为高去

ʔa^{454}，陵水英州的发音人读不出这个字。这也侧面证明古清入读为高去还未完全演变结束，有些字正在演变过程中。

2.古全浊入的演变

表3.88　古全浊入的演变

调查地点	中古音	主要今读类型/%	最主要类型	最大比/%
万宁龙滚	入全浊	阳入51、阳上去18、阴入17、高去6	阳入	51
万宁山根	入全浊	阳入40、阴入26、阳上去11、高去8	阳入	40
万宁万城	入全浊	阳入40、阴入23、阴上12	阳入	40
陵水光坡	入全浊	阳入37、阴入23、阳上去17、高去9	阳入	37
陵水椰林	入全浊	阳入37、阴入30、阳上去14、阴去9、高去6	阳入	37
陵水英州	入全浊	阳入39、阴入23、阳上去14、阴去9、高去8	阳入	39

海南闽语古全浊入今归主要类型是“阳入”。

在万宁龙滚中，例字如：十tap^{3}|盒ʔap^{3}|熟tiak^{3}。

在万宁山根中，例字如：十tat^{4}|盒ʔat^{4}|熟tiak^{4}。

在万宁万城中，例字如：十tak$^{\underline{32}}$|盒ʔak$^{\underline{32}}$|熟tθiak$^{\underline{32}}$。

在陵水光坡中，例字如：十tat^{3}|盒ʔat^{3}|熟tiak^{3}。

在陵水椰林中，例字如：十tap$^{\underline{42}}$|盒ʔap$^{\underline{42}}$|熟tiak$^{\underline{42}}$。

在陵水英州中，例字如：十tap^{3}|盒ʔap^{3}|熟tiak^{3}。

海南闽语古全浊入除了今归“阳入”外，还有一部分字今归“阴入”和“阳上去”。海南闽语古全浊入今归“阴入”的字各调查点并不完全一致，说明还在演变过程中，但整体来看，都是次常用字。

在万宁龙滚中，例字如：鹤ɦak^{5}|泽$_{毛泽东}$tsek^{5}。

在万宁山根中，例字如：鹤ɦak^{5}|泽$_{毛泽东}$tsek^{5}。

在万宁万城中，例字如：鹤ɦak^{45}|泽$_{毛泽东}$tsek$^{\underline{45}}$。

在陵水光坡中，例字如：达ɗat^{45}|泽$_{毛泽东}$tsek$^{\underline{45}}$。

在陵水椰林中，例字如：达ɗap^{5}|泽$_{毛泽东}$tsek^{5}。

在陵水英州中，例字如：鹤kap^{5}|泽$_{毛泽东}$tsek^{5}。

海南闽语古全浊入还有一部分今归“阳上去”，其中有很多是口语常用的字，这是自发的演变，值得注意。

在万宁龙滚中，例字如：白ɓɛ^{42}|石$_{石头}$tɕio^{42}|席$_{草席}$ɕio^{42}。

在万宁山根中，例字如：白ɓᴇ^{41}|石$_{石头}$tɕio^{41}|席$_{草席}$ɕio^{41}。

在万宁万城中，例字如：白ɓᴇ^{42}|石$_{石头}$tɕio^{31}|席$_{草席}$tθia^{31}。

在陵水光坡中，例字如：白ɓᴇ^{43}|石$_{石头}$tɕio^{43}|席$_{草席}$ɕio^{43}。

在陵水椰林中，例字如：白ɓɛ^{31}|石$_{石头}$tɕio^{31}|席$_{草席}$ɕio^{31}。

在陵水英州中，例字如：白ɓɛ^{43}|石$_{石头}$tɕio^{43}|席$_{草席、主席}$tia^{31}。

万宁万城的归并规律与其他各调查点略有不同，其他调查点古全浊入归如“阳上去”的字，在万宁万城中大部分归入“阴上”，如：石$_{石头}$tɕio^{31}|席$_{草席}$tθia^{31}，演变原因不明，可能是发音人的个体差异。

3.古次浊入的演变

表3.89　古次浊入的演变

调查地点	中古音	主要今读类型/%	最主要类型	最大比/%
万宁龙滚	入次浊	阳入36、阴入33、阳上去16、高去5	阳入	36
万宁山根	入次浊	阳入37、阴入34、阳上去10、高去6	阳入	37
万宁万城	入次浊	阳入29、阴入27、高去17、阴上14	阳入	29
陵水光坡	入次浊	阴入34、阳入27、阳上去15、高去15	阴入	34
陵水椰林	入次浊	阴入34、阳入27、高去14、阳上去11	阴入	34
陵水英州	入次浊	阴入35、阳入33、阳上去15、高去8	阴入	35

（1）古次浊入读为“阴入”“阳入”

海南闽语古次浊入的今读类型分为两种：一是万宁市境内的调查点主要今归“阳入”，二是陵水黎族自治县境内的调查点主要今归“阴入”。

海南闽语古次浊入读为“阳入”的例字多为口语常用字，举例如下：

在万宁龙滚中，例字如：六lak^{3}|力lat^{3}|绿liak^{3}|乐$_{快乐}$lok^{3}。

在万宁山根中，例字如：六lak^{4}|力lat^{4}|绿liak^{4}|乐$_{快乐}$lok^{4}。

在万宁万城中，例字如：六lak^{32}|力lak^{32}|绿$liak^{32}$|乐$_{快乐}$$lok^{32}$。

在陵水光坡中，例字如：六lak^{3}|力lat^{3}|绿$liak^{3}$|乐$_{快乐}$$lok^{3}$。

在陵水椰林中，例字如：六lak^{42}|力lap^{42}|绿$liak^{42}$|乐$_{快乐}$$lok^{42}$。

在陵水英州中，例字如：六lak^{3}|力lap^{3}|绿$liak^{3}$|乐$_{快乐}$$lok^{3}$。

海南闽语古次浊入读为"阴入"的字相较读为"阳入"的字，口语没那么常用，举例如下：

在万宁龙滚中，例字如：蜜mik^{5}|落lak^{5}|育zok^{5}。

在万宁山根中，例字如：蜜mik^{5}|落lak^{5}|育dʑiok^{5}。

在万宁万城中，例字如：蜜mik^{45}|落lak^{45}|育dʑiok^{45}。

在陵水光坡中，例字如：蜜mit^{45}|落lak^{45}|育zok^{45}。

在陵水椰林中，例字如：蜜mip^{5}|落lak^{5}|育zok^{5}。

在陵水英州中，例字如：蜜mik^{5}|落lak^{5}|育zok^{5}。

海南闽语有一部分古次浊入字有两读，一些分词汇条件，一些不分词汇条件。以陵水椰林为例，分词汇条件而两读的有："仆"在"奴仆"中读为ɓok^{42}，在"前仆后继"中读为ɓok^{5}；"默"在"默写"中读为mok^{42}，在"沉默"中读为mok^{5}；"日"在"日子"义项中读为dʑip^{42}，在"日本"中读为dʑip^{5}；"业"在"事业"中读为ŋiep^{42}，在"业余"中读为ŋiep^{5}；"鹿"在"动物"义项上，读作ɗiak42，在中药"鹿茸"中读作ɗiak^{5}；"乐"在"快乐"中读作lok^{42}，在"音乐"中读作dʑiak^{42}，在"乐东$_{海南地名}$"中读作dʑiak^{5}；"或"在"或者"中读为ɦok^{42}，在"间或"中读作ɦok^{5}。

仍然以陵水椰林为例，不分词汇条件而两读的有："禄"不分词汇条件，与"乐$_{快乐}$"同音读为lok^{42}，或者与"洛"同音读为lok^{5}均可；"叶"当作"姓氏"讲时，既可以与"协"同音读作dʑiep^{42}，也可以与"侠"同音读作dʑiep^{5}。

以上两读的例子说明在当地方言中，底层口语常用字仍读作"阳入"。但次常用字已经开始根据词汇条件"阳入"和"阴入"两读了，一般来说，口语中常用的词汇读作"阳入"，口语中次常用的读作"阴入"，而且甚至有一些两读已经不分词汇条件了，这说明当地方言的古次浊入字正经历着从读为“阳入”到读为“阴入”的演变过程中，且陵水黎族自治县的进展比万宁市要快。

古阳入字今读归阴入，在全国其他地方也有。根据王莉宁的《汉语方言声调分化研究》一书，以“汉语方言地图集”全国930个调查点的资料为依据，总结出在古入声的清浊分调方面，全国有13个调查点部分次浊入、全浊入字归阴入，且古浊入字今归“阳入”的多为口语字，今归“阴入”的多为书面语字。这一演变规律与闽语万宁小片的演变规律是一致的，都属于文白分调。这13个调查点分别为：官话安徽桐城、江苏句容，吴语安徽宣城、江苏溧水，赣语湖南安仁、资兴，闽语福建永春、广东徐闻、台湾嘉义市、平话广西恭城，湘语湖南城步、邵阳市，粤语广东高要等。其中，有不少是闽语的调查点，说明闽语存在文白分调的现象。

辛世彪在《海口方言入声演变的特点》一文中提到，海口方言有不少次浊入声字白读为阳入，文读为阴入，九摄字都有。这其实也是一种文白分调。另有一些全浊入字白读为阳去或阳入，文读阴入。还有一些全浊入和次浊入字只有阴入调一读，阳入调的读法已经失去。他认为海口方言全浊入次浊入的这种文白分调非常特别，是其他闽南话所没有的。白读为阳入依然为方言固有，是浊音清化后的一种补偿，而文读阴入是更晚近的层次，可能是近现代音浊入字读为高调类舒声的一种模仿。

（2）古次浊入读为“阳上去”“高去”

闽语万宁小片一部分古次浊入字今读归为“阳上去”。

在万宁龙滚中，例字如：腊la^{42}|麦bɛ^{42}|辣lua^{42}。

在万宁山根中，例字如：腊la^{41}|麦bᴇ^{41}|辣lua^{41}。

在万宁万城中，例字如：辣lua^{42}。

在陵水光坡中，例字如：腊la^{43}|麦bᴇ^{43}|辣lua^{43}。

在陵水椰林中，例字如：腊la^{31}|麦bɛ^{31}|辣lua^{31}。

在陵水英州中，例字如：腊la^{43}|麦bɛ^{43}|辣lua^{43}。

万宁万城的归并规律与其他各调查点略有不同，其他调查点古次浊入归入“阳

上去”的字，在万宁万城中大部分归入“高去”，如：麦mɛ^{454}|腊la^{454}。

海南闽语古次浊入字今读归为“高去”的字各地并不统一，但都是书面语用字，且大多在普通话读为去声53调，所以这应该是受普通话影响而改读的。

在万宁龙滚中，例字如：跃$_{大跃进}$dʑiau^{454}|幕mu^{454}|欲dʑi^{454}。

在万宁山根中，例字如：跃$_{大跃进}$dʑiau^{354}|玉dʑi^{354}|逸ɦi^{354}。

在万宁万城中，例字如：跃$_{大跃进}$dʑiau^{454}|玉dʑi^{454}|幕mu^{454}。

在陵水光坡中，例字如：跃$_{大跃进}$dʑiau^{454}|玉dʑi^{454}|沐mu^{454}。

在陵水椰林中，例字如：跃$_{大跃进}$dʑiau^{453}|玉$_{2}$dʑi^{453}|沐mu^{453}。

在陵水英州中，例字如：跃$_{大跃进}$dʑiau^{454}|玉dʑi^{454}|阅$_{检阅}$zuai^{454}。

这六个调查点中，最统一的就是“跃$_{大跃进}$”，在各个调查点中均读为高去，明显是受普通话词汇的影响。

第四章　海南闽语字音对照表

	0001多	0002拖	0003大$_{小}$	0004锣	0005左	0006歌	0007个	0008可
	果开一 平歌端	果开一 平歌透	果开一 去歌定	果开一 平歌来	果开一 上歌精	果开一 平歌见	果开一 去歌见	果开一 上歌溪
万宁龙滚	toi^{23}训读 （侪）	hua^{23}	ɗua^{23}	lɔ^{21}	tɔ^{31}	kɔ^{23}	kai^{21}	hɔ^{31}
万宁山根	toi^{24}训读 （侪）	t^{h}ua^{24}	ɗua^{24}	lɔ^{22}	tɔ^{32}	kɔ^{24}	kai^{22}	hɔ^{32}
万宁万城	toe^{33}训读 （侪）	hua^{33}	ɗua^{33}	lo^{22}	to^{31}	ko^{33}	kai^{22}	ho^{31}
陵水光坡	toi^{33}训读 （侪）	hua^{33}	ɗua^{33}	lo^{21}	to^{31}	ko^{33}	kai^{21}	ho^{31}
陵水椰林	toi^{22}训读 （侪）	hua^{22}	ɗua^{22}	lo^{21}	to^{41}	ko^{22}	kai^{21}	ho^{41}
陵水英州	toi^{22}训读 （侪）	hua^{22}	ɗua^{22}	lo^{21}	to^{31}	ko^{22}	kai^{21}	ho^{31}

	0009鹅	0010饿	0011河	0012茄	0013破	0014婆	0015磨$_{动}$	0016磨$_{名}$
	果开一 平歌疑	果开一 去歌疑	果开一 平歌匣	果开三 平戈群	果合一 去戈滂	果合一 平戈並	果合一 平戈明	果合一 去戈明
万宁龙滚	gɔ^{21}	hun^{23}	ɦɔ^{21}	kio^{21}	p^{h}ua^{312}	p^{h}ɔ^{21}	bua^{21}	bua^{21}
万宁山根	gɔ^{22}	gɔ^{24}	ɦɔ^{22}	kio^{22}	p^{h}ua^{212}	p^{h}ɔ^{22}	bua^{22}	bua^{22}
万宁万城	go^{22}	go^{33}	ɦo^{22}	kio^{22}	p^{h}ua^{212}	p^{h}o^{22}	bua^{22} mo^{212}	bua^{22} mo^{212}
陵水光坡	ŋo^{21}	ŋo^{33}	ɦo^{21}	kio^{21}	p^{h}ua^{34}	p^{h}o^{21}	bua^{21}	bua^{21}
陵水椰林	go^{21}	ŋo^{22}	ɦo^{21}	kio^{21}	p^{h}ua^{13}	p^{h}o^{21}	bua^{21}	bua^{21}
陵水英州	go^{21}	hun^{213}	ɦo^{21}	kio^{21}	p^{h}ua^{213}	p^{h}o^{21}	bua^{21}	bua^{21}

	0017躲	0018螺	0019坐	0020锁	0021果	0022过~来	0023课	0024火
	果合一上戈端	果合一平戈来	果合一上戈从	果合一上戈心	果合一上戈见	果合一去戈见	果合一去戈溪	果合一上戈晓
万宁龙滚	mok⁵ ɗɔ²¹	lɛ²¹	tsɛ⁴²	tɔ³¹	kiɛ³¹	kiɛ³¹²	hua³¹²	ɦiɛ³¹
万宁山根	ɗɔ²²	lɔ²² 文，~丝刀 lᴇ²² 白，田~	tsᴇ⁴¹	tɔ³²	kuɛ³²	kuɛ²¹²	hua²¹²	ɦuɛ³²
万宁万城	ɗo²¹	lᴇ²¹	tsᴇ⁴²	θo³¹	kuɛ³¹	kuɛ²¹²	hua²¹²	ɦuɛ³¹
陵水光坡	ɗo²¹	lᴇ²¹	tse⁴³	to³¹	koi³¹	koi³⁴	hua³⁴	ɦoi³¹
陵水椰林	ɗo²¹	lɛ²¹	tse³¹	to⁴¹	koi⁴¹	koi¹³	hua¹³	ɦoi⁴¹
陵水英州	ɗo²¹	lo²¹	tse⁴³	to³¹	koi³¹	koi²¹³	hua²¹³	ɦoi³¹

	0025货	0026祸	0027靴	0028把量	0029爬	0030马	0031骂	0032茶
	果合一去戈晓	果合一上戈匣	果合三平戈晓	假开二上麻帮	假开二平麻並	假开二上麻明	假开二去麻明	假开二平麻澄
万宁龙滚	ɦiɛ³¹²	ɦua³¹	hiɛ²³	ɓɛ³¹ 量词，一~刀 ɓiɛ⁴² 介词，我~他打了	ɓɛ²¹	bɛ³¹	mɛ23	ɗɛ²¹
万宁山根	ɦuɛ²¹²	ɦua³²	huɛ²⁴	ɓᴇ³² 量词，一~刀 ɓuɛ⁴¹ 介词，我~他打了	ɓᴇ²² 白 ɓa²² 文 pʰa²² 文	bᴇ³²	mᴇ24	ɗᴇ²²
万宁万城	ɦuɛ²¹²	ɦua³¹	pʰuɛ³³	ɓᴇ³¹	bᴇ²²	bᴇ³¹	mᴇ33	ɗᴇ²²
陵水光坡	ɦoi³⁴	ɦua⁴³	（无）	ɓᴇ³¹	ɓᴇ²¹	bᴇ³¹	mᴇ33	ɗᴇ²¹
陵水椰林	ɦoi¹³	ɦua³¹	（无）	ɓɛ⁴¹	ɓɛ²¹	bɛ41	mɛ²²	ɗɛ²¹
陵水英州	ɦoi²¹³	ɦua⁴³	（无）	ɓɛ³¹	ɓɛ²¹	bɛ³¹	mɛ²²	ɗɛ²¹

	0033沙	0034假 真~	0035嫁	0036牙	0037虾	0038下 方位	0039夏 春~	0040哑
	假开二 平麻生	假开二 上麻见	假开二 去麻见	假开二 平麻疑	假开二 平麻晓	假开二 上麻匣	假开二 去麻匣	假开二 上麻影
万宁 龙滚	tua^{23}	kɛ^{42}	kɛ^{312}	gɛ^{21}	ɦɛ^{21}	ʔɛ^{42}	ɦɛ^{23}白 ʔia^{454}文	ʔɛ^{31}
万宁 山根	sa^{24}	kɛ^{41}	kᴇ^{212}	gᴇ^{22}	ɦᴇ^{22}	ʔᴇ^{41}白 ʔia^{41}文	ʔia^{354}	ʔᴇ^{32}
万宁 万城	tθua^{33}白 sa^{33}文	kᴇ^{42}	kᴇ^{212}	gᴇ^{22}	ɦᴇ^{22}	ʔᴇ^{42}白 lo^{31}训读，本字未明	ɦᴇ^{33}白 ʔia^{454}文	ʔᴇ^{31}
陵水 光坡	tua^{33}白 sa^{33}文	kᴇ^{31}	kᴇ^{34}	ŋᴇ^{21}	ɦᴇ^{21}	ʔᴇ^{43}	ɦᴇ^{33}白 ʔia^{454}文	ʔᴇ^{31}
陵水 椰林	tua^{22}白 sa^{22}文	kɛ^{41}	kɛ^{13}	gɛ^{21}	ɦɛ^{21}	ʔɛ^{31}白 lo^{31}训读，本字未明	ɦɛ^{22}	ʔɛ^{41}
陵水 英州	tua^{22}白 sa^{22}文	kɛ^{31}	kɛ^{213}	gɛ^{21}	ɦɛ^{21}	ʔɛ^{43}	ɦɛ^{22}白 zua^{43}训读（热）	ʔɛ^{31}

	0041 姐	0042 借	0043 写	0044 斜	0045 谢	0046车~辆	0047 蛇	0048 射
	假开三 上麻精	假开三 去麻精	假开三 上麻心	假开三 平麻邪	假开三 去麻邪	假开三 平麻昌	假开三 平麻船	假开三 去麻船
万宁 龙滚	tsɛ^{23}	tɕio^{454}	tia^{31}	tia^{21}	tia^{42}	ɕia^{23}	tua^{21}	tia^{23}
万宁 山根	tsᴇ^{24}背称 tsᴇ^{354}面称	tɕio^{354}	tia^{32}	tia^{22}	tia^{41}	ɕia^{24}	tua^{22}	tia^{24}
万宁 万城	tsᴇ^{31}	tɕio^{454}	tθia^{31}	tθia^{22}	tθia^{42}	ɕia^{33}	tua^{22}	tθia^{33}
陵水 光坡	tse^{454}	tɕio^{454}	tia^{31}	tia^{21}	tia^{43}	ɕia^{33}	tua^{21}	tia^{43}
陵水 椰林	tse^{21}	tɕio^{453}	tia^{41}	tia^{21}	tia^{31}	ɕia^{22}	tua^{21}	tia^{22}
陵水 英州	tse^{31}	tɕio^{454}	tia^{31}	tia^{21}	tia^{43}	ɕia^{22}	tua^{21}	tia^{22}

	0049爷	0050野	0051夜	0052瓜	0053瓦名	0054花	0055化	0056华中~
	假开三 平麻以	假开三 上麻以	假开三 去麻以	假合二 平麻见	假合二 上麻疑	假合二 平麻晓	假合二 去麻晓	假合二 平麻匣
万宁 龙滚	koŋ^{23} 训读（公） zɛ^{31}	zɛ^{31}	mɛ^{21} 训读（暝）	kiɛ^{23}	ɦia^{42}	ɦiɛ^{23} ɦua^{23} 文，姓名	ɦiɛ^{312}	ɦua^{23}
万宁 山根	zᴇ^{32}	zᴇ^{32}	mᴇ^{22} 训读（暝）	kuɛ^{24}	ɦia^{41}	ɦuɛ^{24}	ɦuɛ^{212}	ɦua^{24}
万宁 万城	dzᴇ^{31}	dzᴇ^{31}	mᴇ^{22} 训读（暝）	kuɛ^{33}	ɦia^{31}	ɦuɛ^{33}	ɦuɛ^{212}	ɦua^{33}
陵水 光坡	zᴇ^{43}	zᴇ^{43}	mᴇ^{21} 训读（暝）	koi^{33}	ɦia^{31}	ɦoi^{33}	ɦoi^{34}	ɦua^{33}
陵水 椰林	ze^{41}	zɛ^{31}	mɛ^{21} 训读（暝）	koi^{22}	ɦia^{41}	ɦoi^{22}	ɦoi^{13}	ɦua^{22}
陵水 英州	ze^{31}	zɛ^{43}	mɛ^{21} 训读（暝）	koi^{22}	ɦia^{43}	ɦoi^{22}	ɦoi^{213}	ɦua^{22}

	0057谱家~	0058布	0059铺动	0060簿	0061步	0062赌	0063土	0064图
	遇合一 上模帮	遇合一 去模帮	遇合一 平模滂	遇合一 上模並	遇合一 去模並	遇合一 上模端	遇合一 上模透	遇合一 平模定
万宁 龙滚	p^{h}u^{31}	ɓou^{312} 白 ɓu^{312} 文	p^{h}ou^{23} p^{h}ou^{312} 地名，文昌铺前	p^{h}ou^{42}	ɓou^{23}	ɗua^{42}	hou^{21}	hu^{21}
万宁 山根	p^{h}u^{32}	ɓau^{212} 白 ɓu^{212} 文	p^{h}au^{24} p^{h}au^{212} 地名，文昌铺前	p^{h}au^{41}	ɓau^{24}	ɗu^{22}	t^{h}au^{22}	t^{h}u^{22}
万宁 万城	p^{h}u^{22}	ɓau^{212} 白 ɓu^{212} 文	p^{h}au^{212} p^{h}ok^{45} 地名，文昌铺前	p^{h}au^{42}	ɓau^{33}	ɗu^{22}	hau^{22}	hu^{22}
陵水 光坡	p^{h}u^{21}	ɓau^{34} 白 ɓu^{34} 文	p^{h}au^{34}	p^{h}au^{43}	ɓau^{33}	ɗu^{21}	t^{h}au^{21}	t^{h}u^{21}
陵水 椰林	p^{h}u^{41}	ɓau^{13} 白 ɓu^{13} 文	p^{h}u^{22}	p^{h}au^{31}	ɓau^{22}	ɗu^{21}	hau^{21}	hu^{21}
陵水 英州	p^{h}u^{21}	ɓau^{213} 白 ɓu^{213} 文	p^{h}u^{22}	p^{h}au^{43}	ɓau^{22}	ɗu^{21}	hau^{21}	hu^{21}

	0065杜	0066奴	0067路	0068租	0069做	0070错 对~	0071箍 ~桶	0072古
	遇合一上模定	遇合一平模泥	遇合一去模来	遇合一平模精	遇合一去模精	遇合一去模清	遇合一平模见	遇合一上模见
万宁龙滚	ɗu⁴²	nou²¹	lou²³	tou²³	tɔ⁴⁵⁴ 训读(作)	sɔ³¹²	(无)	kou³¹
万宁山根	ɗu⁴¹ ɗu³⁵⁴ 姓名	nau²²	lau²⁴	tau²⁴	tɔ³⁵⁴ 训读(作)	sɔ²¹²	(无)	kau³²
万宁万城	ɗu⁴²	nau²²	lau³³	tau³³	to⁴⁵⁴ 训读(作)	so²¹²	ku³³	kau³¹
陵水光坡	ɗu⁴⁵⁴	nau²¹	lau³³	tau³³	to⁴⁵⁴ 训读(作)	so³⁴	(无)	kau³¹
陵水椰林	ɗu⁴⁵³	nau²¹	lau²²	tau²²	to⁴⁵³ 训读(作)	so¹³	hu²²	kau⁴¹
陵水英州	ɗu⁴⁵⁴	nau²¹	lau²²	tau²²	to⁴⁵⁴ 训读(作)	so²¹³	(无)	kau³¹

	0073苦	0074裤	0075吴	0076五	0077虎	0078壶	0079户	0080乌
	遇合一上模溪	遇合一去模溪	遇合一平模疑	遇合一上模疑	遇合一上模晓	遇合一平模匣	遇合一上模匣	遇合一平模影
万宁龙滚	hou³¹	hou³¹²	gau²¹	ŋou⁴²	ɦou³¹	ɓu²¹	ɦu⁴²	ʔou²³
万宁山根	hau³²	hau²¹²	gau²²	ŋau⁴¹	ɦau³²	ɓu²²	ɦu⁴¹	ʔu²⁴
万宁万城	hau³¹	hau²¹²	gau²²	ŋau⁴²	ɦau³¹	ɓu²²	ɦu⁴²	ʔu³³
陵水光坡	hau³¹	hau³⁴	ŋau²¹	ŋau⁴³	ɦau³¹	ɓu²¹	ɦau⁴³	ʔu³³
陵水椰林	hau⁴¹	hau¹³	ŋau²¹	ŋau³¹	ɦau⁴¹	ɓu²¹	ɦau³¹ 白 ɦu³¹ 文	ʔu²²
陵水英州	hau³¹	hau²¹³	gau²¹ ŋau²¹ 又读	ŋau⁴³	ɦau³¹	ɓu²¹	ɦu⁴³	ʔu²²

	0081女	0082吕	0083徐	0084猪	0085除	0086初	0087锄	0088所
	遇合三 上鱼泥	遇合三 上鱼来	遇合三 平鱼邪	遇合三 平鱼知	遇合三 平鱼澄	遇合三 平鱼初	遇合三 平鱼崇	遇合三 上鱼生
万宁 龙滚	ni^{31}	li^{21}	ɕi^{21}	ɗu^{23}	su^{21}	sou^{23}白 sɔ^{23}文	hu^{21}	tɔ^{31}
万宁 山根	ni^{32}	li^{22} lu^{22}又读	dʑi^{22}	ɗu^{24}	su^{22}	sɔ^{24}	tʰu^{22}	tɔ^{32}
万宁 万城	ni^{31}	lu^{22}	su^{22}	ɗu^{33}	su^{22}	so^{33}	hu^{22}	θo^{31}
陵水 光坡	ni^{31}	li^{21}	ɕi^{21}	ɗu^{33}	su^{21}	sau^{33}	hu^{21}	to^{31}
陵水 椰林	ni^{41}	li^{21}	ɕi^{21}	ɗu^{22}	su^{21}	sau^{22}白 so^{22}文	hu^{21}	to^{41}
陵水 英州	ni^{31}	li^{21}	dʑi^{21}	ɗu^{22}	su^{21}	sau^{22}白 so^{22}文	ɡu^{21}	to^{31}

	0089书	0090鼠	0091如	0092举	0093锯名	0094去	0095渠~道	0096鱼
	遇合三 平鱼书	遇合三 上鱼书	遇合三 平鱼日	遇合三 上鱼见	遇合三 去鱼见	遇合三 去鱼溪	遇合三 平鱼群	遇合三 平鱼疑
万宁 龙滚	tu^{23}	ɕiu^{31}	ɕin^{42}	ki^{31}	ku^{312}	hu^{312}	（无）	ɦu^{21}
万宁 山根	tu^{24}	ɕiu^{32}	ɕien^{41}	ki^{32}	ku^{212}	hu^{212}	ki^{354}	ɦu^{22}
万宁 万城	tu^{33}	ɕiu^{31}	ɕiŋ^{42}	ku^{31}	ku^{212}	hu^{212}	ki^{454}	ɦu^{22}
陵水 光坡	tu^{33}	ɕiu^{31}	ɕin^{43}	ku^{31}	ku^{34}	hu^{34}	ki^{454}	ɦu^{21}
陵水 椰林	tu^{22}	ɕiu^{41}	ɕin^{31}	ku^{41}	ku^{13}	hu^{13}	ki^{453}	ɦu^{21}
陵水 英州	tu^{22}	ɕiu^{31}	ɕin^{43}	ku^{31}	ku^{213}	hu^{213}	ki^{454}	ɦu^{21}

	0097许	0098余 剩~，多~	0099府	0100付	0101父	0102武	0103雾	0104取
	遇合三 上鱼晓	遇合三 平鱼以	遇合三 上虞非	遇合三 去虞非	遇合三 上虞奉	遇合三 上虞微	遇合三 去虞微	遇合三 上虞清
万宁 龙滚	hou^{31}	dʑi^{21}	p^{h}u^{31}	p^{h}u^{42}	ɓɛ^{42} 训读（爸）	bu^{31}	mu^{31}	ɕi^{31}
万宁 山根	hau^{32}	dʑi^{22}	p^{h}u^{32}	p^{h}u^{41}	ɓE^{41} 训读（爸）	bu^{32}	mu^{32}	ɕi^{32}
万宁 万城	hau^{31}	dzu^{22}	p^{h}u^{31}	p^{h}u^{42}	ɓE^{42} 训读（爸）	bu^{31}	mu^{31}	ɕi^{31}
陵水 光坡	hau^{31}	dʑi^{21}	p^{h}u^{31}	p^{h}u^{43}	ɓE^{43} 训读（爸）	bu^{31}	mu^{31}	ɕi^{31}
陵水 椰林	ɦu^{41} hau^{41} 姓名	dʑi^{21}	p^{h}u^{41}	p^{h}u^{31}	ɓɛ^{31} 训读（爸）	bu^{41}	mu^{41}	ɕi^{41}
陵水 英州	ɦo^{31} hau^{31} 姓名	dʑi^{21}	p^{h}u^{31}	p^{h}u^{43}	ɓɛ^{43} 训读（爸）	bu^{31}	mu^{43}	ɕi^{31}

	0105柱	0106住	0107数 动	0108数 名	0109主	0110输	0111竖	0112树
	遇合三 上虞澄	遇合三 去虞澄	遇合三 上虞生	遇合三 去虞生	遇合三 上虞章	遇合三 平虞书	遇合三 上虞禅	遇合三 去虞禅
万宁 龙滚	hiau^{42}	hia^{42}	tiau^{312}	tiau^{312}	tu^{31}	tu^{23}	hia^{23}	ɕiu^{23}
万宁 山根	t^{h}iau^{41}	hia^{41}	tiau^{212}	tiau^{212}	tu^{32}	tu^{24} ~赢 dʑi^{212} 运~	hia^{24}	ɕiu^{24}
万宁 万城	hiau^{42}	hia^{42}	tθiau^{212}	tθiau^{212}	tu^{31}	θu^{33}	su^{454}	ɕiu^{33}
陵水 光坡	hiau^{43}	hia^{43}	tiau^{34}	tiau^{34}	tu^{31}	tu^{33} ~赢 dʑi^{34} 运~	su^{454}	ɕiu^{33}
陵水 椰林	hiau^{31}	hia^{31}	tiau^{13}	tiau^{13}	tu^{41}	tu^{22} ~赢 dʑi^{13} 运~	su^{453}	ɕiu^{22}
陵水 英州	hiau^{43}	hia^{43}	tiau^{213}	tiau^{213}	tu^{31}	tu^{22}	ɗik^{3} 训读（直）	ɕiu^{22}

	0113句	0114区 地~	0115遇	0116雨	0117芋	0118裕	0119胎	0120台 戏~
	遇合三去虞见	遇合三平虞溪	遇合三去虞疑	遇合三上虞云	遇合三去虞云	遇合三去虞以	蟹开一平咍透	蟹开一平咍定
万宁龙滚	ku³¹²	hi²³	dʑi⁴²	ɦou⁴²	ʔou²³	zui⁴²	hai²³	hai²¹
万宁山根	ku²¹²	hi²⁴	dʑi⁴¹	ɦau⁴¹	ʔau²⁴	zui⁴¹	tʰai²⁴	tʰai²²
万宁万城	ku²¹²	hi³³	dʑi⁴²	ɦau⁴²	ʔau³³	dui⁴²	hai³³	hai²²
陵水光坡	ku³⁴	hi³³	dʑi⁴³	ɦau⁴³	ʔau³³	zui⁴³	tʰai³³	tʰai²¹
陵水椰林	ku¹³	hi²²	dʑi³¹	ɦau³¹	ʔau²² 白 ɦi⁴⁵³ 文	zui³¹	hai²²	hai²¹
陵水英州	ku²¹³	hi²²	dʑi⁴³	ɦau⁴³	ʔau²²	zui⁴³	hai²²	hai²¹

	0121袋	0122来	0123菜	0124财	0125该	0126改	0127开	0128海
	蟹开一去咍定	蟹开一平咍来	蟹开一去咍清	蟹开一平咍从	蟹开一平咍见	蟹开一上咍见	蟹开一平咍溪	蟹开一上咍晓
万宁龙滚	（无）	lai²¹	sai³¹²	sai²¹	kai²³	koi³¹	hui²³	ɦai³¹
万宁山根	ɗᴇ²⁴	lai²²	sai²¹²	sai²²	kai²⁴	koi³²	hui²⁴	ɦai³²
万宁万城	ɗᴇ³³	lai²²	sai²¹²	sai²²	kai³³	koe³¹	hui³³	ɦai³¹
陵水光坡	ɗoŋ³³ 训读（未明）	lai²¹	sai³⁴	sai²¹	kai³³	koi³¹	hui³³	ɦai³¹
陵水椰林	ɗe²²	lai²¹	sai¹³	sai²¹	kai²²	koi⁴¹	hui²²	ɦai⁴¹
陵水英州	ɗe²²	lai²¹	sai²¹³	sai²¹	kai²²	koi³¹	hui²²	ɦai³¹

	0129爱	0130贝	0131带动	0132盖动	0133害	0134拜	0135排	0136埋
	蟹开一 去咍影	蟹开一 去泰帮	蟹开一 去泰端	蟹开一 去泰见	蟹开一 去泰匣	蟹开二 去皆帮	蟹开二 平皆並	蟹开二 平皆明
万宁 龙滚	ʔai^{312}	ɓiɛ^{312} ɓui^{454} 又读	ɗua^{312}	kai^{312} hoŋ^{454} 训读 ([illegible])	ɦai^{42}	ɓai^{312}	ɓai^{21}	ɗai^{21} 训读(坮)
万宁 山根	ʔai^{212}	ɓuɛ^{212} ɓui^{354} 又读	ɗua^{212}	kai^{212}	ɦai^{41}	ɓai^{212}	ɓai^{22}	ɗai^{22} 训读(坮)
万宁 万城	ʔai^{212}	ɓuɛ^{212} ɓui^{454} 又读	ɗua^{212}	kai^{212}	ɦai^{42}	ɓai^{212}	ɓai^{22}	ɗai^{22} 训读(坮)
陵水 光坡	ʔai^{34}	ɓoi^{34}	ɗua^{34}	kua^{34}	ɦai^{43}	ma^{33} ~年 ɓai^{34} 结~	ɓai^{21}	ɗai^{21} 训读(坮)
陵水 椰林	ʔai^{13}	ɓui^{13}	ɗua^{13}	kai^{13}	ɦai^{31}	ɓai^{13}	ɓai^{21}	ɗai^{21} 训读(坮)
陵水 英州	ʔai^{213}	ɓoi^{213}	ɗua^{213}	kua^{213}	ɦai^{43}	ɓai^{213}	ɓai^{21}	ɗai^{21} 训读(坮)

	0137戒	0138摆	0139派	0140牌	0141买	0142卖	0143柴	0144晒
	蟹开二 去皆见	蟹开二 上佳帮	蟹开二 去佳滂	蟹开二 平佳並	蟹开二 上佳明	蟹开二 去佳明	蟹开二 平佳崇	蟹开二 去佳生
万宁 龙滚	kɛ^{454} 白 kai^{312} 文	ɓai^{21}	pʰai^{312}	ɓai^{21}	boi^{31}	boi^{23}	sa^{21}	pʰak^{3} 训读(曝)
万宁 山根	kᴇ^{354} 白 kai^{212} 文	ɓai^{22}	pʰai^{212}	ɓai^{22}	boi^{32}	boi^{24}	sa^{22}	pʰak^{4} 训读(曝) sai^{354}
万宁 万城	kai^{212}	ɓai^{22}	pʰai^{212}	ɓai^{22}	boe^{31}	boe^{33}	sa^{22}	pʰak$^{\underline{32}}$ 训读(曝)
陵水 光坡	kᴇ^{454} 白 kai^{34} 文	ɓai^{21}	pʰai^{34}	ɓai^{21}	boi^{31}	boi^{33}	sa^{21} ~火 kuat$^{\underline{45}}$ 火~	pʰak^{3} 训读(曝)
陵水 椰林	kai^{13}	ɓa^{31}	pʰai^{13}	ɓai^{21}	boi^{41}	boi^{22}	sa^{21}	pʰak$^{\underline{42}}$ 训读(曝)
陵水 英州	kɛ^{454}	ɓai^{21}	pʰai^{213}	ɓai^{21}	boi^{31}	boi^{22}	sa^{21}	pʰak^{3} 训读(曝)

	0145街	0146解~开~	0147鞋	0148蟹	0149矮	0150败	0151币	0152制~造~
	蟹开二平佳见	蟹开二上佳见	蟹开二平佳匣	蟹开二上佳匣	蟹开二上佳影	蟹开二去夬並	蟹开三去祭並	蟹开三去祭章
万宁龙滚	koi²³	koi³¹	ʔoi²¹	ɦoi⁴²	ʔoi³¹	ɓai⁴²	ɓi⁴⁵⁴	tɕi³¹²
万宁山根	koi²⁴	koi³²	ʔoi²²	ɦoi⁴¹	ʔoi³²	ɓai⁴¹	ɓi³⁵⁴	tɕi²¹²
万宁万城	koe³³	koe³¹	ʔoe²²	ɦoe⁴²	ʔoe³¹	ɓai⁴²	ɓi⁴⁵⁴	tɕi²¹²
陵水光坡	koi³³	koi³¹	ʔoi²¹	ɦoi⁴³	ʔoi³¹	ɓai⁴³	ɓi⁴⁵⁴	tɕi³⁴
陵水椰林	koi²²	koi⁴¹	ʔoi²¹	ɦoi³¹	ʔoi⁴¹	ɓai³¹	ɓi⁴⁵³	tɕi¹³
陵水英州	koi²²	koi³¹	ʔoi²¹	ɦoi⁴³	ʔoi³¹	ɓai⁴³	ɓi⁴⁵⁴	tɕi²¹³

	0153世	0154艺	0155米	0156低	0157梯	0158剃	0159弟	0160递
	蟹开三去祭书	蟹开三去祭疑	蟹开四上齐明	蟹开四平齐端	蟹开四平齐透	蟹开四去齐透	蟹开四上齐定	蟹开四去齐定
万宁龙滚	ti³¹²	ŋi⁴⁵⁴	bi³¹	ɗoi²³	hui²³	ka²³	ɗi⁴²	ɗoi⁴²
万宁山根	ti²¹²	ŋi³⁵⁴	bi³²	ɗoi²⁴	tʰui²⁴	tʰi³⁵⁴	ɗi⁴¹	ɗoi⁴¹
万宁万城	tθi²¹²	ni⁴⁵⁴	bi³¹	ɗoe³³	hui³³	hi⁴⁵⁴	ɗi⁴²	ɗoe⁴²
陵水光坡	ti³⁴	ŋi⁴⁵⁴	bi³¹	ɗoi³³	tʰui³³	tʰi⁴⁵⁴	ɗi⁴³	ɗi⁴³
陵水椰林	ti¹³	ŋi⁴⁵³	bi⁴¹	ɗoi²²	hui²²	hi⁴⁵³	ɗi³¹	ɗi³¹
陵水英州	ti²¹³	ŋi⁴⁵⁴	bi³¹	ɗoi²²	hui²²	tʰi⁴⁵⁴	ɗi⁴³	ɗi⁴³

	0161泥	0162犁	0163西	0164洗	0165鸡	0166溪	0167契	0168系联~
	蟹开四 平齐泥	蟹开四 平齐来	蟹开四 平齐心	蟹开四 上齐心	蟹开四 平齐见	蟹开四 平齐溪	蟹开四 去齐溪	蟹开四 去齐匣
万宁 龙滚	ɗoŋ^{42} 训读（未明） ni^{21}	loi^{21}	tai^{23}	toi^{31}	koi^{23}	hoi^{23}	hoi^{312}	ŋi^{42}
万宁 山根	ni^{22}	loi^{22}	tai^{24}	toi^{32}	koi^{24}	hoi^{24}	hoi^{212}	ŋi^{354} ~鞋带 ŋi^{41} 联~
万宁 万城	ni^{22}	loe^{22}	θai^{33}	θoe^{31}	koe^{33}	hoe^{33}	hoe^{212}	ŋi^{454}
陵水 光坡	ni^{21}	loi^{21}	tai^{33}	toi^{31}	koi^{33}	hoi^{33}	hoi^{34}	ŋi^{454} 中文~ ŋi^{43} 联~
陵水 椰林	ni^{21}	loi^{21}	tai^{22}	toi^{41}	koi^{22}	hoi^{22}	hoi^{13}	ɦi^{453} ~鞋带 ŋi^{453} 联~
陵水 英州	ni^{21}	loi^{21}	tai^{22}	toi^{31}	koi^{22}	hoi^{22}	（无）	ŋi^{454}

	0169杯	0170配	0171赔	0172背~诵	0173煤	0174妹	0175对	0176雷
	蟹合一 平灰帮	蟹合一 去灰滂	蟹合一 平灰並	蟹合一 去灰並	蟹合一 平灰明	蟹合一 去灰明	蟹合一 去灰端	蟹合一 平灰来
万宁 龙滚	ɓui^{23} tɕiaŋ^{23} 训读（盅）	p^{h}ui^{23}	ɓiɛ^{21}	ɓiɛ^{312}	biɛ^{21}	miɛ^{23}	ɗio^{42}	lui^{21}
万宁 山根	ɓui^{24}	p^{h}uɛ^{24}	ɓuɛ^{22}	ɓuɛ^{212}	buɛ^{22}	muɛ^{24}	ɗui^{354} ɗui^{212} 又读	lui^{22}
万宁 万城	ɓui^{33}	p^{h}uɛ^{212}	ɓuɛ^{22}	ɓuɛ^{212}	buɛ^{22}	muɛ^{33}	ɗio^{31}	lui^{22}
陵水 光坡	ɓui^{33}	p^{h}ui^{34}	ɓoi^{21}	ɓoi^{34}	boi^{21}	moi^{33} 背称 moi^{454} 面称	ɗio^{43} ~错 ɗui^{34} ~面	lui^{21}
陵水 椰林	ɓui^{22}	p^{h}ui^{13}	ɓoi^{21}	ɓoi^{13}	boi^{21}	moi^{22}	ɗui^{13}	lui^{21}
陵水 英州	ɓui^{22}	p^{h}ui^{213}	ɓoi^{21}	ɓoi^{213}	boi^{21}	moi^{22}	ɗui^{213}	lui^{21}

	0177罪	0178碎	0179灰	0180回	0181外	0182会开~	0183怪	0184块
	蟹合一上灰从	蟹合一去灰心	蟹合一平灰晓	蟹合一平灰匣	蟹合一去泰疑	蟹合一去泰匣	蟹合二去皆见	蟹合一去皆溪
万宁龙滚	tui⁴²	sui⁴⁵⁴	ɦui²³	ɗui³¹ 训读（转）	gua²³	ɦui⁴²	kuai³¹²	huai³¹²
万宁山根	tui⁴¹	sui³⁵⁴	ɦui²⁴	ɗui³² 训读（转）	gua²⁴	ɦui⁴¹	kuai²¹²	huai²¹²
万宁万城	tui⁴²	tui²¹²	ɦui³³	ɗui³¹ 训读（转）	gua²²	ɦui⁴²	kuai²¹²	huai²¹²
陵水光坡	tui⁴³	sui⁴⁵⁴	ɦui³³ ~色 ɦoi³³ 白~	ɗui³¹ 训读（转）	ɦua²¹	ɦui⁴³	kuai³⁴	huai³⁴ huai³⁴
陵水椰林	tui³¹	sui⁴⁵³	ɦui²² ɦui³¹ 又读 ɦu²² 草木~	ɗui⁴¹ 训读（转）	gua²¹	ɦui³¹	kuai¹³	huai¹³
陵水英州	tui⁴³	sui⁴⁵⁴	ɦui²² ɦu²² 草木~	ɗui³¹ 训读（转）	gua²¹	ɦui⁴³	kuai²¹³	huai²¹³

	0185怀	0186坏	0187拐	0188挂	0189歪	0190画	0191快	0192话
	蟹合二平皆匣	蟹合二去皆匣	蟹合二上佳见	蟹合二去佳见	蟹合二平佳晓	蟹合二去佳匣	蟹合二去夬溪	蟹合二去夬匣
万宁龙滚	ɦuai²¹	ɦuai²³	（无）	kua³¹²	sua³¹	ɦiɛ²³	hiɛ³¹²	ɦiɛ²³
万宁山根	ɦuai²²	ɦuai²⁴	（无）	kua²¹²	ʔuai²² sua⁴¹	ɦuɛ²⁴	huɛ²¹²	ɦuɛ²⁴
万宁万城	ɦuai²²	ɦuai³³	kuai⁴²	kua²¹²	sua³¹	ʔuɛ³³	huɛ²¹²	ʔuɛ³³
陵水光坡	ɦuai²¹	ɦuai³³	（无）	kua³⁴	sua³¹	ʔoi³³	hoi³⁴ ~慢 huai³⁴ ~乐	ʔoi³³
陵水椰林	ɦuai²¹	ɦuai²²	（无）	kua¹³	sua⁴¹	ʔoi²²	hoi¹³	ʔoi²²
陵水英州	ɦuai²¹	ɦuai²²	（无）	kua²¹³	sua³¹	ʔoi²²	hoi²¹³	ʔoi²²

	0193岁 蟹合三 去祭心	0194卫 蟹合三 去祭云	0195肺 蟹合三 去废敷	0196桂 蟹合四 去齐见	0197碑 止开三 平支帮	0198皮 止开三 平支並	0199被～子 止开三 上支並	0200紫 止开三 上支精
万宁龙滚	ɦiɛ^{312}	ʔui^{31}	ɦui^{312}	kui^{454}	ɓui^{23}	p^{h}iɛ^{21}	p^{h}iɛ^{42}	tɕi^{31}
万宁山根	ɦuɛ^{212}	ʔui^{32}	ɦui^{212}	kui^{212}	ɓui^{24}	p^{h}uɛ^{22}	p^{h}uɛ^{41}	su^{32}
万宁万城	ɦuɛ^{212}	ʔui^{454}	ɦui^{212}	kui^{212}	ɓui^{33}	p^{h}uɛ^{22}	p^{h}uɛ^{42}	su^{22}
陵水光坡	ɦoi^{34}	ʔui^{454}	ɦui^{34}	kui^{34}	ɓui^{33}	p^{h}oi^{21}	p^{h}oi^{43}	tɕi^{31}
陵水椰林	ɦoi^{13}	ʔui^{453}	ɦui^{13}	kui^{13}	ɓui^{22}	p^{h}oi^{21}	p^{h}oi^{31}	tɕi^{41}
陵水英州	ɦoi^{213}	ʔui^{454}	ɦui^{213}	kui^{213}	ɓui^{22}	p^{h}oi^{21}	p^{h}oi^{43}	tɕi^{31}

	0201刺 止开三 去支清	0202知 止开三 平支知	0203池 止开三 平支澄	0204纸 止开三 上支章	0205儿 止开三 平支日	0206寄 止开三 去支见	0207骑 止开三 平支群	0208蚁 止开三 上支疑
万宁龙滚	ɕi^{312}	tai^{23}	ɕi^{21}	tua^{31}	lu^{21}	kia^{312}	hia^{21}	ɦia^{42}
万宁山根	ɕek^{5} sok^{5} 又读	tai^{24} 白 tɕi^{24} 文	ɕi^{22}	tua^{32}	lu^{22}	kia^{212}	hia^{22}	ŋi^{354}
万宁万城	ɕiek^{45}	tai^{33} 白 tɕi^{33} 文	ɕi^{22}	tua^{31}	lu^{22}	kia^{212}	hia^{22}	ni^{454}
陵水光坡	ɕi^{34} 鱼～ ɕit^{45} ～刀 ɕia^{454} 又读	tai^{33} 白 tɕi^{34} 文	ɕi^{21}	tua^{31}	lu^{21}	kia^{34}	hia^{21}	ɦia^{43} 白 ŋi^{454} 文
陵水椰林	ɕi^{13} 鱼～ ɕia^{453} ～刀	tai^{22} 白 tɕi^{13} 文	ɕi^{21}	tua^{41}	lu^{21}	kia^{13}	hia^{21}	ɦia^{31}
陵水英州	ɕi^{213} 鱼～ ɕia^{454} ～刀	tai^{22}	ɕi^{21}	tua^{31}	lu^{21}	kia^{213}	hia^{21}	ɦia^{43}

	0209义 止开三 去支疑	0210戏 止开三 去支晓	0211移 止开三 平支以	0212比 止开三 上脂帮	0213屁 止开三 去脂滂	0214鼻 止开三 去脂並	0215眉 止开三 平脂明	0216地 止开三 去脂定
万宁龙滚	ŋi^{42}	ɦi^{312}	tua^{31} 训读（驮）	ɓi^{31}	p^{h}ui^{312}	p^{h}i^{23}	bai^{21}	ɗi^{42}
万宁山根	ŋi^{41}	ɦi^{212}	tua^{32} 训读（驮）	ɓi^{32}	p^{h}i^{354}	p^{h}i^{24}	bai^{22}	ɗi^{41}
万宁万城	ni^{42}	ɦi^{212}	θua^{31} 训读（驮）	ɓi^{31}	p^{h}ui^{212}	p^{h}i^{33}	bai^{22}	ɗi^{42}
陵水光坡	ŋi^{43} ŋi^{454} 人名	ɦi^{34}	tua^{31} 训读（驮）	ɓi^{31}	p^{h}ui^{34}	p^{h}i^{33}	bai^{21}	ɗi^{43}
陵水椰林	ŋi^{31}	ɦi^{13}	tua^{41} 训读（驮）	ɓi^{41}	p^{h}ui^{13}	p^{h}i^{22}	bai^{21}	ɗi^{31}
陵水英州	ŋi^{43}	ɦi^{213}	tua^{31} 训读（驮）	ɓi^{31}	p^{h}ui^{213}	p^{h}i^{22}	bai^{21}	ɗi^{43}

	0217梨	0218资	0219死	0220四	0221迟	0222师	0223指	0224二
	止开三 平脂来	止开三 平脂精	止开三 上脂心	止开三 去脂心	止开三 平脂澄	止开三 平脂生	止开三 上脂章	止开三 去脂日
万宁 龙滚	li^{21}	su^{23}	ti^{31}	ti^{312}	ɗi^{21}	su^{23}	tɕi^{31}	nɔ^{42} 一~三，训读（两） dʑi^{23} 三十~
万宁 山根	li^{354}	su^{24}	ti^{32}	ti^{212}	ɗi^{22}	su^{24}	tɕi^{32}	nɔ^{41} 一~三，训读（两） dʑi^{24} 三十~
万宁 万城	li^{33}	su^{33}	tθi^{31}	tθi^{212}	ɗi^{22}	ɕi^{33}	tɕi^{31}	no^{42} 一~三，训读（两） dʑi^{33} 三十~
陵水 光坡	li^{33}	ɕi^{33}	ti^{31}	ti^{34}	ɗi^{21}	ɕi^{33}	tɕi^{31}	no^{432} 一~三，训读（两） dʑi^{33} 三十~
陵水 椰林	li^{22}	ɕi^{22}	ti^{41}	ti^{13}	ɗi^{21}	ɕi^{22}	tɕi^{41}	no^{312} 一~三，训读（两） dʑi^{22} 三十~
陵水 英州	li^{22}	ɕi^{22}	ti^{31}	ti^{213}	ɗi^{21}	ɕi^{22}	tɕi^{31}	no^{432} 一~三，训读（两） dʑi^{22} 三十~

	0225饥 ~饿	0226器	0227姨	0228李	0229子	0230字	0231丝	0232祠
	止开三 平脂见	止开三 去脂溪	止开三 平脂以	止开三 上之来	止开三 上之精	止开三 去之从	止开三 平之心	止开三 平之邪
万宁 龙滚	ki^{23}	hi^{312}	ʔi^{454}	li^{31}	tɕi^{31}	tu^{23} 训读（书）	ti^{23}	su^{23}
万宁 山根	ki^{24}	hi^{212}	ʔi^{22}	li^{32}	tɕi^{32}	tu^{24} 训读（书）	ti^{24}	su^{22}
万宁 万城	ki^{33}	hi^{212}	ʔi^{454}	li^{31}	tɕi^{31}	tu^{33} 训读（书）	tθi^{33}	θu^{22}
陵水 光坡	ki^{33}	hi^{34}	ʔi^{21}	li^{31}	tɕi^{31}	tu^{33} 训读（书）	ti^{33}	ɕi^{21}
陵水 椰林	ki^{22}	hi^{13}	ɦi^{453} ʔi^{21} 又读	li^{41}	tɕi^{41} kia^{41} 训读（囝）	tu^{22} 训读（书）	ti^{22}	ɕi^{21}
陵水 英州	ki^{22}	hi^{213}	ʔi^{21}	li^{31}	kia^{31} 训读（囝）	tu^{22} 训读（书）	ti^{22}	ɕi^{21}

	0233寺	0234治	0235柿	0236事	0237使	0238试	0239时	0240市
	止开三 去之邪	止开三 去之澄	止开三 上之崇	止开三 去之崇	止开三 上之生	止开三 去之书	止开三 平之禅	止开三 上之禅
万宁 龙滚	ɓio³¹²	tɕi⁴²	ɕi⁴⁵⁴	su⁴²	tai³¹ 白 su³¹² 文	ɕi³¹²	ti²¹	ɕi⁴²
万宁 山根	ti⁴¹	tɕi⁴¹	ɕi⁴¹	su⁴¹	tai³² 白 su²¹² 文	ɕi²¹²	ti²²	ɕi⁴¹
万宁 万城	ɕi²²	tɕi⁴²	ɕi⁴⁵⁴	ɕi⁴²	θai³¹	ɕi²¹²	ti²²	ɕi⁴²
陵水 光坡	ɕi²¹	tɕi⁴³	ɕi³⁴	ɕi⁴³	tai³¹	ɕi³⁴	ti²¹	ɕi⁴³
陵水 椰林	ɕi²¹	tɕi³¹	ɕi¹³	ɕi³¹	tai⁴¹	ɕi¹³	ti²¹	ɕi³¹
陵水 英州	ɕi⁴⁵⁴	tɕi⁴³	ɕi⁴³	ɕi⁴³	tai³¹	ɕi²¹³	ti²¹	ɕi⁴³

	0241耳	0242记	0243棋	0244喜	0245意	0246几~个	0247气	0248希
	止开三 上之日	止开三 去之见	止开三 平之群	止开三 上之晓	止开三 去之影	止开三 上微见	止开三 去微溪	止开三 平微晓
万宁 龙滚	ɦi⁴²	ki³¹²	ki²¹	ɦi³¹	ʔi³¹²	kui³¹	hui³¹²	ɦi²³
万宁 山根	ɦi⁴¹	ki²¹²	ki²²	ɦi³²	ʔi²¹²	kui³²	hui²¹²	ɦi²⁴
万宁 万城	ɦi⁴²	ki²¹²	ki²²	ɦi³¹	ʔi²¹²	kui³¹	hui²¹² 空~ hi²¹² ~人	ɦi³³
陵水 光坡	ɦi⁴³	ki³⁴	ki²¹	ɦi³¹	ʔi³⁴	kui³¹	hui³⁴	ɦi³³
陵水 椰林	ɦi³¹	ki¹³	ki²¹	ɦi⁴¹	ʔi¹³ ~思 ɦi⁴⁵³ ~大利	kui⁴¹	hui¹³ 空~ hi¹³ ~人	ɦi²²
陵水 英州	ɦi⁴³	ki²¹³	ki²¹	ɦi³¹	ʔi²¹³	kui³¹	hui²¹³	ɦi²²

	0249衣	0250嘴	0251随	0252吹	0253垂	0254规	0255亏	0256跪
	止开三 平微影	止合三 上支精	止合三 平支邪	止合三 平支昌	止合三 平支禅	止合三 平支见	止合三 平支溪	止合三 上支群
万宁 龙滚	ta²³ 训读（衫）	sui³¹² 训读（喙）	sui²¹	sui²³	sui²¹	kui²³	hui²³	kui⁴²
万宁 山根	ta²⁴ 训读（衫）	sui²¹² 训读（喙）	sui²²	sui²⁴	sui²²	kui²⁴	hui²⁴	kui⁴¹
万宁 万城	θa³³ 训读（衫）	sui²¹² 训读（喙）	sui²²	sui³³	sui²²	kui³³	hui³³	kui⁴²
陵水 光坡	ta³³ 训读（衫）	sui³⁴ 训读（喙）	sui²¹	sui³³	sui²¹	kui³³	hui³³	kui⁴³
陵水 椰林	ta²² 训读（衫）	sui¹³ 训读（喙）	sui²¹	sui²²	sui²¹	kui²²	hui²²	kui³¹
陵水 英州	ta²² 训读（衫）	sui²¹³ 训读（喙）	sui²¹	sui²²	sui²¹	kui²²	hui²²	kui⁴³

	0257危 止合三 平支疑	0258类 止合三 去脂来	0259醉 止合三 去脂精	0260追 止合三 平脂知	0261锤 止合三 平脂澄	0262水 止合三 上脂书	0263龟 止合三 平脂见	0264季 止合三 去脂见
万宁龙滚	mui^{21}	lui^{42}	tui^{312}	tui^{23}	hui^{21}	tui^{31}	ku^{23}	kui^{312}
万宁山根	mui^{22}	lui^{41}	tui^{212}	tui^{24}	t^{h}ui^{22}	tui^{32}	ku^{24}	kui^{212}
万宁万城	mui^{22}	lui^{42}	tui^{212}	tui^{33}	hui^{22}	tui^{31}	ku^{33}	kui^{212}
陵水光坡	ɦui^{21}	lui^{43}	tui^{34}	tsui^{33}	sui^{21}	tui^{31}	ku^{33}	kui^{34}
陵水椰林	ɦui^{21}	lui^{31}	tui^{13}	tsui^{22}	hui^{21}	tui^{41}	ku^{22}	kui^{13}
陵水英州	mui^{21}	lui^{43}	tui^{213}	tsui^{22}	hui^{21}	tui^{31}	ku^{22}	kui^{213}

	0265柜 止合三 去脂群	0266位 止合三 去脂云	0267飞 止合三 平微非	0268费 止合三 去微敷	0269肥 止合三 平微奉	0270尾 止合三 上微微	0271味 止合三 去微微	0272鬼 止合三 上微见
万宁龙滚	kui^{42}	ʔui^{31}	ɓiɛ^{23}	p^{h}ui^{312}	ɓui^{21}	biɛ^{31}	bi^{23}	kui^{31}
万宁山根	kui^{41}	ʔui^{32}	ɓuɛ^{24}	p^{h}ui^{212}	ɓui^{22}	buɛ^{32}	bi^{24}	kui^{32}
万宁万城	kui^{42}	ʔui^{42}	ɓuɛ^{33}	p^{h}ui^{212}	ɓui^{22}	buɛ^{31}	bi^{33}	kui^{31}
陵水光坡	kui^{43}	ʔui^{43}	ɓoi^{33}	p^{h}ui^{34}	ɓui^{21}	boi^{31}	bi^{33}	kui^{31}
陵水椰林	kui^{31}	ʔui^{31}	ɓoi^{22}	p^{h}ui^{13}	ɓui^{21}	boi^{41}	bi^{22}	kui^{41}
陵水英州	kui^{43}	ʔui^{43}	ɓoi^{22}	p^{h}ui^{213}	ɓui^{21}	boi^{31}	bi^{22}	kui^{31}

	0273贵 止合三 去微见	0274围 止合三 平微云	0275胃 止合三 去微云	0276宝 效开一 上豪帮	0277抱 效开一 上豪並	0278毛 效开一 平豪明	0279帽 效开一 去豪明	0280刀 效开一 平豪端
万宁龙滚	kui^{312}	ʔui^{21}	ʔui^{31}	ɓɔ^{31}	ɓau^{42} ɓoŋ^{42} 训读（未明）	mɔ^{21}	mau^{312}	ɗɔ^{23}
万宁山根	kui^{212}	ʔui^{22}	ʔui^{32}	ɓɔ^{32}	ɓau^{24} ɓoŋ^{41} 训读（未明）	mɔ^{22}	mau^{212}	ɗɔ^{24}
万宁万城	kui^{212}	ʔui^{22}	ʔui^{42}	ɓo^{31}	ɓau^{33}	mo^{22}	mau^{212}	ɗo^{33}
陵水光坡	kui^{34}	ʔui^{21}	ʔui^{43}	ɓo^{31}	ɓau^{33}	mo^{21}	mau^{454}	ɗo^{33}
陵水椰林	kui^{13}	ʔui^{21}	ʔui^{31}	ɓo^{41}	ɓau^{22}	mo^{21} 白 mau^{21} 文	mau^{453}	ɗo^{22}
陵水英州	kui^{213}	ʔui^{21}	ʔui^{43}	ɓo^{31}	ɓau^{22}	mo^{21} 白 mau^{21} 文	mau^{454}	ɗo^{22}

	0281讨	0282桃	0283道	0284脑	0285老	0286早	0287灶	0288草
	效开一 上豪透	效开一 平豪定	效开一 上豪定	效开一 上豪泥	效开一 上豪来	效开一 上豪精	效开一 去豪精	效开一 上豪清
万宁 龙滚	hɔ^{31}	hau^{21}	ɗau^{42}	nau^{31}	lau^{42}	ta^{31}	tau^{312}	sau^{31}
万宁 山根	tʰɔ^{32}白 tʰau^{22}文	tʰɔ^{22}	ɗau^{41}	nau^{32}	lau^{41}	ta^{32}	tau^{212}	sau^{32}
万宁 万城	ho^{31}	ho^{22}	ɗau^{42}	nau^{31}	lau^{42}	ta^{31}	tau^{212}	sau^{31}
陵水 光坡	tʰo^{31}	tʰo^{21}	ɗau^{43}	nau^{31}	lau^{43}	ta^{31}	tau^{34}	sau^{31}
陵水 椰林	ho^{41}	ho^{21}	ɗau^{31}	nau^{41}	lau^{31}	ta^{41}	tau^{13}	sau^{41}
陵水 英州	ho^{31}	ho^{21}	ɗau^{43}	nau^{31}	lau^{43}	ta^{31}	tau^{213}	sau^{31}

	0289糙	0290造	0291嫂	0292高	0293靠	0294熬	0295好~坏	0296号名
	效开一 去豪清	效开一 上豪从	效开一 上豪心	效开一 平豪见	效开一 去豪溪	效开一 平豪疑	效开一 上豪晓	效开一 去豪匣
万宁 龙滚	（无）	tau^{42}	tɔ^{31}	kuai^{21}训读（悬）	hau^{454}	（无）	ɦɔ^{31}	ɦɔ^{23}
万宁 山根	tau^{354}	tau^{41}	tɔ^{32}	kuai^{22}训读（悬）	hau^{354}	ŋau^{22}	ɦɔ^{32}	ɦɔ^{24}白 ɦau^{22}文
万宁 万城	tau^{454}	tau^{42}	θo^{31}	kuai^{22}训读（悬）	hau^{454}	ʔau^{22}	ɦo^{31}	ɦo^{33}
陵水 光坡	tau^{454}	tau^{43}	to^{31}	kuai^{21}训读（悬）	hau^{454}	ʔau^{21}	ɦo^{31}	ɦo^{33}
陵水 椰林	tau^{453}	tau^{31}	to^{41}	kuai^{21}训读（悬）	hau^{453}	ʔau^{21}	ɦo^{41}	ɦo^{22}
陵水 英州	（无）	tau^{43}	to^{31}	kuai^{21}训读（悬）	hau^{454}	ʔau^{21}	ɦo^{31}	ɦo^{22}

	0297包	0298饱	0299炮	0300猫	0301闹	0302罩	0303抓 用手~牌	0304找 ~零钱
	效开二 平肴帮	效开二 上肴帮	效开二 去肴滂	效开二 平肴明	效开二 去肴泥	效开二 去肴知	效开二 平肴庄	效开二 上肴庄
万宁 龙滚	ɓau^{23}	ɓa^{31}	pʰau^{312}	ba^{21}	nau^{312}	hok^{5} ta^{312}	lia^{31}	hen^{23}
万宁 山根	ɓau^{24}	ɓa^{32}	pʰau^{212}	ba^{22}	nau^{212}	tɕiau^{354} hoŋ^{212}	tua^{24}	tɕiau^{32}
万宁 万城	bau^{33}	ɓa^{31}	pʰau^{212}	ba^{22}	nau^{212}	lak$^{\underline{45}}$ hok$^{\underline{45}}$ hak$^{\underline{45}}$	tua^{33}	tɕiau^{31}
陵水 光坡	ɓau^{33}	ɓa^{31}	pʰau^{34}	ba^{21}	nau^{34}	lat$^{\underline{45}}$	tsua^{33}	tɕiau^{31}
陵水 椰林	ɓau^{22}	ɓa^{41}	pʰau^{13}	ba^{21}	nau^{13}	lap^{5} tsau^{453}	tsua^{22}	tɕiau^{41}
陵水 英州	ɓau^{22}	ɓa^{31}	pʰau^{213}	ba^{21}	nau^{43} nau^{213}	hop^{3} lap^{5}	tsua^{22}	tɕiau^{31}

	0305抄	0306交	0307敲	0308孝	0309校 学～	0310表 手～	0311票	0312庙
	效开二 平肴初	效开二 平肴见	效开二 平肴溪	效开二 去肴晓	效开二 去肴匣	效开三 上宵帮	效开三 去宵滂	效开三 去宵明
万宁 龙滚	sau^{23}	kiau^{23}	ha^{312}	ɦiau^{312}	ɦiau^{42}	ɓio^{31}白 ɓiau^{31}文	pʰio^{312}	bio^{23}
万宁 山根	sau^{24}	kiau^{24}	hau^{24}	ɦiau^{354}	ɦiau^{41}	ɓio^{32}白 ɓiau^{32}文	pʰio^{212}	bio^{24}
万宁 万城	sau^{33}	kiau^{33}	ha^{212}	ɦiau^{212}	ɦiau^{42}	ɓio^{31}白 ɓiau^{31}文	pʰio^{212}	bio^{33}
陵水 光坡	sau^{33}	kiau^{33}	çiau^{33}	ɦiau^{34}	ɦiau^{43}	ɓio^{31}白 ɓiau^{31}文	pʰio^{34}	bio^{33}
陵水 椰林	sau^{22}	kiau^{22}	çiau^{22}	ɦiau^{13}	ɦiau^{31}	ɓio^{41}白 ɓiau^{41}文	pʰio^{13}	bio^{22}
陵水 英州	sau^{22}	kiau^{22}	（无）	ɦiau^{213}	ɦiau^{43}	ɓio^{31}白 ɓiau^{31}文	pʰio^{213}	bio^{22}

	0313焦	0314小	0315笑	0316朝 ～代	0317照	0318烧	0319绕 ～线	0320桥
	效开三 平宵精	效开三 上宵心	效开三 去宵心	效开三 平宵澄	效开三 去宵章	效开三 平宵书	效开三 去宵日	效开三 平宵群
万宁 龙滚	（无）	niau^{454}训读（拏） toi^{312}	çio^{312}	çiau^{21}	tçio^{312}白 tçiau^{312}文	tio^{23}	（无）	kio^{21}
万宁 山根	tçiau^{24}	niau^{354}训读（拏）	çio^{212}	çiau^{22}	tçio^{212}白 tçiau^{212}文	tio^{24}	dʑiau^{22}	kio^{22}
万宁 万城	tçiau^{33}	θoe^{212}	çio^{212}	çiau^{22}	tçio^{212}白 tçiau^{212}文	dʑiau^{22}	dʑiau^{22}	kio^{22}
陵水 光坡	tçiau^{33}	toi^{34}	çio^{34}	çiau^{21}	tçio^{34}	tio^{21}	dʑiau^{21}	kio^{21}
陵水 椰林	tçiau^{22}	toi^{13}	çio^{13}	çiau^{21}	tçio^{13}白 tçiau^{13}文 tçiau^{453}又读	dʑiau^{453}	dʑiau^{21}	kio^{21}
陵水 英州	（无）	toi^{213}	çio^{213}	çiau^{21}	tçio^{213}白 tçiau^{213}文	tio^{22}	dʑiau^{21}	kio^{21}

	0321轿	0322腰	0323要重~	0324摇	0325鸟	0326钓	0327条	0328料
	效开三 去宵群	效开三 平宵影	效开三 去宵影	效开三 平宵以	效开四 上萧端	效开四 去萧端	效开四 平萧定	效开四 去萧来
万宁 龙滚	kio²³	ʔio²³	ʔio⁴⁵⁴白 ʔiau³¹²文	ɦio²¹	tɕiau³¹训读(爪)	ɗio³¹²	ɗiau²¹	liau²³
万宁 山根	kio²⁴	ʔio²⁴	ʔiok³⁵⁴白 ʔiau²¹²文	dʑiau²²	tɕiau³²训读(爪)	ɗio²¹²	ɗiau²²	liau²⁴
万宁 万城	kio³³	ʔio³³	ʔio⁴⁵⁴白 ʔiau²¹²文	ʔio²²	tɕiau³¹训读(爪)	ɗio²¹²	ɗiau²²	liau³³
陵水 光坡	kio³³	ʔio³³	ʔio³³	dʑiau²¹	tɕiau³¹训读(爪)	ɗio³⁴	ɗiau²¹	liau³³
陵水 椰林	kio²²	ʔio²²	ʔio⁴⁵³白 ʔiau¹³文	dʑiau²¹	tɕiau⁴¹训读(爪)	ɗio¹³	ɗiau²¹	liau²²
陵水 英州	kio²²	ʔio²²	ʔio⁴⁵⁴白 ɦiau²¹³文	dʑiau²¹	tɕiau³¹训读(爪)	ɗio²¹³	ɗiau²¹	liau²²

	0329箫	0330叫	0331母丈~，舅~	0332抖	0333偷	0334头	0335豆	0336楼
	效开四 平萧心	效开四 去萧见	流开一 上侯明	流开一 上侯端	流开一 平侯透	流开一 平侯定	流开一 去侯定	流开一 平侯来
万宁 龙滚	tiau²³	kio³¹²	mai³¹	ɗau²¹	hau²³	hau²¹	ɗau²³	lau²¹
万宁 山根	tiau²⁴	kio²¹²	mai³²	ɗau²²	tʰau²⁴	tʰau²²	ɗau²⁴	lau²²
万宁 万城	tθiau³³	kio²¹²	mai³¹	ɗau⁴²	hau³³	hau²²	ɗau³³	lau²²
陵水 光坡	tiau³³	kio³⁴	mai³¹	ɗau³¹	tʰau³³	tʰau²¹	ɗau³³	lau²¹
陵水 椰林	tiau²²	kio¹³	mai⁴¹	ɗau⁴¹	hau²²	hau²¹	ɗau²²	lau²¹
陵水 英州	tiau²²	kio²¹³	mai³¹	ɗau³¹	hau²²	hau²¹	ɗau²²	lau²¹

	0337走	0338凑	0339钩	0340狗	0341够	0342口	0343藕	0344后 前～
	流开一 上侯精	流开一 去侯清	流开一 平侯见	流开一 上侯见	流开一 去侯见	流开一 上侯溪	流开一 上侯疑	流开一 上侯匣
万宁 龙滚	tau^{31}	（无）	kau^{23}	kau^{31}	kau^{312}	sui^{312} 训读（喙） hau^{31} 地名，海～	（无）	ʔou^{42} ʔau^{42}
万宁 山根	tau^{32}	sau^{354}	kau^{24}	kau^{32}	kau^{41}	sui^{212} 训读（喙） hau^{32} 地名，海～	ŋau^{32}	ʔau^{41}
万宁 万城	tau^{31}	（无）	kau^{33}	kau^{31}	kau^{42}	sui^{212} 训读（喙） hau^{31} 地名，海～	ŋau^{31}	ʔau^{42}
陵水 光坡	tau^{31}	sau^{34}	kau^{22}	kau^{31}	kau^{43}	sui^{34} 训读（喙） hau^{31} 地名，海～	ŋau^{31}	ʔau^{43}
陵水 椰林	tau^{41}	sau^{13}	kau^{33}	kau^{41}	kau^{31}	sui^{13} 训读（喙） hau^{41} 地名，海～	ŋau^{41}	ʔau^{31}
陵水 英州	tau^{31}	sau^{213}	kau^{22}	kau^{31}	kau^{43}	sui^{213} 训读（喙） hau^{31} 地名，海～	ʔau^{31}	ʔau^{43}

	0345厚	0346富	0347副	0348浮	0349妇	0350流	0351酒	0352修
	流开一 上侯匣	流开三 去尤非	流开三 去尤敷	流开三 平尤奉	流开三 上尤奉	流开三 平尤来	流开三 上尤精	流开三 平尤心
万宁 龙滚	kau^{42}	pʰu^{312}	pʰu^{454}	pʰu^{21}	pʰu^{454}	lau^{21} 白 liu^{21} 地名，黄～	tɕiu^{31}	tiu^{23}
万宁 山根	kau^{41}	pʰu^{212}	pʰu^{354}	pʰu^{22}	pʰu^{41}	lau^{22} 白 liu^{22} 地名，黄～	tɕiu^{32}	tiu^{24}
万宁 万城	kau^{42}	pʰu^{212}	pʰu^{454}	pʰu^{22}	pʰu^{454}	lau^{22}	tɕiu^{31}	tθiu^{33}
陵水 光坡	kau^{43}	pʰu^{34}	pʰu^{34}	pʰu^{21}	ɓu^{43}	lau^{21}	tɕiu^{31}	tiu^{33}
陵水 椰林	kau^{31}	pʰu^{13}	pʰu^{13}	pʰu^{21}	ɓu^{31} 白 pʰu^{31} 文	lau^{21} 白 liu^{21} 地名，黄～	tɕiu^{41}	tiu^{22}
陵水 英州	kau^{43}	pʰu^{213}	pʰu^{213}	pʰu^{21}	ɓu^{43} 白 pʰu^{43} 文	lau^{21} 白 liu^{21} 地名，黄～	tɕiu^{31}	tiu^{22}

	0353袖	0354抽	0355绸	0356愁	0357瘦	0358州	0359臭 香～	0360手
	流开三 去尤邪	流开三 平尤彻	流开三 平尤澄	流开三 平尤崇	流开三 去尤生	流开三 平尤章	流开三 去尤昌	流开三 上尤书
万宁 龙滚	tɕiu^{454}	ɕiu^{23}	（无）	muŋ^{21} 训读（闷）	tan^{31} 训读（痩）	tɕiu^{23}	ɕiau^{312}	ɕiu^{31}
万宁 山根	tɕiu^{354}	ɕiu^{24}	ɗiu^{22}	ɕiu^{24}	tan^{32} 训读（痩）	tɕiu^{24}	ɕiau^{212}	ɕiu^{32}
万宁 万城	tɕiu^{454}	ɕiu^{33}	（无）	muŋ^{22} 训读（闷）	θaŋ^{31} 训读（痩）	tɕiu^{33}	ɕiau^{212}	ɕiu^{31}
陵水 光坡	ɕiu^{454}	ɕiu^{33}	sau^{21}	sau^{21}	tam^{31} 训读（痩）	tɕiu^{33}	ɕiau^{34}	ɕiu^{31}
陵水 椰林	ɕiu^{453}	ɕiu^{22}	ɗiu^{21}	ɕiu^{22}	tam^{41} 训读（痩）	tɕiu^{22}	ɕiau^{13}	ɕiu^{41}
陵水 英州	（无）	ɕiu^{22}	（无）	ɕiu^{22}	tam^{31} 训读（痩）	tɕiu^{22}	ɕiau^{213}	ɕiu^{31}

	0361寿	0362九	0363球	0364舅	0365旧	0366牛	0367休	0368优
	流开三 去尤禅	流开三 上尤见	流开三 平尤群	流开三 上尤群	流开三 去尤群	流开三 平尤疑	流开三 平尤晓	流开三 平尤影
万宁 龙滚	tiu^{42}	kau^{31}	hiu^{21}	ku^{42}	ku^{23}	gu^{21}	ɦiu^{23}	ɦiu^{23}
万宁 山根	tiu^{41}	kau^{32}	hiu^{22}	ku^{41}	ku^{24}	gu^{22}	ɦiu^{24}	ɦiu^{24}
万宁 万城	tθiu^{42}	kau^{31}	hiu^{22}	ku^{42}	ku^{33}	gu^{22}	ɦiu^{33}	ɦiu^{33}
陵水 光坡	tiu^{43}	kau^{31}	hiu^{21}	tɕiu^{454}	ku^{33}	ku^{21}	ɦiu^{33}	ɦiu^{33}
陵水 椰林	tiu^{31}	kau^{41}	hiu^{21}	tɕiu^{453}	ku^{22}	gu^{21}	ʔiu^{22}	ʔiu^{22}
陵水 英州	tiu^{43}	kau^{31}	hiu^{21}	tɕiu^{454}	ku^{22}	gu^{21}	ʔiu^{22}	ʔiu^{22}

	0369有	0370右	0371油	0372丢	0373幼	0374贪	0375潭	0376南
	流开三 上尤云	流开三 去尤云	流开三 平尤以	流开三 平幽端	流开三 去幽影	咸开一 平覃透	咸开一 平覃定	咸开一 平覃泥
万宁龙滚	ʔu^{42}	dʑiu^{42}	ʔiu^{21}	kak^{3}	ʔiu^{312}	han^{23}	ham^{21}	nam^{21}
万宁山根	ʔu^{41}	dʑiu^{41}	ʔiu^{22}	kak^{4}	ʔiu^{212}	tʰan^{24}	tʰan^{22}	nan^{22}
万宁万城	ʔu^{42}	dʑiu^{42}	ʔiu^{22}	lak$^{\underline{45}}$	ʔiu^{212}	haŋ^{33}	（无）	naŋ^{22}
陵水光坡	ʔu^{43}	dʑiu^{43}	ɦiu^{21}	kak$^{\underline{45}}$	ɦiu^{34}	ham^{33}	tʰam^{21}	nam^{21}
陵水椰林	ʔu^{31}	dʑiu^{31}	ʔiu^{21}	tiu^{22}	ʔiu^{13}	ham^{22}	（无）	nam^{21}
陵水英州	ʔu^{43}	dʑiu^{43}	ʔiu^{21}	kak^{3}	ʔiu^{213}	ham^{22}	（无）	nam^{21}

	0377蚕	0378感	0379含 ~一口水	0380暗	0381搭	0382踏	0383拉	0384杂
	咸开一 平覃从	咸开一 上覃见	咸开一 平覃匣	咸开一 去覃影	咸开一 入合端	咸开一 入合透	咸开一 入合来	咸开一 入合从
万宁龙滚	san^{21}	kam^{31}	ɦam^{21}	ʔan^{312}	ɗa^{454}	ɗa^{42}	la^{454}	ta^{42}
万宁山根	sai^{22}	kan^{32}	ɦan^{22} kan^{22} 又读	ʔan^{212}	ɗa^{354}	ɗa^{41}	la^{354}	ta^{41}
万宁万城	sai^{22}	kaŋ^{31}	ɦaŋ^{22}	ʔaŋ^{212}	ɗa^{454}	ɗa^{31}	la^{454}	ta^{31}
陵水光坡	sai^{21}	kam^{31}	ɦam^{21}	ʔam^{34}	ɗa^{454}	ɗa^{43}	la^{454}	ta^{43}
陵水椰林	sai^{21}	kam^{41}	ɦam^{21}	ʔam^{13}	ɗa^{453}	ɗa^{31}	la^{13}	ta^{31}
陵水英州	sai^{21}	kam^{31}	ɦam^{21}	ʔam^{213}	ɗa^{454}	ɗa^{43}	la^{21}	ta^{43}

	0385鸽	0386盒	0387胆	0388毯	0389淡	0390蓝	0391三	0392甘
	咸开一 入合见	咸开一 入合匣	咸开一 上谈端	咸开一 上谈透	咸开一 上谈定	咸开一 平谈来	咸开一 平谈心	咸开一 平谈见
万宁龙滚	kap^{5}	ʔap^{3}	ɗa^{31}	ham^{21}	ɗam^{42} tɕia^{31} 训读（饕）	lam^{21}	ta^{23}	kam^{23}
万宁山根	kat^{5}	ʔat^{4}	ɗa^{32}	tʰan^{22}	ɗan^{41} tɕia^{32} 训读（饕）	lan^{22}	ta^{24}	kan^{24}
万宁万城	kak$^{\underline{45}}$	ʔak$^{\underline{32}}$	ɗa^{31}	tɕiŋ^{33} 训读（毡）	ɗaŋ^{454}	laŋ^{22}	θa^{33}	kaŋ^{33}
陵水光坡	kat$^{\underline{45}}$	ʔat^{3}	ɗa^{31}	tʰam^{21}	ɗam^{43}	lam^{21}	ta^{33}	kam^{33}
陵水椰林	kap^{5}	ʔap$^{\underline{42}}$	ɗa^{41}	ham^{21}	tɕia^{31} 训读（饕）	lam^{21}	ta^{22}	kam^{22}
陵水英州	kap^{5}	ʔap^{3}	ɗa^{31}	ham^{21}	ɗam^{21}	lam^{21}	ta^{22}	kam^{22}

	0393敢	0394喊	0395塔	0396蜡	0397赚	0398杉 ~木	0399减	0400咸 ~淡
	咸开一 上谈见	咸开一 上谈晓	咸开一 入盍透	咸开一 入盍来	咸开二 去咸澄	咸开二 平咸生	咸开二 上咸见	咸开二 平咸匣
万宁龙滚	ka^{31}	ɦan^{312}	ha^{454}	la^{42}	ɓo^{454}	（无）	kiam^{31}	kiam^{21}
万宁山根	ka^{32}	ɦan^{212}	tʰa^{354}	la^{41}	tʰan^{212} 训读（趁）	（无）	kian^{32}	kian^{22}
万宁万城	ka^{31}	ʔaŋ^{212} ɦaŋ^{212} 又读	ha^{454}	la^{31}	ɓo^{454}	（无）	keŋ^{31}	keŋ^{22}
陵水光坡	ka^{31}	ɦam^{34}	tʰa^{454}	la^{43}	tsuan^{454}	sam^{33}	kiam^{31}	kiam^{21}
陵水椰林	ka^{41}	ɦam^{13}	ha^{453}	la^{31}	ɓo^{453}	sam^{22}	kiam^{41}	kiam^{21}
陵水英州	ka^{31}	ɦam^{213}	ha^{454}	la^{43}	ɓo^{454}	（无）	kiam^{31}	kiam^{21}

	0401插	0402闸	0403夹 ~子	0404衫	0405监	0406岩	0407甲	0408鸭
	咸开二 入洽初	咸开二 入洽崇	咸开二 入洽见	咸开二 平衔生	咸开二 平衔见	咸开二 平衔疑	咸开二 入狎见	咸开二 入狎影
万宁龙滚	sa^{454}	ʔa^{454} 训读（隘）	hiap^{3}	ta^{23}	kam^{312}	ŋam^{21}	ka^{454}	ʔa^{454}
万宁山根	sa^{354}	ʔa^{354} 训读（隘）	hiat^{5}	san^{24} ta^{24}	kan^{24}	ŋan^{22}	ka^{354}	ʔa^{354}
万宁万城	sa^{454}	ʔak$^{\underline{45}}$ 训读（隘）	ɦek$^{\underline{32}}$	θa^{33}	kaŋ^{454}	ŋaŋ^{22}	ka^{454}	ʔa^{454}
陵水光坡	sa^{454}	tsa^{454}	hiet^{3}	ta^{33}	kam^{34}	ŋam^{21}	ka^{454}	ʔa^{454}
陵水椰林	sa^{453}	tsa^{453} ʔa^{453} 训读（隘）	hiep$^{\underline{42}}$	ta^{22}	kam^{13}	ŋiam^{21}	ka^{453}	ʔa^{453}
陵水英州	sa^{454}	ʔa^{454} 训读（隘）	hiap^{3}	ta^{22}	kam^{22}	（无）	ka^{454}	ʔa^{454}

	0409黏 ~液	0410尖	0411签 ~名	0412占 ~领	0413染	0414钳	0415验	0416险
	咸开三 平盐泥	咸开三 平盐精	咸开三 平盐清	咸开三 去盐章	咸开三 上盐日	咸开三 平盐群	咸开三 去盐疑	咸开三 上盐晓
万宁龙滚	（无）	tɕiam^{23}	ɕiam^{23}	tɕiam^{23}	dʑiam^{31}	hiam^{21}	ŋiam^{31}	ɦiam^{31}
万宁山根	（无）	tɕian^{24}	ɕian^{24}	tɕian^{212}	dʑian^{32}	hian^{22}	ŋian^{32}	ɦian^{32}
万宁万城	（无）	tseŋ^{33}	seŋ^{33}	tseŋ^{212}	dzeŋ^{42}	hek$^{\underline{32}}$	ŋeŋ^{42}	ɦeŋ^{31}
陵水光坡	tio^{21}	tɕiam^{33}	ɕiam^{33}	tɕiam^{34}	dʑiam^{43}	hiam^{21}	ŋiam^{43}	ɦiam^{31}
陵水椰林	（无）	tɕiam^{22}	ɕiam^{22}	tɕiam^{13}	dʑiam^{31}	hiam^{21}	ŋiam^{31}	ɦiam^{41}
陵水英州	（无）	tɕiam^{22}	ɕiam^{22}	tɕiam^{213}	dʑiam^{43}	hiam^{21}	niam^{43}	ɦiam^{31}

	0417厌	0418炎	0419盐	0420接	0421折~叠	0422叶树~	0423剑	0424欠
	咸开三 去盐影	咸开三 平盐云	咸开三 平盐以	咸开三 入叶精	山开三 入薛章	咸开三 入叶以	咸开三 去严见	咸开三 去严溪
万宁龙滚	ʔiam^{312}	ɦiam^{23}	ʔiam^{21}	tɕiap^{5}	hia^{454}	ɦiap^{3} ɦio^{31} 训读（箬）	kiam^{312}	hiam^{312}
万宁山根	ʔian^{212}	ɦian^{24}	ʔian^{22}	tɕiat^{5}	tʰiak^{5} tʰia^{354} 又读	ɦiat^{5} ɦio^{32} 训读（箬）	kian^{212}	hian^{212}
万宁万城	ʔeŋ^{212}	dzeŋ^{33}	ʔeŋ^{22}	tsek$^{\underline{45}}$	hia^{454}	ɦio^{31} 训读（箬）	keŋ^{212}	heŋ^{212}
陵水光坡	ʔiam^{34}	dʑiam^{33}	ʔiam^{21}	tɕiet$^{\underline{45}}$	hia^{454} tɕi^{454} 又读	dʑiet$^{\underline{45}}$ ɦio^{43} 训读（箬）	kiam^{34}	hiam^{34}
陵水椰林	ʔiam^{13}	dʑiam^{21} ~热 dʑiam^{22} 消~	ʔiam^{21}	tɕiep^{5}	hia^{453}	ɦio^{31} 训读（箬） dʑiep$^{\underline{42}}$	kiam^{13}	hiam^{13}
陵水英州	ʔiam^{213}	dʑiam^{21}	ʔiam^{21}	tɕiap^{5}	hia^{454}	dʑiap^{5} ɦio^{43} 训读（箬）	kiam^{213}	hiam^{213}

	0425严 咸开三 平严疑	0426业 咸开三 入业疑	0427点 咸开四 上添端	0428店 咸开四 去添端	0429添 咸开四 平添透	0430甜 咸开四 平添定	0431念 咸开四 去添泥	0432嫌 咸开四 平添匣
万宁龙滚	ŋiam^{21}	ŋiap^{3}	ɗiam^{31}	ɗiam^{312}	hiam^{23}	ɗiam^{21}	ŋiam^{23}	（无）
万宁山根	ŋian^{22}	ŋiat^{4}	ɗian^{32}	ɗian^{212}	tʰian^{24}	ɗian^{22}	ŋian^{24} ～经 ŋian^{32} 想～	ɦian^{22}
万宁万城	ŋeŋ^{22}	ŋek$^{\underline{32}}$	ɗiŋ^{31}	ɗiŋ^{212}	heŋ^{33}	ɗeŋ^{22}	neŋ^{33} ～经 neŋ^{31} 想～	ɦeŋ^{22}
陵水光坡	ŋiam^{21}	ŋiet^{3}	ɗiam^{31}	ɗiam^{34}	hiam^{33}	ɗiam^{21}	niam^{21}	ɦiam^{21}
陵水椰林	ŋiam^{21}	ŋiep^{5} ŋiep$^{\underline{42}}$ 又读	ɗiam^{41}	ɗiam^{13}	hiam^{22}	ɗiam^{21}	niam^{21}	ɦiam^{21}
陵水英州	niam^{21}	ŋiap^{3}	ɗiam^{31}	ɗiam^{213}	hiam^{22}	ɗiam^{21}	niam^{43}	（无）

	0433跌 咸开四 入帖端	0434贴 咸开四 入帖透	0435碟 咸开四 入帖定	0436协 咸开四 入帖匣	0437犯 咸合三 上凡奉	0438法 咸合三 入乏非	0439品 深开三 上侵滂	0440林 深开三 平侵来
万宁龙滚	（无）	（无）	ɗi^{42}	ɦiap^{3}	pʰam^{42}	pʰap^{5}	him^{31}	lim^{21}
万宁山根	tik^{5}	tʰiat^{5}	ɗi^{41} 白 ɗiat^{4} 文	ɦiat^{4}	pʰan^{41}	pʰat^{5}	tʰien^{32}	lien^{22}
万宁万城	tθik$^{\underline{45}}$	hek$^{\underline{45}}$	ɗi^{42}	ɦek$^{\underline{32}}$	pʰaŋ^{42}	pʰak$^{\underline{45}}$	pʰeŋ^{31}	liŋ^{22}
陵水光坡	tiak$^{\underline{45}}$	hiet$^{\underline{45}}$	ɗi^{43}	dʑiet^{3}	pʰam^{43}	pʰat$^{\underline{45}}$	pʰin^{31}	lin^{21}
陵水椰林	tiak^{5} tip^{5} 又读	hiep^{5}	ɗi^{31}	dʑiep$^{\underline{42}}$	pʰam^{31}	pʰap^{5}	pʰin^{41}	lin^{21}
陵水英州	ɗiap^{5}	hiap^{5}	ɗi^{43} 白 ɓua^{21} 文	（无）	pʰam^{43}	pʰap^{5}	pʰin^{31}	lin^{21}

	0441浸 深开三 去侵精	0442心 深开三 平侵心	0443寻 深开三 平侵邪	0444沉 深开三 平侵澄	0445参人～ 深开三 平侵生	0446针 深开三 平侵章	0447深 深开三 平侵书	0448任责～ 深开三 去侵日
万宁龙滚	tɕin^{312}	tim^{23}	ɕim^{21} hen^{21} 又读	hiam^{21} ～浮 ɕim^{21} ～船	sam^{23}	tɕiam^{23}	ɕim^{23}	dʑim^{42}
万宁山根	tɕien^{212}	tien^{24}	ɕien^{22}	ɕien^{22}	san^{24}	tɕian^{24}	ɕien^{24}	zun^{41}
万宁万城	tɕiŋ^{212}	tθiŋ^{33}	heŋ^{22}	seŋ^{22}	saŋ^{33}	tseŋ^{33}	ɕiŋ^{33}	dʑiŋ^{454} 姓 dʑiŋ^{42} ～务
陵水光坡	tsun^{34}	tin^{33}	hen^{21}	hiam^{21}	sam^{33}	tɕiam^{33}	sun^{33}	zun^{43}
陵水椰林	tsum^{13}	tin^{22}	sum^{21}	ɕin^{21}	sam^{22}	tɕiam^{22}	sum^{22}	zum^{31}
陵水英州	tsun^{213}	tin^{22}	ɕin^{21}	hiam^{21}	sam^{22}	tɕiam^{22}	sun^{22}	zun^{43}

	0449金 深开三 平侵见	0450琴 深开三 平侵群	0451音 深开三 平侵影	0452立 深开三 入缉来	0453集 深开三 入缉从	0454习 深开三 入缉邪	0455汁 深开三 入缉章	0456十 深开三 入缉禅
万宁龙滚	kim^{23}	him^{21}	ʔim^{23}	lip^{3} 站~ lip^{5} 人名	tɕip^{3}	tɕip^{3}	tɕiap^{5}	tap^{3}
万宁山根	kien^{24}	hien^{22}	ʔien^{24}	lik^{4} 站~ lik^{5} 人名	tɕik^{4}	tɕik^{4}	tɕiat^{5}	tat^{4}
万宁万城	keŋ^{33}	heŋ^{22}	ʔiŋ^{33}	lik$^{\underline{32}}$	tsek$^{\underline{32}}$	tsek$^{\underline{32}}$	tsek$^{\underline{45}}$	tak$^{\underline{32}}$
陵水光坡	kin^{33}	hin^{21}	ʔin^{33}	lit^{3}	tɕit$^{\underline{45}}$	tɕit^{3}	tɕiet$^{\underline{45}}$	tat^{3}
陵水椰林	kin^{22}	hin^{21}	ʔin^{22}	lip$^{\underline{42}}$	tɕip^{5}	tɕip$^{\underline{42}}$	tɕiep^{5}	tap$^{\underline{42}}$
陵水英州	kin^{22}	hin^{21}	ʔin^{22}	lik^{3}	tɕik^{5}	tɕik^{3}	tɕiap^{5}	tap^{3}

	0457入 深开三 入缉日	0458急 深开三 入缉见	0459及 深开三 入缉群	0460吸 深开三 入缉晓	0461单简~ 山开一 平寒端	0462炭 山开一 去寒透	0463弹~琴 山开一 平寒定	0464难~易 山开一 平寒泥
万宁龙滚	dʑip^{3}	kip^{5}	hip^{3}	kip^{5}	ɗan^{23}	hua^{312}	han^{21}	nan^{42}
万宁山根	zut^{4}	kik^{5}	hek^{4}	kik^{5}	ɗan^{24}	tʰua^{212}	tʰan^{22}	nan^{41}
万宁万城	dʑik$^{\underline{32}}$	kik$^{\underline{45}}$	kek$^{\underline{32}}$	kik$^{\underline{45}}$	ɗaŋ^{33}	hua^{212}	haŋ^{22}	naŋ^{22}
陵水光坡	zut^{3}	kit$^{\underline{45}}$	kit^{3}	kit$^{\underline{45}}$	ɗam^{33}	hua^{33}	tʰam^{21}	nam^{21}
陵水椰林	zuk$^{\underline{42}}$	kip^{5}	kip$^{\underline{42}}$	kip^{5}	ɗam^{22}	hua^{13}	ham^{21}	nam^{21}
陵水英州	zut^{3}	kik^{5}	kik^{3}	kik^{5}	ɗam^{22}	hua^{213}	ham^{21}	nam^{21}

	0465兰 山开一 平寒来	0466懒 山开一 上寒来	0467烂 山开一 去寒来	0468伞 山开一 上寒心	0469肝 山开一 平寒见	0470看~见 山开一 去寒溪	0471岸 山开一 去寒疑	0472汉 山开一 去寒晓
万宁龙滚	lan^{21}	ɗua^{42} 训读（惰）	nua^{23}	tua^{312}	kua^{23}	mɔ^{23} 训读（望）	ŋan^{42}	ɦan^{312}
万宁山根	lan^{22} lan^{32}	lai^{354} ɗua^{41} 训读（惰）	lan^{354} nua^{24}	tua^{212}	kua^{24}	mɔ^{24} 训读（望）	ŋan^{41}	ʔan^{212}
万宁万城	laŋ^{22}	ɗua^{42} 训读（惰）	nua^{33}	tθua^{212}	kua^{33}	mo^{33} 训读（望）	ŋaŋ^{42}	ɦaŋ^{212}
陵水光坡	lam^{21}	ɗua^{43} 训读（惰）	lam^{454}	tua^{34}	kua^{33}	mo^{33} 训读（望）	ŋam^{43}	ɦam^{34}
陵水椰林	lam^{21}	ɗua^{31} 训读（惰）	nua^{22}	tua^{13}	kua^{22}	mo^{22} 训读（望）	ŋaŋ^{31}	ɦam^{13}
陵水英州	lam^{21}	ɗua^{43} 训读（惰）	nua^{22}	tua^{213}	kua^{22}	mo^{22} 训读（望）	ŋam^{43}	ɦam^{213}

	0473汗 山开一 去寒匣	0474安 山开一 平寒影	0475达 山开一 入曷定	0476辣 山开一 入曷来	0477擦 山开一 入曷清	0478割 山开一 入曷见	0479渴 山开一 入曷溪	0480扮 山开二 去山帮
万宁龙滚	kua^{23}	ʔan^{23}	ɗat^{3}	lua^{42}	sua^{454}	kua^{454}	hua^{454} 口~ hɔ^{454} ~望	ɓan^{42}
万宁山根	kua^{24}	ʔan^{24}	ɗat^{4}	lua^{41}	sua^{354}	kua^{354}	hua^{354}	ɓan^{41}
万宁万城	kua^{33}	ʔaŋ^{33}	ɗak$^{\underline{32}}$	lua^{42}	sua^{454}	kua^{454}	hua^{454}	ɓaŋ^{42}
陵水光坡	kua^{33}	ʔam^{33}	ɗat$^{\underline{45}}$	lua^{43}	sua^{454}	kua^{454}	hua^{454}	ɓam^{43}
陵水椰林	kua^{22}	ʔam^{22}	ɗap^{5}	lua^{31}	sua^{453}	kua^{453}	hua^{453}	ɓam^{31} pʰum^{31} 又读
陵水英州	kua^{22}	ʔam^{22}	ɗap^{3}	lua^{43}	sua^{454}	kua^{454}	hua^{454}	ɓam^{43}

	0481办 山开二 去山並	0482铲 山开二 上山初	0483山 山开二 平山生	0484产 ~妇 山开二 上山生	0485间 房~，一~房 山开二 平山见	0486眼 山开二 上山疑	0487限 山开二 上山匣	0488八 山开二 入黠帮
万宁龙滚	ɓan^{42}	san^{31}	tua^{23}	tan^{31}	kan^{23}	mat^{3} 训读（目）	ɦan^{42}	ɓoi^{454}
万宁山根	ɓan^{41}	san^{32}	tua^{24}	tan^{32}	kan^{24}	mat^{4} 训读（目）	ɦan^{41}	ɓoi^{354}
万宁万城	ɓaŋ^{42}	saŋ^{31}	θua^{33}	θaŋ^{31}	kaŋ^{33}	mak$^{\underline{32}}$ 训读（目）	ɦaŋ^{42}	ɓoe^{454}
陵水光坡	ɓam^{43}	sam^{31}	tua^{33}	tam^{31}	kam^{33}	mak^{3} 训读（目）	ɦam^{43}	ɓoi^{454}
陵水椰林	ɓam^{31}	sam^{41} çiam^{41} 又读	tua^{22}	tam^{41}	kam^{22}	mak$^{\underline{42}}$ 训读（目）	ɦam^{31}	ɓoi^{453}
陵水英州	ɓam^{43}	sam^{31}	tua^{22}	tam^{31}	kam^{22}	mak^{3} 训读（目）	ɦam^{43}	ɓoi^{454}

	0489扎 山开二 入黠庄	0490杀 山开二 入黠生	0491班 山开二 平删帮	0492板 山开二 上删帮	0493慢 山开二 去删明	0494奸 山开二 平删见	0495颜 山开二 平删疑	0496瞎 山开二 入鎋晓
万宁龙滚	tsa^{454}	tua^{454}	ɓan^{23}	ɓai^{31}	man^{23}	kan^{23}	ŋan^{23}	（无）
万宁山根	ta^{354}	tua^{354}	ɓan^{24}	ɓai^{32}	man^{24}	kan^{24}	ŋan^{22}	ɦai^{354}
万宁万城	ta^{454}	tθua^{454}	ɓaŋ^{33}	ɓai^{31}	maŋ^{33}	kaŋ^{33}	ŋaŋ^{22}	çia^{33}
陵水光坡	tsa^{454}	tua^{454}	ɓam^{33}	ɓam^{31}	mam^{33}	kam^{33}	ŋam^{21}	（无）
陵水椰林	tsa^{453}	tua^{453}	ɓam^{22}	ɓai^{41}	hua^{21} 白 mam^{22} 文	kam^{22}	ŋam^{21}	ɦai^{453}
陵水英州	tsa^{454}	tua^{454}	ɓam^{22}	ɓai^{31}	hua^{22} 白 mam^{22} 文	kam^{22}	ŋam^{21}	sɛ^{22} 训读（青）

	0497变	0498骗欺~	0499便方~	0500棉	0501面~孔	0502连	0503剪	0504浅
	山开三去仙帮	山开三去仙滂	山开三去仙並	山开三平仙明	山开三去仙明	山开三平仙来	山开三上仙精	山开三上仙清
万宁龙滚	ɓin³¹²	pʰin³¹²	ɓin⁴²	min²¹	min²³	lin²¹	ka²³ 训读（铰）	ɕin³¹
万宁山根	ɓian²¹²	pʰian²¹²	ɓian⁴¹	mian²²	mian²⁴	lien²²	ka²⁴ 训读（铰）	ɕien³²
万宁万城	ɓiŋ²¹²	pʰiŋ²¹²	ɓiŋ⁴²	miŋ²²	miŋ³³	liŋ²²	ka³³ 训读（铰）	ɕiŋ³¹
陵水光坡	ɓin³⁴	pʰin³⁴	ɓin⁴³	min²¹	min³³	lin²¹	ka³³ 训读（铰）	hin³¹
陵水椰林	ɓin¹³	pʰin¹³	ɓin³¹	min²¹	min²²	lin²¹	ka²² 训读（铰）	hin⁴¹
陵水英州	ɓin²¹³	pʰin²¹³	ɓin⁴³	min²¹	min²¹	lin²¹	ka²² 训读（铰）	ɕin³¹

	0505钱	0506鲜	0507线	0508缠	0509战	0510扇名	0511善	0512件
	山开三平仙从	山开三平仙心	山开三去仙心	山开三平仙澄	山开三去仙章	山开三去仙书	山开三上仙禅	山开三上仙群
万宁龙滚	tɕi²¹	ɕi²³ 白 tin²¹ 文	tua³¹²	（无）	tɕin³¹	ti³¹²	tin⁴²	kin⁴²
万宁山根	tɕi²²	ɕi²⁴ 白 tien²² 文	tua²¹²	（无）	tɕian³²	ti²¹²	tien⁴¹ ~良 tien³⁵⁴ 人名	kien⁴¹
万宁万城	tɕi²²	ɕi³³ 白 tθiŋ²² 文	tθua²¹²	（无）	tɕiŋ⁴²	tθi²¹²	tθiŋ⁴²	kiŋ⁴²
陵水光坡	tɕi²¹	ɕi³³ 白 ɕin²¹ 文	tua³⁴	（无）	tɕin⁴³	ti³⁴	tin⁴³	kin⁴³
陵水椰林	tɕi²¹	ɕi²² 白 tɕin²² 文	tua¹³	（无）	tɕin³¹	ti¹³	tin³¹	kin³¹
陵水英州	tɕi²¹	ɕi²²	tua²¹³	（无）	tɕin⁴³	ti²¹³	tin⁴³	kin⁴³

	0513延	0514别 ~人	0515灭	0516列	0517撤	0518舌	0519设	0520热
	山开三 平仙以	山开三 入薛帮	山开三 入薛明	山开三 入薛来	山开三 入薛彻	山开三 入薛船	山开三 入薛书	山开三 入薛日
万宁龙滚	dʑin^{21}	ɓik^{3}	mik^{3}	lik^{3} 排~ lik^{5} 人名，~宁	sek^{5}	tɕi^{42}	tik^{5}	zua^{42}
万宁山根	zen^{22}	ɓik^{4}	mik^{4}	lik^{4} 排~ lik^{5} 人名，~宁	（无）	tɕi^{41}	tik^{5}	zua^{41} 白 dʑik^{4} 文
万宁万城	dzeŋ^{31}	ɓik$^{\underline{32}}$	mik$^{\underline{45}}$	lek$^{\underline{45}}$	ɕiek$^{\underline{45}}$	lᴇ^{22}	tθik$^{\underline{45}}$	dua^{42} 白 dʑik$^{\underline{32}}$ 文
陵水光坡	zen^{21}	ɓit^{3}	mit^{3}	lit$^{\underline{45}}$	sek$^{\underline{45}}$	tɕi^{43}	tit$^{\underline{45}}$	zua^{43} 白 dʑit^{3} 文
陵水椰林	zeŋ^{21}	ɓap$^{\underline{42}}$	mip$^{\underline{42}}$	lip^{5}	sek^{5}	tɕi^{31}	tip^{5}	zua^{31} 白 dʑip$^{\underline{42}}$ 文
陵水英州	zeŋ^{21}	ɓik^{3}	mik^{3}	lik^{5}	sek^{5}	lɛ^{21}	tik^{5}	zua^{43} 白 dʑik^{3} 文

	0521杰	0522孽	0523建	0524健	0525言	0526歇	0527扁	0528片
	山开三 入薛群	山开三 入薛疑	山开三 去元见	山开三 去元群	山开三 平元疑	山开三 入月晓	山开四 上先帮	山开四 去先滂
万宁龙滚	kik^{5}	（无）	kin^{312}	kin^{312}	ŋin^{31}	（无）	ɓin^{23} ɓin^{31} 又读	pʰin^{312}
万宁山根	kik^{5}	ŋek^{4}	kien^{212}	kien^{212}	ŋian^{32}	ɦᴇ^{354}	ɓian^{32} bi^{354} 又读	pʰian^{212} 一~~ pʰian^{354} ~面
万宁万城	kᴇ^{212}	nᴇ^{454}	kiŋ^{212}	kiŋ^{212}	koŋ^{31}	ɦᴇ^{454}	pʰiŋ^{212}	pʰiŋ^{212}
陵水光坡	kek$^{\underline{45}}$	nek$^{\underline{45}}$	kin^{34}	kin^{34}	ŋen^{31}	ɦᴇ^{454}	ɓin^{454}	pʰin^{34}
陵水椰林	kek^{5}	nɛ^{453}	kin^{13}	kin^{13}	ŋin^{41}	ɦɛ^{453}	min^{453}	pʰin^{13}
陵水英州	kek^{5}	（无）	kin^{213}	kin^{213}	ŋin^{21}	ɦɛ^{454}	pʰin^{213}	pʰin^{213}

	0529面 ~条	0530典	0531天	0532田	0533垫	0534年	0535莲	0536前
	山开四 去先明	山开四 上先端	山开四 平先透	山开四 平先定	山开四 去先定	山开四 平先泥	山开四 平先来	山开四 平先从
万宁龙滚	mi^{23}	ɗin^{31}	hi^{23}	san^{21} 训读（塍）	tiam^{42}	ɦi^{21}	lin^{21}	tai^{21}
万宁山根	mi^{24}	ɗien^{32}	tʰi^{24}	san^{22} 训读（塍）	tʰian^{41}	ɦi^{22}	nai^{22}	tai^{22}
万宁万城	mi^{22}	ɗeŋ^{31}	hi^{33}	saŋ^{22} 训读（塍）	ɗeŋ^{42}	ɦi^{22}	nai^{22}	tai^{22}
陵水光坡	mi^{33}	ɗin^{31}	hi^{33}	sam^{21} 训读（塍）	ɗiam^{43}	ɦi^{21}	lin^{21}	tai^{21}
陵水椰林	mi^{21}	ɗin^{41}	hi^{22} hin^{22} ~平秤	sam^{21} 训读（塍）	ɗiam^{31}	ɦi^{21}	lin^{21}	tai^{21}
陵水英州	mi^{21}	ɗin^{31}	hi^{22}	sam^{21} 训读（塍）	ɗiam^{43}	ɦi^{21}	lin^{21}	tai^{21}

	0537先	0538肩	0539见	0540牵	0541显	0542现	0543烟	0544憋
	山开四 平先心	山开四 平先见	山开四 去先见	山开四 平先溪	山开四 上先晓	山开四 去先匣	山开四 平先影	山开四 入屑滂
万宁龙滚	tai^{23}白 tin^{23}文	ka^{454}	ki^{312}	han^{23}	ɦin^{31}	ɦin^{312}出~ ɦin^{42}~在	ʔin^{23}	（无）
万宁山根	tai^{24}白 tien^{24}文	kai^{24}	ki^{212}	han^{24}	ɦien^{32} ɦien^{22}又读	ɦien^{212}	ʔien^{24}	ɓi^{354}
万宁万城	θai^{33}	kai^{33}	ki^{212}	haŋ^{33}	ɦeŋ^{31}	ɦiŋ^{212}出~ ɦiŋ^{42}~在	ʔiŋ^{33}	ɓi^{454}
陵水光坡	tai^{33}	kai^{33}	ki^{34}	ham^{33}	ɦin^{31}	ɦin^{34}	ʔin^{33}	nun^{31}训读（忍）
陵水椰林	tai^{22}白 tin^{21}文	kai^{22}	ki^{13}	ham^{22}	ɦin^{41}	ɦin^{13}出~ ɦin^{31}~在	ʔin^{22}	ɓi^{453}
陵水英州	tai^{22}	kai^{22}	ki^{213}	ham^{22}	ɦin^{31}	ɦin^{213}	ʔin^{22}	nun^{43}训读（忍）

	0545篾	0546铁	0547捏	0548节	0549切动	0550截	0551结	0552搬
	山开四 入屑明	山开四 入屑透	山开四 入屑泥	山开四 入屑精	山开四 入屑清	山开四 入屑从	山开四 入屑见	山合一 平桓帮
万宁龙滚	（无）	hi^{454}	lin^{21}	tat^{5}	ɕik^{5}	（无）	kik^{5}	ɓua^{21}
万宁山根	（无）	t^{h}i^{354}	nᴇ^{41}	tat^{5}	ɕik^{5}	toi^{41}	kik^{5}	ɓua^{22}
万宁万城	（无）	hi^{454}	nᴇ^{31}	tak$^{\underline{45}}$	ɕiek$^{\underline{45}}$	toe^{42}	kik$^{\underline{45}}$	ɓua^{22}
陵水光坡	（无）	t^{h}i^{454}	nᴇ^{43}	tat$^{\underline{45}}$	sek$^{\underline{45}}$	toi^{43}	kit$^{\underline{45}}$	ɓua^{21}
陵水椰林	（无）	hi^{453}	nɛ^{31}	tap^{5}	sek^{5}	toi^{31}	kip^{5}	ɓua^{21}
陵水英州	（无）	hi^{454}	niap^{5}	tap^{5}	sek^{5}	kiap^{5}	kik^{5}	ɓua^{21}

	0553半	0554判	0555盘	0556满	0557端~午	0558短	0559断绳~了	0560暖
	山合一 去桓帮	山合一 去桓滂	山合一 平桓並	山合一 上桓明	山合一 平桓端	山合一 上桓端	山合一 上桓定	山合一 上桓泥
万宁龙滚	ɓua^{312}	p^{h}uan^{312}	ɓua^{21}	mua^{31}	ɗuan^{23}	ɗɛ^{31}	ɗui^{42} ɗuan^{312}判~	nun^{31}
万宁山根	ɓua^{212}	p^{h}uan^{212}	ɓua^{22}	mua^{32}	ɗuan^{24}	ɗᴇ^{32}	ɗui^{41} ɗuan^{212}判~	nuan^{22}
万宁万城	ɓua^{212}	p^{h}uaŋ^{212}	ɓua^{22}	mua^{31}	ɗuaŋ^{33}	ɗᴇ^{31}	ɗui^{42} ɗuaŋ^{212}判~	nuŋ^{22}
陵水光坡	ɓua^{34}	p^{h}uan^{34}	ɓua^{21}	mua^{31}	ɗuan^{33}	ɗᴇ^{31}	ɗuan^{34}	nuan^{21}
陵水椰林	ɓua^{13}	p^{h}uam^{13}	ɓua^{21}	mua^{41}	ɗuam^{22}	ɗɛ^{41}	ɗui^{31} ɗuam^{13}判~	num^{21}
陵水英州	ɓua^{213}	p^{h}uam^{213}	ɓua^{21}	mua^{31}	ɗuam^{22}	ɗɛ^{31}	ɗuam^{213}	nun^{21}

	0561乱	0562酸	0563算	0564官	0565宽	0566欢	0567完	0568换
	山合一 去桓来	山合一 平桓心	山合一 去桓心	山合一 平桓见	山合一 平桓溪	山合一 平桓晓	山合一 平桓匣	山合一 去桓匣
万宁龙滚	lui^{23}	tui^{23}	tui^{312}白 suan^{454}文	kua^{23}	hua^{23}训读（阔）	ɦuan^{23}	zuan^{21}	ʔua^{23}
万宁山根	lui^{24}	tui^{24}	tui^{212}白 suan^{354}文	kua^{24}	hua^{212}训读（阔）	ɦuan^{24}	zuan^{22}	ʔua^{24}
万宁万城	nui^{22}	θui^{33}	θuaŋ^{454}	kua^{33}	hua^{212}训读（阔）	ɦuaŋ^{33}	ɗuaŋ^{22}	ʔua^{33}
陵水光坡	lui^{33}	tui^{33}	tui^{34}	kua^{33}	hua^{454}训读（阔）	ɦuan^{33}	zuan^{21}	ʔua^{33}
陵水椰林	lui^{22}	tui^{22}	tui^{13}	kua^{22}	hua^{453}训读（阔）	ɦuam^{22} ɦua^{22}又读	zuam^{21}	ʔua^{22}
陵水英州	lui^{22}	tui^{22}	tui^{213}	kua^{22}	hua^{454}训读（阔）	ɦuam^{22}	zuam^{21}	ʔua^{22}

	0569碗	0570拨	0571泼	0572末	0573脱	0574夺	0575阔	0576活
	山合一 上桓影	山合一 入末帮	山合一 入末滂	山合一 入末明	山合一 入末透	山合一 入末定	山合一 入末溪	山合一 入末匣
万宁龙滚	ʔua^{31}	ɓua^{454}	p^{h}ua^{454}	muak^{5}	huk^{5}	ɗuak^{3}	hua^{312}	ʔua^{42}
万宁山根	ʔua^{32}	ɓuat^{5}	p^{h}ua^{354}～水 p^{h}uat^{4}活～	muat^{5}	t^{h}ut^{5}	ɗuat^{4}	hua^{212}	ʔua^{41}
万宁万城	ʔua^{31}	ɓuak$^{\underline{45}}$	ɓua^{454}	buɛ^{31}训读（尾）	huk$^{\underline{45}}$	ɗuak$^{\underline{32}}$	hua^{454}	ʔua^{31}
陵水光坡	ʔua^{31}	ɓua^{454}	sᴇ^{454}	muat$^{\underline{45}}$	t^{h}ut$^{\underline{45}}$	ɗuat^{3}	hua^{454}	ʔua^{43}
陵水椰林	ʔua^{41}	ɓuap^{5} ɓua^{453}又读	p^{h}ua^{453}～水 ɓuap^{5}～辣	muap^{5}	huk^{5}	ɗuap$^{\underline{42}}$	hua^{453}	ʔua^{31}
陵水英州	ʔua^{31}	ɦuap^{5} ɓua^{454}又读	p^{h}ua^{213}	muap^{5}	hut^{5}	ɗuap^{3}	hua^{454}	ʔua^{43}

	0577顽～皮，～固	0578滑	0579挖	0580闩	0581关～门	0582惯	0583还动	0584还副
	山合二 平山疑	山合二 入黠匣	山合二 入黠影	山合二 平删生	山合二 平删见	山合二 去删见	山合二 平删匣	山合二 平删匣
万宁龙滚	ŋuan^{21}	kuk^{3}	ʔuak^{5}	suaŋ^{31}	kiɛ^{23}	kuan^{312}	ɦuan^{21}	ɦuan^{21}
万宁山根	ŋuan^{22}	kut^{4}	ʔuat^{5}	suaŋ^{32}	kuɛ^{24}	kuan^{212}	ɦuan^{22}	ɦuan^{22}
万宁万城	ŋuaŋ^{22}	kuk$^{\underline{32}}$	ʔuak$^{\underline{45}}$	sua^{212}	kuɛ^{33}	kuaŋ^{212}	ɦuaŋ^{22}	ɦuaŋ^{22}
陵水光坡	ŋuan^{21}	kut^{3}	ʔuat$^{\underline{45}}$	sua^{34}	koi^{33}	kuan^{34}	ɦuan^{21}	ɦuan^{21}
陵水椰林	ŋuam^{21}	kuk$^{\underline{42}}$	ʔuap^{5}	sua^{13}	koi^{22}	kuam^{13}	ɦuam^{21}	ɦuam^{21}
陵水英州	mam^{21}	kut^{3}	ʔuap^{5}	sua^{213}	koi^{22}	kuam^{213}	ɦuam^{21}	ɦuam^{21}

	0585弯	0586刷	0587刮	0588全	0589选	0590转 ~眼，~送	0591传 ~下来	0592传 ~记
	山合二 平删影	山合二 入鎋生	山合二 入鎋见	山合三 平仙从	山合三 上仙心	山合三 上仙知	山合三 平仙澄	山合三 去仙澄
万宁龙滚	ʔuan^{23}	tuak^{5} 名词，牙~	kua^{454}	suan^{42}	tuan^{31}	tuan^{31}	tuan^{42}	tuan^{42}
万宁山根	ʔuan^{24}	sua^{354} 动词，~牙	kua^{354}	suan^{22}	tuan^{32}	tuan^{32} tuan^{22} 又读	suan^{22}	tuan^{41}
万宁万城	ʔuaŋ^{33}	sua^{454} 动词，~牙	kua^{454}	suaŋ^{22}	θuaŋ^{31}	tuaŋ^{31}	suaŋ^{22}	tuaŋ^{42}
陵水光坡	ʔuan^{33}	sua^{454} 动词，~牙	kua^{454}	suan^{21}	tuan^{31}	tuan^{43}	suan^{21}	tuan^{43}
陵水椰林	ʔuam^{22}	sua^{453} 动词，~牙	kua^{453}	suam^{21}	tuam^{41}	tuam^{21}	suam^{21}	tuam^{31}
陵水英州	ʔuam^{22}	sua^{454} 动词，~牙	kua^{454}	suam^{21}	tuam^{31}	tuam^{31}	suam^{21}	tuam^{43}

	0593砖	0594船	0595软	0596卷~起	0597圈圆~	0598权	0599圆	0600院
	山合三 平仙章	山合三 平仙船	山合三 上仙日	山合三 上仙见	山合三 平仙溪	山合三 平仙群	山合三 平仙云	山合三 去仙云
万宁龙滚	tui^{23}	tun^{21}	nui^{31}	kun^{31} 训读（捆） kin^{31}	hou^{23} 训读（箍）	hin^{21}	ʔi^{21}	zuan^{42}
万宁山根	tui^{24}	tun^{22}	nui^{32}	kien^{32}	huan^{24}	hien^{22}	ʔi^{22}	zuan^{41}
万宁万城	tui^{33}	tuŋ^{22}	nui^{31}	keŋ^{31}	hau^{33} 训读（箍）	hiŋ^{22}	ʔi^{22}	duaŋ^{42}
陵水光坡	tui^{33}	tun^{21}	nui^{31}	kun^{31} 训读（捆） kin^{31}	hau^{33} 训读（箍）	hin^{21}	ʔi^{21}	zuan^{43}
陵水椰林	tui^{22}	tum^{21}	nui^{41}	kin^{41}	hau^{22} 训读（箍）	hin^{21}	ʔi^{21}	zuam^{31}
陵水英州	tui^{22}	tun^{21}	nui^{31}	kun^{31} 训读（捆） kin^{31}	hau^{22} 训读（箍）	hin^{21}	ʔi^{21}	zuam^{43}

	0601铅 ~笔	0602绝	0603雪	0604反	0605翻	0606饭	0607晚	0608万 麻将牌
	山合三 平仙以	山合三 入薛从	山合三 入薛心	山合三 上元非	山合三 平元敷	山合三 去元奉	山合三 上元微	山合三 去元微
万宁龙滚	ʔin^{21}	tuak^{3}	toi^{454}	pʰan^{31}	ɦuan^{23}	miɛ^{21} 训读（糜）	ʔam^{312} 训读（暗）	ban^{23}
万宁山根	ɦian^{22}	tuat^{4}	toi^{354}	pʰan^{32}	ɦuan^{24}	muɛ^{22} 训读（糜）	ʔan^{212} 训读（暗）	ban^{24}
万宁万城	ɦiŋ^{22}	tuak$^{\underline{32}}$	θoe^{454}	pʰaŋ^{31}	ɦuaŋ^{33}	muɛ^{22} 训读（糜）	ʔaŋ^{212} 训读（暗）	baŋ^{33}
陵水光坡	ʔin^{21}	tuat^{3}	toi^{454}	pʰam^{31}	ɦuan^{33}	moi^{21} 训读（糜）	ʔam^{34} 训读（暗）	bam^{33}
陵水椰林	ʔin^{21}	tuap$^{\underline{42}}$	toi^{453}	pʰam^{41}	ɦuam^{22}	moi^{21} 训读（糜）	ʔam^{13} 训读（暗）	bam^{22}
陵水英州	ɦin^{21}	tuap^{3}	toi^{454}	pʰam^{31}	ɦuam^{22}	moi^{21} 训读（糜）	ʔam^{213} 训读（暗）	bam^{22}

	0609劝	0610原	0611冤	0612园	0613远	0614发头~	0615罚	0616袜
	山合三 去元溪	山合三 平元疑	山合三 平元影	山合三 平元云	山合三 上元云	山合三 入月非	山合三 入月奉	山合三 入月微
万宁龙滚	hin^{312}	zuan^{21}	ʔin^{23}	ɦui^{21}	ɦui^{42}	ɦuak^{5}	ɦuak^{3}	bat^{3}
万宁山根	hien^{212}	zuan^{22}	ʔien^{24}	ɦui^{22}	ɦui^{41}	ɦuat^{5}	ɦuat^{4}	bat^{5}
万宁万城	heŋ^{212}	duaŋ^{22}	ʔiŋ^{33}	ɦui^{22}	ɦui^{42}	ɦuak$^{\underline{45}}$	ʔuak$^{\underline{32}}$	bak$^{\underline{45}}$
陵水光坡	hin^{34} hin^{454}又读	zuan^{21}	ʔin^{33}	ɦui^{21}	ɦui^{43}	ɦuat$^{\underline{45}}$	ʔuat$^{\underline{45}}$	bat^{3}
陵水椰林	hin^{13}	zuam^{21}	ʔin^{22}	ɦui^{21}	ɦui^{31}白 zuam^{31}文	ɦuap^{5}	ʔuap$^{\underline{42}}$	bap$^{\underline{42}}$
陵水英州	hin^{213}	zuam^{21}	ʔin^{22}	ɦui^{21}	ɦui^{43}	ɦuap^{5}	ɦuap^{3}	bap^{3}

	0617月	0618越	0619县	0620决	0621缺	0622血	0623吞	0624根
	山合三 入月疑	山合三 入月云	山合四 去先匣	山合四 入屑见	山合四 入屑溪	山合四 入屑晓	臻开一 平痕透	臻开一 平痕见
万宁龙滚	giɛ^{31}	zuak^{5} na^{31}	kuai^{23}	kuak^{5}	hiɛ^{454}	ɦiɛ^{454}	hun^{23}	kin^{23}
万宁山根	guɛ^{41}	zuat^{5} na^{32}	kuai^{24}	kuat^{5}	huɛ^{354}	ɦuɛ^{354}	t^{h}un^{24}	kien^{24}
万宁万城	guɛ^{31}	duak$^{\underline{45}}$ na^{31}	kuai^{33}	kuak$^{\underline{45}}$	huɛ^{454}	ɦuɛ^{454}	huŋ^{33}	kiŋ^{33}
陵水光坡	ɦoi^{43}	zuat$^{\underline{45}}$	kuai^{33}	kit$^{\underline{45}}$ kuat$^{\underline{45}}$	hoi^{454}	ɦoi^{454}	t^{h}un^{33}	kin^{33}
陵水椰林	gui^{31} zuap^{5}	na^{41} zuap^{5}	koi^{22}	kuap^{5}	hoi^{453}	ɦoi^{453}	hum^{22}	kin^{22}
陵水英州	gui^{43}	zuap^{5}	kuai^{22}	kuap^{5}	hoi^{454}	ɦoi^{454}	hun^{22}	kin^{22}

	0625恨	0626恩	0627贫	0628民	0629邻	0630进	0631亲~人	0632新
	臻开一 去痕匣	臻开一 平痕影	臻开三 平真並	臻开三 平真明	臻开三 平真来	臻开三 去真精	臻开三 平真清	臻开三 平真心
万宁龙滚	ɦun^{42}	ʔin^{23}	kiaŋ^{21}训读（穷）	min^{21}	lin^{21}	tɕin^{312}	ɕin^{23}	tin^{23}
万宁山根	ɦun^{41}	ʔien^{24}	p^{h}iaŋ^{22}	mian^{22}	lien^{22}	tɕien^{212}	ɕien^{24}	tien^{24}
万宁万城	（无）	ʔiŋ^{33}	kiaŋ^{22}训读（穷）	meŋ^{22}	leŋ^{22}	tɕiŋ^{212}	ɕiŋ^{33}	tθiŋ^{33}
陵水光坡	（无）	ʔin^{33}	kiaŋ^{21}训读（穷）	min^{21}	lin^{33}	tɕin^{34}	ɕin^{33}	tin^{33}
陵水椰林	（无）	ʔin^{22}	kiaŋ^{21}训读（穷） p^{h}in^{21}	min^{21}	lin^{21}	tɕin^{13}	ɕin^{22}	tin^{22}
陵水英州	ɦun^{43}	ʔin^{22}	kiaŋ^{21}训读（穷）	min^{21}	lin^{21}	tɕin^{213}	ɕin^{22}	tin^{22}

	0633镇	0634陈	0635震	0636神	0637身	0638辰	0639人	0640认
	臻开三 去真知	臻开三 平真澄	臻开三 去真章	臻开三 平真船	臻开三 平真书	臻开三 平真禅	臻开三 平真日	臻开三 去真日
万宁龙滚	tin^{312}	ɗan^{21}	tɕin^{312}	tin^{21}	tin^{23}	（无）	naŋ^{21} 训读（侬）	dʑin^{23}
万宁山根	tien^{354}	ɗan^{22} 白 ɕien^{22} 文 ɕien^{41} 又读	tɕien^{32}	tien^{22}	tien^{24}	tien^{22}	naŋ^{22} 训读（侬） dʑien^{32}	dʑien^{24}
万宁万城	ɗiŋ^{454}	ɗaŋ^{22} 白 seŋ^{22} 文	tseŋ^{31}	tθiŋ^{22}	tθiŋ^{33}	tθiŋ^{22}	naŋ^{22} 训读（侬）	dʑiŋ^{33}
陵水光坡	ɗin^{454}	ɗam^{21}	tɕin^{31}	tin^{21}	tin^{33}	tin^{33}	naŋ^{21} 训读（侬）	dʑin^{33}
陵水椰林	ɗin^{453} ɗin^{13}	ɗam^{21} 白 ɕin^{41} 文	tɕin^{41}	tin^{21}	tin^{22}	tin^{21}	dʑin^{41} naŋ^{21} 训读（侬）	dʑin^{22}
陵水英州	ɗin^{454}	ɗam^{21}	tɕin^{31}	tin^{21}	tin^{22}	（无）	naŋ^{21} 训读（侬）	dʑin^{22}

	0641紧	0642银	0643印	0644引	0645笔	0646匹	0647密	0648栗
	臻开三 上真见	臻开三 平真疑	臻开三 去真影	臻开三 上真以	臻开三 入质帮	臻开三 入质滂	臻开三 入质明	臻开三 入质来
万宁龙滚	kin^{31}	ŋin^{21}	ʔin^{312}	ʔin^{31}	ɓik^{3}	pʰik^{5}	mik^{5}	（无）
万宁山根	kien^{32}	ŋien^{22}	ʔien^{212}	ʔien^{32}	ɓik^{5}	pʰik^{5}	mik^{5}	（无）
万宁万城	kiŋ^{31}	ŋiŋ^{33}	ʔiŋ^{212}	ʔiŋ^{31}	ɓik$^{\underline{45}}$	pʰik$^{\underline{45}}$	mik$^{\underline{45}}$	（无）
陵水光坡	kin^{31}	ŋin^{21}	ʔin^{34}	ʔin^{31}	ɓit$^{\underline{45}}$	pʰit$^{\underline{45}}$	mit$^{\underline{45}}$	（无）
陵水椰林	kin^{41}	ŋin^{21}	ʔin^{13}	ʔin^{41}	ɓip^{5}	pʰip$^{\underline{42}}$	mip^{5}	（无）
陵水英州	kin^{31}	ŋin^{21}	ʔin^{213}	ʔin^{31}	ɓik^{5}	pʰik^{5}	mik^{5}	（无）

	0649七	0650侄	0651虱	0652实	0653失	0654日	0655吉	0656一
	臻开三 入质清	臻开三 入质澄	臻开三 入质生	臻开三 入质船	臻开三 入质书	臻开三 入质日	臻开三 入质见	臻开三 入质影
万宁龙滚	ɕik^{5}	tɕip^{3}	tat^{5}	tik^{3}	tik^{5}	dʑik^{3}	kik^{5}	ʔiak^{5} ～二三 ʔik^{5} 三十～
万宁山根	ɕik^{5}	tɕi^{212}	tat^{5}	tik^{4}	tik^{5}	dʑik^{4}	kik^{5}	ʔiat^{5} ～二三 ʔik^{5} 三十～
万宁万城	ɕik$^{\underline{45}}$	θuŋ^{22}	θak$^{\underline{45}}$	tθik$^{\underline{32}}$	tθik$^{\underline{45}}$	dʑik$^{\underline{32}}$	kik$^{\underline{45}}$	dʑiak$^{\underline{32}}$ ～二三 ʔik$^{\underline{45}}$ 三十～
陵水光坡	ɕit$^{\underline{45}}$	tsek^{3}	tat$^{\underline{45}}$	tit^{3}	tit$^{\underline{45}}$	dʑit^{3}	kit$^{\underline{45}}$	dʑiak^{3} ～二三 ʔit$^{\underline{45}}$ 三十～
陵水椰林	ɕip^{5}	tsek$^{\underline{42}}$	tap^{5}	tip$^{\underline{42}}$	tip^{5}	dʑip$^{\underline{42}}$ 太阳 dʑip^{5} ～本	kip^{5}	dʑiak$^{\underline{42}}$ ～二三 ʔip^{5} 三十～
陵水英州	ɕik^{5}	tsek^{3}	tap^{5}	tik^{3}	tik^{5}	dʑik^{3}	kik^{5}	dʑiak^{3} ～二三 ʔik^{5} 三十～

	0657筋	0658劲有~	0659勤	0660近	0661隐	0662本	0663盆	0664门
	臻开三平殷见	臻开三去殷见	臻开三平殷群	臻开三上殷群	臻开三上殷影	臻合一上魂帮	臻合一平魂並	臻合一平魂明
万宁龙滚	kin²³	keŋ⁴⁵⁴	hin²¹	kin⁴²	ʔin³¹	ɓun³¹	pʰun²¹	mui²¹
万宁山根	kien²⁴	keŋ³⁵⁴	hien²²	kien⁴¹	ʔun³²	ɓui³² 书~ ɓun³² ~来	pʰun²²	mui²²
万宁万城	kiŋ³³	keŋ⁴⁵⁴	heŋ²²	kiŋ⁴²	ʔuŋ³¹	ɓuŋ³¹	pʰuŋ²²	mui²²
陵水光坡	kin³³	keŋ⁴⁵⁴	hin²¹	kin⁴³	ʔun³¹	ɓun³¹	pʰun²¹	mui²¹
陵水椰林	kin²²	keŋ⁴⁵³	hin²¹	kin³¹	ʔum⁴¹	ɓui⁴¹ 书~ ɓum⁴¹ ~来	pʰum²¹	mui²¹
陵水英州	kin²²	keŋ⁴⁵⁴	hin²¹	kin⁴³	ʔin³¹	ɓui³¹	pʰun²¹	mui²¹

	0665墩	0666嫩	0667村	0668寸	0669蹲	0670孙~子	0671滚	0672困
	臻合一平魂端	臻合一去魂泥	臻合一平魂清	臻合一去魂清	臻合一平魂从	臻合一平魂心	臻合一上魂见	臻合一去魂溪
万宁龙滚	ɗun²³	ʔiu³¹² 训读（幼）	sui²³	sun³¹²	tun²³	tun²³	kun³¹	hun³¹²
万宁山根	ɗun²⁴	nun³⁵⁴	sui²⁴	sun²¹²	tun²⁴ toŋ²² 又读	tun²⁴	kun³²	hun³⁵⁴
万宁万城	ɗuŋ³³	nuŋ⁴⁵⁴	sui³³	suŋ²¹²	（无）	θuŋ³³	kuŋ³¹	huŋ⁴⁵⁴
陵水光坡	ɗun³³	nun⁴⁵⁴	sui³³	sun³⁴	tun³³	tun³³	kun³¹	hun³⁴
陵水椰林	ɗum²²	num⁴⁵³	sui²²	sum¹³	tum²²	tum²²	kum⁴¹	hum¹³ ~难 hum⁴⁵³ 睡觉
陵水英州	ɗun³¹	ʔiu²¹³ 训读（幼）	sui²²	sun²¹³	toŋ²¹	tun²²	kun³¹	hun²¹³ ~难 hun⁴⁵⁴ 睡觉

	0673婚	0674魂	0675温	0676卒棋子	0677骨	0678轮	0679俊	0680笋
	臻合一平魂晓	臻合一平魂匣	臻合一平魂影	臻合一入没精	臻合一入没见	臻合三平谆来	臻合三去谆精	臻合三上谆心
万宁龙滚	ɦun²³	ɦun²¹	ʔun²³	tuk⁵	kuk⁵	lun²¹	tun⁴⁵⁴	tun³¹
万宁山根	ɦun²⁴	ɦun²²	ʔun²⁴	tut⁵	kut⁵	lun²²	tun³⁵⁴	tun³²
万宁万城	ɦuŋ³³	ɦuŋ²²	ʔuŋ³³	tuk<u>⁴⁵</u>	kuk<u>⁴⁵</u>	luŋ²²	tuŋ⁴⁵⁴	θuŋ³¹
陵水光坡	ɦun³³	ɦun²¹	ʔun³³	tut<u>⁴⁵</u>	kut<u>⁴⁵</u>	lun²¹	tun⁴⁵⁴	tun³¹
陵水椰林	ɦum²²	ɦum²¹	ʔum²²	tuk⁵	kuk⁵	lum²¹	tum⁴⁵³	tum⁴¹
陵水英州	ɦun²²	ɦun²¹	ʔun²²	tut⁵	kut⁵	lun²¹	tun⁴⁵⁴	tun³¹

	0681准	0682春	0683唇	0684顺	0685纯	0686闰	0687均	0688匀
	臻合三 上谆章	臻合三 平谆昌	臻合三 平谆船	臻合三 去谆船	臻合三 平谆禅	臻合三 去谆日	臻合三 平谆见	臻合三 平谆以
万宁龙滚	tun^{31}	sun^{23}	ɗun^{21}	tun^{42}	ɗun^{21}	zun^{23}	kun^{23}	zun^{21}
万宁山根	tun^{32}	sun^{24}	ɗun^{22}	tun^{41}	ɗun^{22}	zun^{24}	kun^{24}	zun^{22} kun^{24}又读
万宁万城	tuŋ^{31}	suŋ^{33}	ɗuŋ^{22}	θuŋ^{42}	ɗuŋ^{22}	duŋ^{33}	kuŋ^{33}	duŋ^{22}
陵水光坡	tun^{31}	sun^{33}	ɗun^{21}	t^{h}un^{43}	ɗun^{21}	zun^{34}	kun^{33}	zun^{21}
陵水椰林	tum^{41}	sum^{22}	lum^{21}	tum^{31}	ɗum^{21}	zum^{22}	kum^{22}	zum^{21}
陵水英州	tun^{31}	sun^{22}	tun^{21}	tun^{43}	ɗun^{21}	zun^{22}	kun^{22}	zun^{21}

	0689律	0690出	0691橘	0692分动	0693粉	0694粪	0695坟	0696蚊
	臻合三 入术来	臻合三 入术昌	臻合三 入术见	臻合三 平文非	臻合三 上文非	臻合三 去文非	臻合三 平文奉	臻合三 平文微
万宁龙滚	luk^{3}	suk^{5}	kik^{5}	ɦun^{23}	ɦun^{31}	ɓun^{312}	p^{h}un^{21}	maŋ^{31}训读（蠓）
万宁山根	lut^{4}	sut^{5}	kik^{5}	ɓun^{24}	ɦun^{32}	ɓun^{212}	p^{h}un^{22}	bun^{24} maŋ^{32}训读（蠓）
万宁万城	luk$^{\underline{32}}$	suk$^{\underline{45}}$	kik$^{\underline{45}}$	ɓuŋ^{33}	ɦuŋ^{31}	ɓuŋ^{212}	p^{h}uŋ^{22}	maŋ^{31}训读（蠓）
陵水光坡	lut^{3}	sut$^{\underline{45}}$	kit$^{\underline{45}}$	ɓun^{33}	ɦun^{31}	ɓun^{34}	p^{h}un^{21}	maŋ^{31}训读（蠓）
陵水椰林	luk$^{\underline{42}}$	suk^{5}	kip^{5}	ɓum^{22}	ɦum^{41}	ɓum^{13}	p^{h}um^{21}	maŋ^{41}训读（蠓）
陵水英州	lut^{3}	sut^{5}	kik^{5} ka^{22}又读	ɓun^{22}	ɦun^{31}	ɓun^{213}	p^{h}un^{21}	maŋ^{31}训读（蠓）

	0697问	0698军	0699裙	0700熏	0701云~彩	0702运	0703佛~像	0704物
	臻合三 去文微	臻合三 平文见	臻合三 平文群	臻合三 平文晓	臻合三 平文云	臻合三 去文云	臻合三 入物奉	臻合三 入物微
万宁龙滚	mui^{23}	kun^{23}	kun^{21}	（无）	ɦun^{21}	zun^{42}	ɓuk^{3}	buk^{3}
万宁山根	mui^{24}白 bun^{41}文	kun^{24}	kun^{22}	ɦun^{24}	ɦun^{22}	zun^{41}	ɓut^{4}	but^{4}
万宁万城	mui^{33}	kuŋ^{33}	kuŋ^{22}	ɦuŋ^{33}	ɦuŋ^{22}	duŋ^{42}	ɓuk$^{\underline{32}}$	buk$^{\underline{32}}$
陵水光坡	mui^{33}	kun^{33}	kun^{21}	ɦun^{33}	zun^{21}	zun^{43}	ɓut^{3}	but^{3}
陵水椰林	mui^{22}	kum^{22}	kum^{21}	（无）	ɦum^{21} zum^{21}又读	zum^{31}	p^{h}uk^{5}	buk$^{\underline{42}}$~理 buk^{5}人~
陵水英州	mui^{22}	kun^{22}	kun^{21}	（无）	zun^{21}	zun^{43}	p^{h}o^{21}	but^{3}

	0705帮	0706忙	0707党	0708汤	0709糖	0710浪	0711仓	0712钢名
	宕开一 平唐帮	宕开一 平唐明	宕开一 上唐端	宕开一 平唐透	宕开一 平唐定	宕开一 去唐来	宕开一 平唐清	宕开一 平唐见
万宁龙滚	ɓaŋ^{23}	maŋ^{21}	ɗa^{31}	hɔ^{23}	hɔ^{21}	lɔ^{23}	sɔ^{23}	kɔ^{312}
万宁山根	ɓaŋ^{24}	maŋ^{22}	ɗaŋ^{32}	tʰɔ^{24}	tʰɔ^{22}	lɔ^{24}风～ laŋ^{354}～费	sɔ^{24}	kɔ^{212}
万宁万城	ɓaŋ^{33}	maŋ^{22}	ɗaŋ^{31}	ho^{33}	ho^{22}	laŋ^{454}	so^{33}	ko^{212}
陵水光坡	ɓaŋ^{33}	maŋ^{21}	ɗaŋ^{31}	ho^{33}	tʰo^{21}	laŋ^{454}	so^{33}	ko^{34}
陵水椰林	ɓaŋ^{22}	maŋ^{21}	ɗaŋ^{41}	ho^{22}	ho^{21}	laŋ^{453}	so^{22}	ko^{13}
陵水英州	ɓaŋ^{22}	maŋ^{21}	ɗaŋ^{31}	ho^{22}	ho^{21}	lo^{22}	so^{22}	ko^{213}

	0713糠	0714薄形	0715摸	0716托	0717落	0718作	0719索	0720各
	宕开一 平唐溪	宕开一 入铎並	宕开一 入铎明	宕开一 入铎透	宕开一 入铎来	宕开一 入铎精	宕开一 入铎心	宕开一 入铎见
万宁龙滚	hɔ^{23}	ɓɔ^{42}	mou^{21}	hɔ^{454}	lak^{5}	tɔ^{454}	tɔ^{312}	kok^{5}
万宁山根	hɔ^{24}	ɓɔ^{41}	mau^{22}	tʰok^{5}	lak^{5}	tok^{5} tɔ^{354}又读	tɔ^{212}	kok^{5}
万宁万城	haŋ^{33}	ɓo^{31}	mo^{22}	ho^{454}	lak$^{\underline{45}}$	to^{454}	θo^{454}	ko^{454}
陵水光坡	ho^{33}	ɓo^{43}	mau^{21}	tʰo^{454}	lak$^{\underline{45}}$	to^{454}	to^{34} to^{454}又读	ko^{454}
陵水椰林	ho^{22}	ɓo^{31}	mau^{21}	ho^{453}	lak^{5}	to^{453}	to^{13} to^{453}又读	ko^{453}
陵水英州	ho^{22}	ɓo^{43}	mau^{21}	ho^{454}	lak^{5}	to^{454}	to^{213}	ko^{454}

	0721鹤	0722恶形，入声	0723娘	0724两斤～	0725亮	0726浆	0727抢	0728匠
	宕开一 入铎匣	宕开一 入铎影	宕开三 平阳泥	宕开三 上阳来	宕开三 去阳来	宕开三 平阳精	宕开三 上阳清	宕开三 去阳从
万宁龙滚	ɦak^{3}	ʔok^{5}	nio^{21}	lio^{31}	kui^{23}训读（光）	tɕio^{21}	kiap^{5}劫	tɕiaŋ^{454}
万宁山根	ɦak^{5}	ʔok^{5}	nio^{22}	lio^{32}	liaŋ^{354}	tɕio^{212}	saŋ^{24}	tɕiaŋ^{354}
万宁万城	ɦak$^{\underline{45}}$	ʔok$^{\underline{45}}$	nio^{22}	lio^{31}	kui^{33}训读（光） liaŋ^{454}	tɕiaŋ^{454}	ɕiaŋ^{31}	tɕiaŋ^{454}
陵水光坡	ɦak^{3}	ʔok$^{\underline{45}}$	nio^{21}	lio^{31}	liaŋ^{34}	tɕio^{34}	saŋ^{34}	tɕiaŋ^{454}
陵水椰林	ɦak$^{\underline{42}}$	ʔok^{5}	nio^{21}	lio^{41}	kui^{22}训读（光） liaŋ^{453}	tɕio^{13}白 tɕiaŋ^{453}文	saŋ^{13}	tɕiaŋ^{453}
陵水英州	kap^{5}	ʔok^{5}	nio^{21}	lio^{31}	liaŋ^{454}	tɕio^{213}	kiap^{5}劫	tɕiaŋ^{454}

	0729想	0730像	0731张量	0732长~短	0733装	0734壮	0735疮	0736床
	宕开三 上阳心	宕开三 上阳邪	宕开三 平阳知	宕开三 平阳澄	宕开三 平阳庄	宕开三 去阳庄	宕开三 平阳初	宕开三 平阳崇
万宁龙滚	tio^{31}	çiaŋ^{42}	tçiaŋ^{23}	ɗɔ^{21}	tɔ^{23} tuaŋ^{23}又读	tuaŋ^{312}	sɔ^{23}	sɔ^{21}
万宁山根	tio^{32}	çiaŋ^{41}	tçiaŋ^{24}	ɗɔ^{22}	tɔ^{24}	tuaŋ^{212}	sɔ^{24}	sɔ^{22}
万宁万城	tθio^{31}	tçiaŋ^{212}	tçiaŋ^{33}	ɗo^{22}	to^{33}	tuaŋ^{212}	so^{33}	so^{22}
陵水光坡	tio^{43}	tio^{34}	tçiaŋ^{33}	ɗo^{22}	to^{33}	tuaŋ^{34}	so^{33}	so^{21}
陵水椰林	tio^{31}	tio^{13}	tçiaŋ^{22}	ɗo^{21}	to^{22}	tuaŋ^{13}	so^{22}	so^{21}
陵水英州	tio^{43}	tio^{43}	tçiaŋ^{22}	ɗo^{21}	to^{22}	tuaŋ^{213}	so^{22}	so^{21}

	0737霜	0738章	0739厂	0740唱	0741伤	0742尝	0743上~去	0744让
	宕开三 平阳生	宕开三 平阳章	宕开三 上阳昌	宕开三 去阳昌	宕开三 平阳书	宕开三 平阳禅	宕开三 上阳禅	宕开三 去阳日
万宁龙滚	suaŋ^{23}	tçiaŋ^{23}	çiaŋ^{31}	saŋ^{312}	tiaŋ^{23}	tiaŋ^{31}	tçio^{42}	dʑiaŋ^{42}
万宁山根	suaŋ^{24}	tçiaŋ^{24}	çiaŋ^{32}	saŋ^{212}	tiaŋ^{24}	tiaŋ^{32}	tçio^{41}	dʑiaŋ^{41}
万宁万城	θo^{33}	tçiaŋ^{33}	tçiaŋ^{31}	saŋ^{212}	tθiaŋ^{33}	tθiaŋ^{31}	tçio^{42}	dʑiaŋ^{42}
陵水光坡	suaŋ^{33}	tçiaŋ^{33}	çiaŋ^{31}	saŋ^{34}	tiaŋ^{33}	tiaŋ^{31}	tçio^{43}	dʑiaŋ^{43}
陵水椰林	suaŋ^{22} çiaŋ^{22}又读	tçiaŋ^{22}	çiam^{41}	saŋ^{13}	tiaŋ^{22}	tiaŋ^{41}	tçio^{31}	dʑiaŋ^{31}
陵水英州	suaŋ^{22}	tçiaŋ^{22}	çiaŋ^{31}	saŋ^{213}	tiaŋ^{22}	saŋ^{31}	tçio^{43}	dʑiaŋ^{43}

	0745姜生~	0746响	0747向	0748秧	0749痒	0750样	0751雀	0752削
	宕开三 平阳见	宕开三 上阳晓	宕开三 去阳晓	宕开三 平阳影	宕开三 上阳以	宕开三 去阳以	宕开三 入药精	宕开三 入药心
万宁龙滚	kio^{23}白 kiaŋ^{23}文	ɦiaŋ^{31}	ɦio^{312}	ʔɔ^{23}	tçio^{42}	ʔio^{23}	çiak^{5}	（无）
万宁山根	kio^{24}白 kiaŋ^{24}文	ɦiaŋ^{32}	ɦio^{212}	ʔɔ^{24}	tçio^{41}	ʔio^{24}	çiak^{5}	（无）
万宁万城	kio^{33}白 kiaŋ^{33}文	ɦiaŋ^{31}	ɦio^{212}	ʔo^{33}	tçio^{42}	ʔio^{33}	çiak^{45}	pʰoe^{33}
陵水光坡	kio^{33}白 kiaŋ^{33}文	ɦiaŋ^{31}	ɦio^{34} dʑiaŋ^{34}人名	ʔo^{33}	tçio^{43}	ʔio^{33}	çiak^{45}	tia^{454}
陵水椰林	kio^{22}白 kiaŋ^{22}文	dʑiaŋ^{453}	dʑio^{13}	ʔo^{22}	tçio^{31}	ʔio^{22}	çiak^{5}	tia^{453}~皮 çiau^{22}剥~
陵水英州	kio^{22}白 kiaŋ^{22}文	ɦiaŋ^{31}	dʑio^{213}	ʔo^{22}	tçio^{43}	ʔio^{22}	çiak^{5}	pʰoi^{22}

	0753着 火~了	0754勺	0755弱	0756脚	0757约	0758药	0759光~线	0760慌
	宕开三入药知	宕开三入药禅	宕开三入药日	宕开三入药见	宕开三入药影	宕开三入药以	宕合一平唐见	宕合一平唐晓
万宁龙滚	ɗio^{42}	zun^{21} ɕia^{42}	niak^{3}	ha^{23}训读（骹）	ʔiak^{5}	ʔio^{42}	kuaŋ^{23}	ɦuaŋ^{23}
万宁山根	ɗio^{41}白 tsok^{5}文	ɕia^{41}	niak^{4}	ha^{24}训读（骹）	ʔiak^{5}	ʔio^{32}	kuaŋ^{24}	ɦuaŋ^{24}
万宁万城	ɗo^{42}白 tsok$^{\underline{32}}$文	ɕia^{31}	niok$^{\underline{32}}$	ha^{33}训读（骹）	ʔiok$^{\underline{45}}$	ʔio^{31}	kuaŋ^{33}	ɦuaŋ^{33}
陵水光坡	ɗio^{43}	ɕia^{31}	niok^{3}	ha^{33}训读（骹）	ʔiok$^{\underline{45}}$	ʔio^{454}	kuaŋ^{33}	ɦuaŋ^{33}
陵水椰林	tsok$^{\underline{42}}$	tsau^{13}	niok$^{\underline{42}}$	ha^{22}训读（骹）	ʔiok^{5}	ʔio^{453}	kui^{22}白 kuaŋ^{22}文	ɦuaŋ^{22}
陵水英州	tsok^{3}	ɕia^{43}	niok^{3}	ha^{22}训读（骹）	ʔiok^{5}	ʔio^{43}	kui^{22}	ɦuaŋ^{22}

	0761黄	0762郭	0763霍	0764方	0765放	0766纺	0767房	0768防
	宕合一平唐匣	宕合一入铎见	宕合一入铎晓	宕合三平阳非	宕合三去阳非	宕合三上阳敷	宕合三平阳奉	宕合三平阳奉
万宁龙滚	ʔui^{21}白 ʔuaŋ^{21}文	kiɛ^{454}	hok^{5}	p^{h}aŋ^{23}	ɓaŋ^{312}	p^{h}aŋ^{31}	ɓaŋ^{21}	p^{h}aŋ^{21}
万宁山根	ʔui^{22}白 ʔuaŋ^{22}文	kuɛ^{354}	hak^{5}	p^{h}aŋ^{24}	ɓaŋ^{212}	p^{h}aŋ^{32}	ɓaŋ^{22}	p^{h}aŋ^{22}
万宁万城	ʔui^{22}	kuɛ^{454}	huk$^{\underline{45}}$	p^{h}aŋ^{33}	ɓaŋ^{212}	p^{h}aŋ^{22}	ɓaŋ^{22}	p^{h}aŋ^{22}
陵水光坡	ʔui^{21}	koi^{454}	hok$^{\underline{45}}$	p^{h}aŋ^{33}	ɓaŋ^{34}	p^{h}aŋ^{31}	ɓaŋ^{21}	p^{h}aŋ^{21}
陵水椰林	ʔui^{21}	kui^{453}	huk^{5}	p^{h}aŋ^{22}	ɓaŋ^{13}	p^{h}aŋ^{41}	ɓaŋ^{21}	p^{h}aŋ^{21}
陵水英州	ʔui^{21}	koi^{454}	（无）	p^{h}aŋ^{22}	ɓaŋ^{213}	p^{h}aŋ^{21}	ɓaŋ^{21}	p^{h}aŋ^{21}

	0769网	0770筐	0771狂	0772王	0773旺	0774缚	0775绑	0776胖
	宕合三上阳微	宕合三平阳溪	宕合三平阳群	宕合三平阳云	宕合三去阳云	宕合三入药奉	江开二上江帮	江开二去江滂
万宁龙滚	maŋ^{42}	hiaŋ^{23}	（无）	ʔuaŋ^{21}	guaŋ^{454}	ɓak^{3}	ɓak^{3}	ɓui^{21}训读（肥）
万宁山根	maŋ^{41}	hiaŋ^{24}	huaŋ^{32}	ʔuaŋ^{22}	guaŋ^{354}	ɓak^{4}	ɓaŋ^{24}	p^{h}uan^{354}
万宁万城	maŋ^{42}	huaŋ^{33}	huaŋ^{22}	ʔuaŋ^{22}	guaŋ^{42}	ɓak$^{\underline{32}}$	ɓak$^{\underline{32}}$	p^{h}aŋ^{454}
陵水光坡	maŋ^{43}	huaŋ^{33}	ɦuaŋ^{21}	ɦuaŋ^{21}	ɦuaŋ^{43}	ɓak^{3}	ɓak^{3}	ɓui^{21}训读（肥）
陵水椰林	maŋ^{31}	huaŋ^{22}	ɦuaŋ^{21}	ɦuaŋ^{21}	ɦuaŋ^{31}	ɓak$^{\underline{42}}$	ɓak$^{\underline{42}}$	p^{h}aŋ^{453}
陵水英州	maŋ^{43}	huaŋ^{22}	（无）	ʔuaŋ^{21}	kuaŋ^{454}	ɓak^{3}	ɓak^{3}	ɓui^{21}训读（肥）

	0777棒	0778桩	0779撞	0780窗	0781双	0782江	0783讲	0784降投~
	江开二 上江並	江开二 平江知	江开二 去江澄	江开二 平江初	江开二 平江生	江开二 平江见	江开二 上江见	江开二 平江匣
万宁龙滚	pʰoŋ^{454}	tuaŋ^{23}	pʰoŋ^{312}训读(碰)	hiaŋ^{23}	tiaŋ^{23}	kiaŋ^{23}	koŋ^{31}	kiaŋ^{312}
万宁山根	pʰoŋ^{354}	tuaŋ^{24}	pʰoŋ^{212}训读(碰)	tʰiaŋ^{24}	tiaŋ^{24}	kiaŋ^{24}	koŋ^{32}	kiaŋ^{212}
万宁万城	pʰoŋ^{454}	tuaŋ^{33}	pʰoŋ^{212}训读(碰)	hiaŋ^{33}	tθiaŋ^{33}	kiaŋ^{33}	koŋ^{31}	kiaŋ^{212}
陵水光坡	ɓaŋ^{454}	tuaŋ^{33}	tsuaŋ^{454}	hiaŋ^{33}	tiaŋ^{33}	kiaŋ^{33}	koŋ^{31}	kiaŋ^{34}
陵水椰林	pʰoŋ^{453}	tuaŋ^{22}	pʰoŋ^{13}训读(碰)	hiaŋ^{22}	tiaŋ^{22}	kiaŋ^{22}	koŋ^{41}	kiaŋ^{13}
陵水英州	pʰaŋ^{454}	tuaŋ^{22}	pʰoŋ^{213}训读(碰)	hiaŋ^{22}	tiaŋ^{22}	kiaŋ^{22}	koŋ^{31}	kiaŋ^{213}

	0785项	0786剥	0787桌	0788镯	0789角	0790壳	0791学	0792握
	江开二 上江匣	江开二 入觉帮	江开二 入觉知	江开二 入觉崇	江开二 入觉见	江开二 入觉溪	江开二 入觉匣	江开二 入觉影
万宁龙滚	(无)	ɓɛ^{454}	tɔ^{454}	tɔ^{42}	kak^{5}	hak^{5}	ʔɔ^{42}	ʔok^{5}
万宁山根	(无)	ɓak^{5}	tok^{5}	tɔ^{41}	kak^{5}	hak^{5}	ʔɔ^{41}	ʔok^{5}
万宁万城	(无)	ɓak$^{\underline{45}}$	ɗo^{454}	θo^{31}	kak$^{\underline{45}}$	hak$^{\underline{45}}$	ʔo^{31}	ʔo^{212}
陵水光坡	ɦaŋ^{454}	ɓak$^{\underline{45}}$	ɗo^{454}	to^{43}	kak$^{\underline{45}}$	hak$^{\underline{45}}$	ʔo^{43}	ʔok$^{\underline{45}}$
陵水椰林	(无)	ɓak^{5}	ɗo^{453}	to^{31}	kak^{5}	hak^{5}	ʔo^{31}	ʔok^{5}
陵水英州	(无)	ɓak^{5}	ɗo^{454}	to^{43}	kak^{5}	hak^{5}	ʔo^{43}	ʔok^{5}

	0793朋	0794灯	0795等	0796凳	0797藤	0798能	0799层	0800僧
	曾开一 平登並	曾开一 平登端	曾开一 上登端	曾开一 去登端	曾开一 平登定	曾开一 平登泥	曾开一 平登从	曾开一 平登心
万宁龙滚	pʰoŋ^{21}	ɗen^{23}	ɗen^{31}	ɗen^{31}	ɗin^{31}	nen^{21}	ɗiaŋ^{21}训读(重)	tsen^{23}
万宁山根	pʰoŋ^{22}	ɗen^{24}	ɗen^{32}	ɗen^{354}	ɗien^{22}	nen^{22}	ɗiaŋ^{22}训读(重)	tsen^{24}
万宁万城	pʰoŋ^{22}	ɗeŋ^{33}	ɗaŋ^{31}	ɗeŋ^{454}	ɗiŋ^{22}	neŋ^{22}	ɗiaŋ^{22}训读(重)	tseŋ^{33}
陵水光坡	pʰoŋ^{21}	ɗen^{33}	ɗam^{31}	ɗin^{34}	ɗin^{21}	nen^{21}	ɗiaŋ^{21}训读(重)	tsen^{33}
陵水椰林	pʰoŋ^{21}	ɗeŋ^{22}	ɗam^{41}白 ɗeŋ^{41}文	ɗin^{13}	ɗin^{21}	neŋ^{21}	ɗiaŋ^{21}训读(重)	tseŋ^{22}
陵水英州	pʰoŋ^{21}	ɗeŋ^{22}	ɗam^{31}	ɗin^{213}	ɗin^{21}	neŋ^{21}	ɗiaŋ^{21}训读(重)	tseŋ^{22}

	0801肯	0802北	0803墨	0804得	0805特	0806贼	0807塞	0808刻
	曾开一 上登溪	曾开一 入德帮	曾开一 入德明	曾开一 入德端	曾开一 入德定	曾开一 入德从	曾开一 入德心	曾开一 入德溪
万宁龙滚	hin^{31}	ɓak^{5}	bak^{3}	ɗik^{5}	ɗek^{3}	sak^{3}	hat^{5}	hek^{5}
万宁山根	hien^{32}	ɓak^{5}	bak^{4}	ɗik^{5}	ɗek^{4}	sak^{4}	kai^{212}	hek^{5}
万宁万城	hiŋ^{31}	ɓak$^{\underline{45}}$	bak$^{\underline{32}}$	ɗik$^{\underline{45}}$	ɗok$^{\underline{32}}$	sak$^{\underline{32}}$	hak$^{\underline{45}}$	hek$^{\underline{45}}$
陵水光坡	hin^{31}	ɓak$^{\underline{45}}$	bak^{3}	ɗit$^{\underline{45}}$	ɗek^{3}	sat^{3}	hat$^{\underline{45}}$	hek$^{\underline{45}}$
陵水椰林	hin^{41}	ɓak^{5}	bak$^{\underline{42}}$	ɗip^{5}	ɗek$^{\underline{42}}$	sap$^{\underline{42}}$	hap^{5}	hek^{5} hap^{5}又读
陵水英州	hin^{31}	ɓak^{5}	bak^{3}	ɗik^{5}	ɗek^{3}	sap^{3}	hap^{5}	hek^{5}

	0809黑	0810冰	0811证	0812秤	0813绳	0814剩	0815升	0816兴高～
	曾开一 入德晓	曾开三 平蒸帮	曾开三 去蒸章	曾开三 去蒸昌	曾开三 平蒸船	曾开三 去蒸船	曾开三 平蒸书	曾开三 去蒸晓
万宁龙滚	ʔou^{23}训读（乌）	ɓen^{23}	tsen^{312}	ɕin^{312}	sen^{21}	ten^{23}	ten^{23}	ɦen^{312}
万宁山根	ʔau^{24}训读（乌）	ɓen^{24}	tsen^{212}	ɕien^{212}	ɕien^{22}	ten^{41}	ten^{24}	ɦen^{212}
万宁万城	ʔau^{33}训读（乌）	ɓeŋ^{33}	tseŋ^{212}	ɕiŋ^{212}	seŋ^{22}	θeŋ^{42}	θeŋ^{33}	ɦeŋ^{212}
陵水光坡	ʔau^{33}训读（乌）	ɓen^{33}	tsen^{34}	ɕin^{34}	sen^{21}	ten^{43}	ten^{33}	ɦen^{34}
陵水椰林	ʔau^{22}训读（乌）	ɓeŋ^{22}	tseŋ^{13}	ɕin^{13}	seŋ^{21}	teŋ^{31}	teŋ^{22}	ɦeŋ^{13}
陵水英州	ʔau^{22}训读（乌）	ɓeŋ^{22}	tseŋ^{213}	ɕin^{213}	seŋ^{21}	teŋ^{43}	teŋ^{22}	ɦeŋ^{213}

	0817蝇	0818逼	0819力	0820息	0821直	0822侧	0823测	0824色
	曾开三 平蒸以	曾开三 入职帮	曾开三 入职来	曾开三 入职心	曾开三 入职澄	曾开三 入职庄	曾开三 入职初	曾开三 入职生
万宁龙滚	（无）	ɓek^{5}	lat^{3}	tek^{5}	ɗik^{3}	sek^{5}	sek^{5}	tek^{5}
万宁山根	ɕien^{22}	ɓek^{5}	lat^{4}	tek^{5}	ɗik^{4}	sek^{5}	sek^{5}	tek^{5}
万宁万城	seŋ^{22}	ɓek$^{\underline{45}}$	lak$^{\underline{32}}$	tθek$^{\underline{45}}$	ɗik$^{\underline{32}}$	ɕiek$^{\underline{45}}$	ɕiek$^{\underline{45}}$	θek$^{\underline{45}}$
陵水光坡	tin^{21}	ɓit$^{\underline{45}}$	lat^{3}	tek$^{\underline{45}}$	ɗit^{3}	sek$^{\underline{45}}$	sek$^{\underline{45}}$	tek$^{\underline{45}}$
陵水椰林	seŋ^{21}	ɓek^{5}	lap$^{\underline{42}}$	tek^{5}	ɗip$^{\underline{42}}$	sek^{5}	sek^{5}	tek^{5}
陵水英州	（无）	ɓek^{5}	lap^{3}	tek^{5}	ɗik^{3}	sek^{5}	sek^{5}	tek^{5}

	0825织	0826食	0827式	0828极	0829国	0830或	0831猛	0832打
	曾开三入职章	曾开三入职船	曾开三入职书	曾开三入职群	曾合一入德见	曾合一入德匣	梗开二上庚明	梗开二上庚端
万宁龙滚	tsɛ^{454}	tɕia^{31}	tek^{5}	kek^{3}	kok^{5}	ɦok^{3}	moŋ^{454}	pʰa^{454} 训读(拍)
万宁山根	tsᴇ^{354}	tɕia^{32}	tek^{5}	kek^{4}	kok^{5}	ɦok^{4}	moŋ^{354}	pʰak^{5} 训读(拍)
万宁万城	tsek$^{\underline{45}}$	tɕia^{31}	θek$^{\underline{45}}$	kek$^{\underline{32}}$	kok$^{\underline{45}}$	ɦok$^{\underline{32}}$	moŋ^{454}	pʰa^{454} 训读(拍)
陵水光坡	tsᴇ^{454}	tɕia^{43}	tek$^{\underline{45}}$	kek^{3}	kok$^{\underline{45}}$	ɦok^{3}	moŋ^{454}	pʰa^{454} 训读(拍)
陵水椰林	tsɛ^{453}	tɕia^{41}	tek^{5}	kek$^{\underline{42}}$	kok^{5}	ɦok$^{\underline{42}}$ ～者 ɦok^{5} 间～	moŋ^{31}	pʰa^{453} 训读(拍)
陵水英州	tɕik^{5}	tɕia^{31}	ɕi^{213}	kek^{3}	kok^{5}	ɦok^{3}	moŋ^{43}	pʰa^{454} 训读(拍)

	0833冷	0834生	0835省～长	0836更 三～，打～	0837梗	0838坑	0839硬	0840行 ～为，～走
	梗开二上庚来	梗开二平庚生	梗开二上庚生	梗开二平庚见	梗开二上庚见	梗开二平庚溪	梗开二去庚疑	梗开二平庚匣
万宁龙滚	lɛ^{31}	tɛ^{23} 白 sen^{23} 文	ten^{31}	kɛ^{23}	（无）	haŋ^{23}	ŋɛ^{42}	kia^{21}
万宁山根	lᴇ^{32}	tᴇ^{24} 白 ten^{24} 文	ten^{32}	kᴇ^{24}	（无）	haŋ^{24}	ŋᴇ^{41}	kia^{22}
万宁万城	lᴇ^{31}	θᴇ^{33}	θeŋ^{31}	kᴇ^{33}	kuk$^{\underline{45}}$	haŋ^{212}	ŋᴇ^{42}	kia^{22}
陵水光坡	lᴇ^{43}	tᴇ^{33}	ten^{31}	kᴇ^{33}	（无）	haŋ^{34}	ŋᴇ^{43}	kia^{21}
陵水椰林	lɛ^{31}	tɛ^{22}	teŋ^{41}	kɛ^{22}	kuk^{5} keŋ^{22} 又读	haŋ^{13}	ŋɛ^{31}	kia^{21}
陵水英州	lɛ^{43}	tɛ^{22}	teŋ^{31}	kɛ^{22}	kut^{5}	haŋ^{22}	ŋɛ^{43}	kia^{21}

	0841百	0842拍	0843白	0844拆	0845择	0846窄	0847格	0848客
	梗开二入陌帮	梗开二入陌滂	梗开二入陌並	梗开二入陌彻	梗开二入陌澄	梗开二入陌庄	梗开二入陌见	梗开二入陌溪
万宁龙滚	ɓɛ^{454}	pʰai^{23}	ɓɛ^{42}	hia^{454}	tsek^{5}	ta^{312}	kɛ^{454}	hɛ^{454}
万宁山根	ɓᴇ^{354}	pʰai^{24} ～打 ɓok^{5} ～照	ɓᴇ^{41}	tʰia^{354} tʰiak^{5} 又读	kai^{32} 训读(拣)	ta^{212}	kᴇ^{354}	hᴇ^{354}
万宁万城	ɓᴇ^{454}	pʰai^{33}	ɓᴇ^{42}	hia^{454}	kai^{31} 训读(拣)	ta^{212}	kᴇ^{454}	hᴇ^{454}
陵水光坡	ɓᴇ^{454}	pʰai^{33}	ɓᴇ^{43}	hia^{454}	kai^{31} 训读(拣)	tsa^{454}	kᴇ^{454}	hᴇ^{454}
陵水椰林	ɓɛ^{453}	pʰai^{22}	ɓɛ^{31}	hia^{453}	kai^{41} 训读(拣)	tsa^{453}	kɛ^{453}	hɛ^{453}
陵水英州	ɓɛ^{454}	pʰai^{22}	ɓɛ^{43}	hia^{454}	zek^{5}	tsa^{213}	kɛ^{454}	hɛ^{454}

	0849额	0850棚	0851争	0852耕	0853麦	0854摘	0855策	0856隔
	梗开二 入陌疑	梗开二 平耕並	梗开二 平耕庄	梗开二 平耕见	梗开二 入麦明	梗开二 入麦知	梗开二 入麦初	梗开二 入麦见
万宁龙滚	（无）	p^{h}oŋ^{21}	tsɛ^{23}	ken^{23}	bɛ^{42}	ɗia^{454}	sek^{5}	kɛ^{454}
万宁山根	ŋᴇ^{41}	p^{h}oŋ^{22}	tsᴇ^{24}	ken^{24}	bᴇ^{41}	ɗiak^{5}	sek^{5}	kᴇ^{454}
万宁万城	ŋᴇ^{31}	p^{h}oŋ^{22}	tsᴇ^{33}	keŋ^{33}	mᴇ^{454}	ɗia^{454}	çiek$^{\underline{45}}$	kᴇ^{454}
陵水光坡	ŋᴇ^{43}	p^{h}oŋ^{21}	tsᴇ^{33}	ken^{33}	bᴇ^{43}	ɗia^{454}	sek$^{\underline{45}}$	kᴇ^{454}
陵水椰林	hok^{5}白 ŋɛ^{31}文	p^{h}oŋ^{21}	tsɛ^{22}	keŋ^{22}	bɛ^{31}	tia^{453}	sek^{5}	kɛ^{453}
陵水英州	ɦia^{43}	p^{h}oŋ^{21}	tsɛ^{22}	keŋ^{22}	bɛ^{43}	tia^{454}	sek^{5}	kɛ^{454}

	0857兵	0858柄	0859平	0860病	0861明	0862命	0863镜	0864庆
	梗开三 平庚帮	梗开三 去庚帮	梗开三 平庚並	梗开三 去庚並	梗开三 平庚明	梗开三 去庚明	梗开三 去庚见	梗开三 去庚溪
万宁龙滚	ɓia^{23}	ɓɛ^{312}	p^{h}en^{21}	ɓɛ^{23}	men^{21} men^{31}人名	mia^{23}白 men^{454}文	kia^{312}	hen^{312}
万宁山根	ɓia^{24}	ɓᴇ^{212}	p^{h}en^{22}	ɓᴇ^{24}	men^{22} men^{32}人名	mia^{24}	kia^{212}	hen^{212}
万宁万城	ɓia^{33}	ɓᴇ^{212}	p^{h}eŋ^{22}	ɓᴇ^{33}	mɛ^{22}白 meŋ^{22}文	mia^{33}	kia^{212}	heŋ^{212}
陵水光坡	ɓia^{33}	ɓᴇ^{34}	p^{h}en^{21}	ɓᴇ^{33}	men^{21}	mia^{33}	kia^{34}	hen^{34}
陵水椰林	ɓia^{22}	ɓɛ^{13}	ɓɛ^{21}白 p^{h}eŋ^{21}文	ɓɛ^{22}	mɛ^{21}白 meŋ^{21}文 meŋ^{41}人名	mia^{22}白 meŋ^{31}文	kia^{13}	heŋ^{13}
陵水英州	ɓia^{22}	ɓɛ^{213}	ɓɛ^{21}	ɓɛ^{22}	meŋ^{21}	mia^{22}	kia^{213}	heŋ^{213}

	0865迎	0866影	0867剧戏~	0868饼	0869名	0870领	0871井	0872清
	梗开三 平庚疑	梗开三 上庚影	梗开三 入陌群	梗开三 上清帮	梗开三 平清明	梗开三 上清来	梗开三 上清精	梗开三 平清清
万宁龙滚	ɗan^{31}训读（等）	ʔɔ^{31}	ki^{454}	ɓia^{31}	mia^{21}	lia^{31}	tsɛ^{31}	sen^{23}
万宁山根	ɗan^{32}训读（等）	ʔɔ^{32}	ki^{354}	ɓia^{32}	mia^{22}	lia^{32}	tsᴇ^{32}	sen^{24}
万宁万城	ɗaŋ^{31}训读（等）	ʔo^{31}	ki^{454}	ɓia^{31}	mia^{22}	mia^{31}	tsᴇ^{31}	seŋ^{33}
陵水光坡	ɗam^{31}训读（等）	ʔo^{31}	ki^{454}	ɓia^{31}	mia^{21}	lia^{31}	tsᴇ^{31}	sen^{33}
陵水椰林	ɗam^{41}训读（等）	ʔo^{41}	ki^{453}	ɓia^{41}	mia^{21}	lia^{31}	tsɛ^{41}	seŋ^{22}
陵水英州	ɗam^{31}训读（等）	ʔo^{31}	ki^{454}	ɓia^{31}	mia^{21}	lia^{31}	tsɛ^{31}	seŋ^{22}

	0873静	0874姓	0875贞	0876程	0877整	0878正～反	0879声	0880城
	梗开三 上清从	梗开三 去清心	梗开三 平清知	梗开三 平清澄	梗开三 上清章	梗开三 去清章	梗开三 平清书	梗开三 平清禅
万宁龙滚	tsɛ^{42}	tɛ^{312}	（无）	sen^{21}	tsen^{31}	tɕia^{312}	tia^{23}	tia^{21}
万宁山根	tsᴇ^{41}	tᴇ^{212}	tsen^{24}	sen^{22}	tsen^{32}	tɕia^{212}	tia^{24}	tia^{22}
万宁万城	tsᴇ^{42}	θᴇ^{212}	tseŋ^{33}	seŋ^{22}	tseŋ^{31}	tɕia^{212}	tθia^{33}	tθia^{22}
陵水光坡	tsᴇ^{43}	tᴇ^{34}	tsen^{33}	sen^{21}	tsen^{31}	tɕia^{34}	tia^{33}	tia^{21}
陵水椰林	tsɛ^{31}	tɛ^{13}	tɕin^{22}	seŋ^{21}	tseŋ^{41}	tɕia^{13}	tia^{22}白 teŋ^{22}文	tia^{21}
陵水英州	tsɛ^{43}	tɛ^{213}	（无）	seŋ^{21}	tseŋ^{31}	tɕia^{213}	tia^{22}白 teŋ^{22}文	tia^{21}

	0881轻	0882赢	0883积	0884惜	0885席	0886尺	0887石	0888益
	梗开三 平清溪	梗开三 平清以	梗开三 入昔精	梗开三 入昔心	梗开三 入昔邪	梗开三 入昔昌	梗开三 入昔禅	梗开三 入昔影
万宁龙滚	hin^{23}	ʔia^{21}	tɕik^{5}	sɛ^{454}	tia^{42}白 ɕio^{42}文	ɕio^{454}	tɕio^{42}	ʔek^{5}
万宁山根	hien^{24}	ʔia^{22}	tɕik^{5}	sᴇ^{354}	tia^{41}白 ɕio^{41}文	ɕio^{354}	tɕio^{41}	ʔek^{5}
万宁万城	hiŋ^{33}	ʔia^{22}	tsek$^{\underline{45}}$	sᴇ^{454}	tθia^{31}	ɕio^{454}	tɕio^{31}	ʔek$^{\underline{45}}$
陵水光坡	hin^{33}	ʔia^{21}	tɕit$^{\underline{45}}$ tsek$^{\underline{45}}$地名，琼海嘉～	sᴇ^{454}	tia^{43}白 ɕio^{43}文	ɕio^{454}	tɕio^{43}	ʔek$^{\underline{45}}$
陵水椰林	hin^{22}	ʔia^{21}	tɕip^{5} tsek^{5}地名，琼海嘉～	sɛ^{453}	tia^{31}白 ɕio^{31}文	ɕio^{453}	tɕio^{31}	ʔek^{5}
陵水英州	hin^{22}	ʔia^{21}	tɕik^{5} tsek^{5}地名，琼海嘉～	sɛ^{454}	tia^{43}	ɕio^{454}	tɕio^{43}	ʔek^{5}

	0889瓶	0890钉名	0891顶	0892厅	0893听~见	0894停	0895挺	0896定
	梗开四平青並	梗开四平青端	梗开四上青端	梗开四平青透	梗开四平青透	梗开四平青定	梗开四上青定	梗开四去青定
万宁龙滚	p^{h}en^{21}	ɗan^{23}	ɗen^{31}	hia^{23}	hia^{23}	hen^{21}	hen^{42}	ɗia^{23} ɗin^{454} 地名，~安
万宁山根	ɓen^{22}	ɗan^{24}	ɗen^{32}	t^{h}ia^{24}	t^{h}ia^{24}	t^{h}en^{22}	t^{h}en^{41}	ɗia^{24}
万宁万城	ɓeŋ^{22}	ɗaŋ^{33}	ɗeŋ^{31}	hia^{33}	hia^{33}	heŋ^{22}	heŋ^{31}	ɗia^{33}
陵水光坡	p^{h}en^{21}	ɗen^{33}	ɗen^{31}	t^{h}ia^{33}	t^{h}ia^{33}	t^{h}en^{21}	t^{h}en^{31}	ɗia^{33}
陵水椰林	ɓeŋ^{21}	ɗeŋ^{22} ɗam^{22} 又读	ɗeŋ^{41}	hia^{22}	hia^{22}	heŋ^{21}	heŋ^{41}	ɗia^{22}
陵水英州	p^{h}eŋ^{21}	ɗeŋ^{22}	ɗeŋ^{31}	hia^{22}	hia^{22}	heŋ^{21}	heŋ^{31}	ɗia^{22}

	0897零	0898青	0899星	0900经	0901形	0902壁	0903劈	0904踢
	梗开四平青来	梗开四平青清	梗开四平青心	梗开四平青见	梗开四平青匣	梗开四入锡帮	梗开四入锡滂	梗开四入锡透
万宁龙滚	len^{21}	sen^{23}	sɛ^{23} 白 sen^{23} 文	ken^{23}	ɦen^{21}	ɓia^{454}	（无）	hek^{5}
万宁山根	len^{22}	sen^{24}	sᴇ^{24} 白 sen^{24} 文	ken^{24}	ɦen^{22}	ɓia^{354}	p^{h}ek^{5}	t^{h}ek^{5}
万宁万城	leŋ^{22}	seŋ^{33}	sᴇ^{33}	keŋ^{33}	ɦeŋ^{22}	ɓia^{454}	p^{h}ik$^{\underline{45}}$	hek$^{\underline{45}}$
陵水光坡	len^{21}	sen^{33}	sᴇ^{33}	ken^{33}	ɦen^{21}	ɓia^{454}	p^{h}ek$^{\underline{45}}$	hek$^{\underline{45}}$
陵水椰林	leŋ^{21}	sɛ^{22} 白 seŋ^{22} 文	sɛ^{22}	keŋ^{22}	ɦeŋ^{21}	ɓia^{453}	ɓia^{453}	hek^{5}
陵水英州	leŋ^{21}	sɛ^{22}	sɛ^{22}	keŋ^{22}	ɦeŋ^{21}	ɓia^{454}	p^{h}ik^{5}	hek^{5}

	0905笛	0906历农~	0907锡	0908击	0909吃	0910横~竖	0911划计~	0912兄
	梗开四入锡定	梗开四入锡来	梗开四入锡心	梗开四入锡见	梗开四入锡溪	梗合二平庚匣	梗合二入麦匣	梗合三平庚晓
万宁龙滚	tiau^{23} 训读（箫）	lɛ^{42}	tia^{454}	kik^{5}	tɕia^{42} 训读（食）	ɦiɛ^{21}	ɦiɛ^{23}	ɦia^{23}
万宁山根	tiau^{24} 训读（箫）	lᴇ^{41}	tiak^{5}	kek^{5}	tɕia^{41} 训读（食）	ɦuɛ^{22}	ɦuɛ^{24}	ɦia^{24}
万宁万城	tθiau^{33} 训读（箫）	lᴇ^{31}	θia^{454}	kek$^{\underline{45}}$	tɕia^{31} 训读（食）	ɦuɛ^{22}	ʔuɛ^{33}	ɦia^{33}
陵水光坡	tiau^{33} 训读（箫）	lᴇ^{31}	tia^{454}	kek$^{\underline{45}}$	tɕia^{43} 训读（食）	ɦoi^{21}	ʔoi^{33}	ɦia^{33}
陵水椰林	tiau^{22} 训读（箫）	lɛ^{41}	tia^{453}	kek^{5}	hip^{5}	ɦoi^{21}	ʔoi^{22}	ɦia^{22}
陵水英州	tiau^{22} 训读（箫）	lɛ^{31}	tia^{454}	kek^{5}	tɕia^{31} 训读（食）	ɦoi^{21}	ʔoi^{22}	ɦia^{22}

	0913荣	0914永	0915营	0916蓬~松	0917东	0918懂	0919冻	0920通
	梗合三 平庚云	梗合三 上庚云	梗合三 平清以	通合一 平东並	通合一 平东端	通合一 上东端	通合一 去东端	通合一 平东透
万宁龙滚	dʑioŋ^{21}	dʑioŋ^{31}	ʔia^{21}白 dʑioŋ^{21}文	pʰoŋ^{21}	ɗaŋ^{23} ɗoŋ^{23}人名	ɗoŋ^{31}	ɗoŋ^{454}	hoŋ^{23}
万宁山根	dʑioŋ^{22}	dʑioŋ^{32}	ʔia^{22}白 dʑioŋ^{22}文	pʰoŋ^{22}	ɗaŋ^{24} ɗoŋ^{24}人名	ɗoŋ^{32}	ɗoŋ^{354}	tʰoŋ^{24}
万宁万城	dʑioŋ^{22}	dʑioŋ^{22}	ʔia^{22}白 dʑioŋ^{22}文	pʰoŋ^{22}	ɗaŋ^{33} ɗoŋ^{33}人名	ɗoŋ^{31}	ɗoŋ^{212}	hoŋ^{33}
陵水光坡	zoŋ^{21}	zoŋ^{31}	zoŋ^{21}	pʰoŋ^{21}	ɗaŋ^{33}	ɗoŋ^{31}	ɗoŋ^{34}	tʰoŋ^{33}
陵水椰林	zoŋ^{21}	zoŋ^{41}	ʔia^{21}白 zoŋ^{21}文	pʰoŋ^{21}	ɗaŋ^{22}	ɗoŋ^{41}	ɗoŋ^{453}	hoŋ^{22}
陵水英州	zoŋ^{21}	zoŋ^{31}	zoŋ^{21}	pʰoŋ^{21}	ɗaŋ^{22}	ɗoŋ^{31}	ɗoŋ^{454}	hoŋ^{22}

	0921桶	0922痛	0923铜	0924动	0925洞	0926聋	0927弄	0928粽
	通合一 上东透	通合一 去东透	通合一 平东定	通合一 上东定	通合一 去东定	通合一 平东来	通合一 去东来	通合一 去东精
万宁龙滚	haŋ^{31}	hia^{312}	ɗaŋ^{21}	haŋ^{42}	ɗoŋ^{42}	laŋ^{21}	（无）	taŋ^{312}
万宁山根	tʰaŋ^{32}	tʰia^{212}	ɗaŋ^{22}	tʰaŋ^{41}	ɗoŋ^{41}	laŋ^{22}	loŋ^{354}	toŋ^{212}
万宁万城	haŋ^{31}木~ tθiŋ^{454}	hia^{212}	ɗaŋ^{22}	haŋ^{42}	ɗoŋ^{42}	laŋ^{22}	loŋ^{454}	taŋ^{212}
陵水光坡	tʰaŋ^{31}铁~	hia^{34}	ɗaŋ^{21}	haŋ^{43}	ɗoŋ^{43}	laŋ^{21}	loŋ^{34}	taŋ^{34}
陵水椰林	haŋ^{41}	hia^{13}	ɗaŋ^{21}	haŋ^{31}	ɗoŋ^{31}	loŋ^{21}	loŋ^{453}	taŋ^{13}
陵水英州	haŋ^{31}	hia^{213}	ɗaŋ^{21}	haŋ^{43}	ɗoŋ^{43}	laŋ^{21}	lam^{213}	taŋ^{213}

	0929葱	0930送	0931公	0932孔	0933烘~干	0934红	0935翁	0936木
	通合一 平东清	通合一 去东心	通合一 平东见	通合一 上东溪	通合一 平东晓	通合一 平东匣	通合一 平东影	通合一 入屋明
万宁龙滚	saŋ^{23}	taŋ^{312}	koŋ^{23}	hoŋ^{21}	ɦoŋ^{21}	ʔaŋ^{31}	ʔoŋ^{23}	mok^{3}
万宁山根	saŋ^{24}	taŋ^{212}	koŋ^{24}	hoŋ^{22}	ɦoŋ^{22}	ʔaŋ^{22}	ʔoŋ^{24}	mok^{3}
万宁万城	saŋ^{33}	θaŋ^{212}	koŋ^{33}	hoŋ^{22}	ɦoŋ^{22}	ʔaŋ^{22}	ʔoŋ^{33}	mok$^{\underline{32}}$ sa^{22}训读（柴）
陵水光坡	saŋ^{33}	taŋ^{34}	koŋ^{33}	hoŋ^{21}	hoŋ^{21}	ʔaŋ^{21}	ʔoŋ^{33}	mok^{3}
陵水椰林	saŋ^{22}	taŋ^{13}	koŋ^{22}	hoŋ^{21}	ɦaŋ^{22}	ʔaŋ^{21}	ʔoŋ^{22}	mok$^{\underline{42}}$
陵水英州	saŋ^{22}	taŋ^{213}	koŋ^{22}	hoŋ^{21}	ɦaŋ^{22}	ʔaŋ^{21}	ʔoŋ^{22}	mok^{3}

	0937读	0938鹿	0939族	0940谷稻～	0941哭	0942屋	0943冬～至	0944统
	通合一 入屋定	通合一 入屋来	通合一 入屋从	通合一 入屋见	通合一 入屋溪	通合一 入屋影	通合一 平冬端	通合一 去冬透
万宁龙滚	pʰak^{3}	ɗiak^{3}	tok^{3}	ɕiak^{5} 训读（粟）	hi^{21}	ɕiu^{312} 训读（厝）	ɗaŋ^{23}	hoŋ^{31}
万宁山根	pʰak^{4}	ɗiat^{4}	tok^{4}	kok^{5} ɕiak^{5} 训读（粟）	tʰi^{22}	su^{212} 训读（厝）	ɗaŋ^{24}	tʰoŋ^{32}
万宁万城	pʰak$^{\underline{32}}$	ɗiak$^{\underline{32}}$	tok$^{\underline{32}}$	kok$^{\underline{45}}$ ɕiak$^{\underline{45}}$ 训读（粟）	hi^{22}	su^{212} 训读（厝）	ɗoŋ^{33}	hoŋ^{31}
陵水光坡	pʰak^{3}	ɗiak^{3}	tok^{3}	kok$^{\underline{45}}$ ɕiak$^{\underline{45}}$ 训读（粟）	hi^{21}	su^{34} 训读（厝）	ɗaŋ^{33}	tʰoŋ^{31}
陵水椰林	pʰak$^{\underline{42}}$	ɗiak$^{\underline{42}}$ ɗiak^{5} ～茸	tok$^{\underline{42}}$	kok^{5} ɕiak^{5} 训读（粟）	hau^{13} hi^{21} 又读	su^{13} 训读（厝）	ɗaŋ^{22}	hoŋ^{41}
陵水英州	pʰak^{3}	ɗiak^{3}	tok^{3}	kok^{5} ɕiak^{5} 训读（粟）	hi^{21}	su^{213} 训读（厝）	ɗaŋ^{22}	hoŋ^{31}

	0945脓	0946松～紧	0947宋	0948毒	0949风	0950丰	0951凤	0952梦
	通合一 平冬泥	通合一 平冬心	通合一 去冬心	通合一 入沃定	通合三 平东非	通合三 平东敷	通合三 去东奉	通合三 去东明
万宁龙滚	noŋ^{21}	taŋ^{23} 白 toŋ^{31} 文	toŋ^{312}	ɗak^{3}	ɦuaŋ^{23} 白 pʰoŋ^{23} 文	pʰoŋ^{23}	pʰoŋ^{454}	maŋ^{23}
万宁山根	noŋ^{22}	taŋ^{24} 白 toŋ^{32} 文 toŋ^{24} 又读	toŋ^{212}	ɗak^{4}	ɦuaŋ^{24} 白 pʰoŋ^{24} 文	pʰoŋ^{24}	pʰoŋ^{354}	maŋ^{24}
万宁万城	noŋ^{22}	θoŋ^{33}	toŋ^{212}	ɗak$^{\underline{32}}$	ɦuaŋ^{33}	pʰoŋ^{33}	pʰoŋ^{454}	maŋ^{33}
陵水光坡	noŋ^{21}	toŋ^{33}	toŋ^{34}	ɗak^{3}	ɦuaŋ^{33}	pʰoŋ^{33}	pʰoŋ^{43}	maŋ^{33}
陵水椰林	noŋ^{21} naŋ^{21} 又读	taŋ^{22} 白 toŋ^{22} 文	toŋ^{13} taŋ^{13} 又读	ɗak$^{\underline{42}}$	ɦuaŋ^{22}	pʰoŋ^{22}	pʰoŋ^{453}	maŋ^{22}
陵水英州	noŋ^{21}	toŋ^{22}	toŋ^{213}	ɗak^{3}	ɦuaŋ^{22}	pʰoŋ^{22}	pʰoŋ^{43}	maŋ^{22}

	0953中当～	0954虫	0955终	0956充	0957宫	0958穷	0959熊	0960雄
	通合三 平东知	通合三 平东澄	通合三 平东章	通合三 平东昌	通合三 平东见	通合三 平东群	通合三 平东云	通合三 平东云
万宁龙滚	toŋ^{23}	haŋ^{21}	toŋ^{23}	soŋ^{23}	koŋ^{23}	kiaŋ^{21}	ɦioŋ^{21}	ɦioŋ^{21}
万宁山根	toŋ^{24}	tʰaŋ^{22}	toŋ^{24}	soŋ^{24}	koŋ^{24}	kiaŋ^{22} hioŋ^{22} 又读	ɦioŋ^{22}	ɦioŋ^{22}
万宁万城	toŋ^{33}	haŋ^{22}	ɗoŋ^{33}	soŋ^{33}	koŋ^{33}	kiaŋ^{22}	ɦioŋ^{22}	ɦioŋ^{22}
陵水光坡	toŋ^{33}	haŋ^{21}	toŋ^{33}	soŋ^{33}	koŋ^{33}	kiaŋ^{21}	ɦioŋ^{21}	ɦioŋ^{21}
陵水椰林	toŋ^{22}	haŋ^{21}	toŋ^{22}	soŋ^{22}	koŋ^{22}	kiaŋ^{21}	ɦioŋ^{21}	ɦioŋ^{21}
陵水英州	toŋ^{22}	haŋ^{21}	ɗaŋ^{22}	soŋ^{22}	koŋ^{22}	kiaŋ^{21}	ɦioŋ^{21}	ɦioŋ^{21}

	0961福	0962服	0963目	0964六	0965宿 住～，～舍	0966竹	0967畜 ～生	0968缩
	通合三 入屋非	通合三 入屋奉	通合三 入屋明	通合三 入屋来	通合三 入屋心	通合三 入屋知	通合三 入屋彻	通合三 入屋生
万宁龙滚	p^{h}ok^{5}	p^{h}ok^{3}	mat^{3}	lak^{3}	ɦɛ^{454}训读（歇）	ɗiok^{5}	sok^{5}	tiak^{5}
万宁山根	p^{h}ok^{5}	p^{h}ok^{4}	mat^{4}	lak^{4}	ɦᴇ^{354}训读（歇）	ɗiok^{5}	sok^{5}	tiak^{5}
万宁万城	p^{h}ok$^{\underline{45}}$	p^{h}ok$^{\underline{32}}$	mak$^{\underline{32}}$	lak$^{\underline{32}}$	θok$^{\underline{45}}$	ɗiok$^{\underline{45}}$	sok$^{\underline{45}}$	tθiak$^{\underline{45}}$
陵水光坡	p^{h}ok$^{\underline{45}}$	p^{h}ok^{3}	mak^{3}	lak^{3}	ɦᴇ^{454}训读（歇）	ɗiok$^{\underline{45}}$	sok$^{\underline{45}}$	tiak$^{\underline{45}}$
陵水椰林	p^{h}ok^{5}	p^{h}ok$^{\underline{42}}$	mak$^{\underline{42}}$	lak$^{\underline{42}}$	ɦɛ^{453}训读（歇）	ɗiok^{5}	sok^{5}	tiak^{5}
陵水英州	p^{h}ok^{5}	p^{h}ok^{3}	mak^{3}	lak^{3}	ɦɛ^{454}训读（歇）	ɗiok^{5}	sok^{5}	tiak^{5}

	0969粥	0970叔	0971熟	0972肉	0973菊	0974育	0975封	0976蜂
	通合三 入屋章	通合三 入屋书	通合三 入屋禅	通合三 入屋日	通合三 入屋见	通合三 入屋以	通合三 平钟非	通合三 平钟敷
万宁龙滚	tok^{5}	tɕip^{5}	tiak^{3}	dʑiok^{3}	kiak^{5}	zok^{5}	ɓaŋ^{23}	p^{h}aŋ^{23}
万宁山根	tok^{5}	tɕik^{5}	tiak^{4}	dʑiok^{4}	kiak^{5}	dʑiok^{5}	ɓaŋ^{24}	p^{h}aŋ^{24}白 p^{h}oŋ^{24}文
万宁万城	tok$^{\underline{45}}$	su^{454}	tθiak$^{\underline{32}}$	dʑiok$^{\underline{32}}$	kiak$^{\underline{45}}$	dʑiok$^{\underline{45}}$	ɓaŋ^{33}	p^{h}aŋ^{33}
陵水光坡	tok$^{\underline{45}}$	su^{454}	ɗiak^{3}	dʑiok^{3}	kiak$^{\underline{45}}$	zok$^{\underline{45}}$	ɓaŋ^{33}	p^{h}aŋ^{33}
陵水椰林	tok^{5}	su^{453}	tiak$^{\underline{42}}$	dʑiok$^{\underline{42}}$	kiak^{5}	zok^{5}	ɓaŋ^{22}	p^{h}aŋ^{22}
陵水英州	tok^{5}	su^{454}	tiak^{3}	dʑiok^{3}	kiak^{5}	zok^{5}	ɓaŋ^{22}	p^{h}oŋ^{22}

	0977缝 一条～	0978浓	0979龙	0980松 ～树	0981重 轻～	0982肿	0983种 ～树	0984冲
	通合三 去钟奉	通合三 平钟泥	通合三 平钟来	通合三 平钟邪	通合三 上钟澄	通合三 上钟章	通合三 去钟章	通合三 平钟昌
万宁龙滚	p^{h}oŋ^{21}	noŋ^{21}	liaŋ^{21}白 loŋ^{21}文	toŋ^{31}	ɗaŋ^{42}	tɕiaŋ^{31}	tɕiaŋ^{312}	soŋ^{23}
万宁山根	p^{h}oŋ^{22}	noŋ^{22}	liaŋ^{22}白 loŋ^{22}文	toŋ^{24} toŋ^{32}又读	ɗaŋ^{41}	tɕiaŋ^{32}	tɕiaŋ^{212}	soŋ^{24}
万宁万城	p^{h}oŋ^{22}	noŋ^{22}	liaŋ^{22}白 loŋ^{22}文	θoŋ^{33}	ɗaŋ^{42}	tɕiaŋ^{31}	tɕiaŋ^{212}	soŋ^{33}
陵水光坡	p^{h}oŋ^{21}	noŋ^{21}	liaŋ^{21}	toŋ^{33}	ɗaŋ^{43}	tɕiaŋ^{31}	tɕiaŋ^{34}	soŋ^{33}
陵水椰林	p^{h}oŋ^{21}	noŋ^{21}	liaŋ^{21}白 loŋ^{21}文	toŋ^{22}	ɗaŋ^{31}	tɕiaŋ^{41}	tɕiaŋ^{13}	soŋ^{22}
陵水英州	p^{h}oŋ^{21}	noŋ^{21}	liaŋ^{21}	toŋ^{22}	ɗaŋ^{43}	tɕiaŋ^{31}	tɕiaŋ^{213}	soŋ^{22}

	0985恭	0986共	0987凶吉～	0988拥	0989容	0990用	0991绿	0992足
	通合三 平钟见	通合三 去钟群	通合三 平钟晓	通合三 上钟影	通合三 平钟以	通合三 去钟以	通合三 入烛来	通合三 入烛精
万宁龙滚	koŋ^{23}	koŋ^{42}	ɦioŋ^{23}	ʔoŋ^{31}	dʑioŋ^{21}	dʑioŋ^{42}	liak^{3}	ha^{23} 训读（骹） tsok^{5} 满～
万宁山根	koŋ^{24}	koŋ^{41}	ɦioŋ^{24}	ʔoŋ^{32}	dʑioŋ^{22}	dʑioŋ^{41}	liak^{4}	ha^{24} 训读（骹） tsok^{5} 满～
万宁万城	koŋ^{33}	koŋ^{42}	ɦioŋ^{33}	ʔoŋ^{31}	dʑioŋ^{22}	dʑioŋ^{42}	liak$^{\underline{32}}$	ha^{33} 训读（骹） tok$^{\underline{45}}$ 满～
陵水光坡	koŋ^{33} ～敬 koŋ^{43} ～喜	koŋ^{43}	ɦioŋ^{33}	ʔoŋ^{31}	zoŋ^{21}	zoŋ^{43}	liak^{3}	ha^{33} 训读（骹）
陵水椰林	koŋ^{22} ～敬 koŋ^{31} ～喜	koŋ^{31}	ɦioŋ^{22}	ʔoŋ^{41}	zoŋ^{21}	zoŋ^{31}	liak$^{\underline{42}}$	ha^{22} 训读（骹） tok^{5} 满～
陵水英州	koŋ^{21}	koŋ^{43}	ɦioŋ^{22}	ʔoŋ^{31}	zoŋ^{21}	zoŋ^{43}	liak^{3}	ha^{22} 训读（骹）

	0993烛	0994赎	0995属	0996褥	0997曲～折，歌～	0998局	0999玉	1000浴
	通合三 入烛章	通合三 入烛船	通合三 入烛禅	通合三 入烛日	通合三 入烛溪	通合三 入烛群	通合三 入烛疑	通合三 入烛以
万宁龙滚	tɕiak^{5}	tiak^{3}	tok^{3}	（无）	hiak^{5}	hok^{3}	dʑi^{42}	（无）
万宁山根	tɕiak^{5}	ban^{32}	tok^{4}	（无）	hiak^{5}	hok^{4}	dʑi^{354}	ɦiau^{212}
万宁万城	tɕiak$^{\underline{45}}$	tθiak$^{\underline{32}}$	θok$^{\underline{32}}$	（无）	hiak$^{\underline{45}}$	hok$^{\underline{32}}$	dʑi^{454}	dʑiok$^{\underline{45}}$
陵水光坡	tɕiak$^{\underline{45}}$	tiak^{3}	tok^{3}	（无）	hiak$^{\underline{45}}$	hok^{3}	dʑi^{454}	zok$^{\underline{45}}$
陵水椰林	tɕiak^{5}	tiak$^{\underline{42}}$	tok$^{\underline{42}}$	（无）	hiak^{5}	hok$^{\underline{42}}$	dʑi^{31} 白 dʑi^{453} 文	dʑiak$^{\underline{42}}$
陵水英州	tɕiak^{5}	（无）	tok^{3}	（无）	hiak^{5}	hok^{3}	dʑi^{454}	ʔiak^{3}

第五章　陵水椰林闽语词汇表

一、天文地理

(一) 天文

调查条目	方言词/国际音标
1 太阳	日头 dʑip^{42}hau^{21}
2 月亮	月圆娘 gui^{31}ʔi^{21}nio^{21}
3 星星	星 sɛ^{22}
4 云	云 ɦum^{21}
5 风	风 ɦuaŋ^{22}
6 台风	台风 hai^{21}ɦuaŋ^{22}
7 闪电	□雷 hi^{21}ɗin^{453}
8 雷	雷 lui^{21}
9 雨	雨 ɦau^{31}
10 下雨	落雨 lo^{31}ɦau^{31}
11 淋	淋 lin^{21}
12 晒	曝 phak^{42}
13 雪	雪 toi^{453}
14 冰	冰 ɓeŋ^{22}
15 冰雹	冰雹 ɓeŋ^{22}bau^{13}
16 霜	霜 suaŋ^{22}

17 雾	雾 mu^{41}
18 露	□露水 ma^{21}lau^{22}tui^{41}
19 虹	天挂□ hi^{22}kua^{13}hiaŋ^{41}
20 日食	日食 dʑip^{42}tɕia^{41}
21 月食	月食 ɡui^{31}tɕia^{41}
22 天气	天气 hi^{22}hui^{13}
23 晴天~	晴 tseŋ^{21}
24 阴天~	阴 ʔin^{22}
25 旱天~	旱 ʔua^{31}
26 涝天~	涝 lau^{21}
27 天亮	天光 hi^{22}kui^{22}

（二）地貌

调查条目	方言词/国际音标
28 水田	水塍 tui^{41}sam^{21}
29 旱地	旱地 ʔua^{31}ɗi^{31}
30 田埂	塍岸 sam^{21}ʔua^{22}
31 路	路 lau^{22}
32 山	山 tua^{22}
33 山谷	山谷 tua^{22}kok^{5}
34 江	江 kiaŋ^{22}
35 溪	溪 hoi^{22}
36 水沟儿	水沟 tui^{41}kau^{22}
37 湖	湖 ɦu^{21}
38 池塘	池塘 ɕi^{21}ɗo^{21}
39 水坑儿	水□ tui^{41}hut^{5}

40 洪水	大水 ɗua^{22}tui^{41}
41 淹	浸 tsum^{13}
42 河岸	河岸 ɦo^{21}ŋaŋ^{31}
43 坝	坝 ɓa^{13}
44 地震	地震 ɗi^{31}tɕin^{41}
45 窟窿	洞 ɗoŋ^{31}
46 缝儿	缝 phoŋ^{21}

（三）物象

调查条目	方言词/国际音标
47 石头	石 tɕio^{31}
48 土	土 hau^{21}
49 泥	泥 ni^{21}
50 水泥	红毛□ ʔaŋ^{21}mo^{21}ɦui^{22}
51 沙子	沙 tua^{22}
52 砖	砖 tui^{22}
53 瓦	瓦 ɦia^{41}
54 煤	煤 boi^{21}
55 煤油	煤油 boi^{21}ʔiu^{21}
56 炭	炭 hua^{13}
57 灰烧成的	灰□ ɦui^{31}ʔu^{22}
58 灰尘	土粉 hau^{21}ɦum^{41}
59 火	火 ɦoi^{41}
60 烟烧火形成的	烟 ʔin^{22}
61 失火	火烧屋 ɦoi^{41}tɕiau^{21}su^{13}
62 水	水 tui^{41}

63 凉水	灁水 hin^{13}tui^{41}
64 热水	□水 tio^{13}tui^{41}
65 开水	沸水 ɓui^{13}tui^{41}
66 磁铁	磁铁 çi^{21}hi^{453}

二、时间方位

（一）时间

调查条目	方言词/国际音标
67 时候	时候 ti^{21}ɦau^{22}
68 什么时候	物时候 mi^{453}ti^{21}ɦau^{22}
69 现在	现□ ɦin^{31}na^{22}
70 以前	过下 koi^{13}ʔɛ^{31}
71 以后	□□ ɓak^{5}huam^{21}
72 一辈子	一辈子 dʑiak$^{\underline{42}}$ɓoi^{13}tçi^{41}
73 今年	今年 kin^{22}ɦi^{21}
74 明年	明年 mɛ^{21}ɦi^{21}
75 后年	后年 ʔau^{31}ɦi^{21}
76 去年	去年 hu^{13}ɦi^{21}
77 前年	前年 tai^{21}ɦi^{21}
78 往年过去的年份	往年 ɦuaŋ^{41}ɦi^{21}
79 年初	年头 ɦi^{21}hau^{21}
80 年底	年尾 ɦi^{21}ɗoi^{41}
81 今天	今□ kin^{22}nua^{22}
82 明天	□明 lak^{5}mɛ^{21}
83 后天	后日 ʔau^{31}dʑip$^{\underline{42}}$
84 大后天	（无）

85 昨天 □□日 ta^{13}ɓau^{21}dʑip$^{\underline{42}}$

86 前天 大昨日 ɗua^{22}to^{453}dʑip$^{\underline{42}}$

87 大前天 大大昨日 ɗua^{22}ɗua^{22}to^{453}dʑip$^{\underline{42}}$

88 整天 整日 tseŋ^{41}dʑip$^{\underline{42}}$

89 每天 每日 mui^{41}dʑip$^{\underline{42}}$

90 早晨 早晨 ta^{41}tin^{21}

91 上午 上午 tɕio^{31}ŋau^{31}

92 中午 中午 toŋ^{22}ŋau^{31}

93 下午 下午 ʔɛ^{31}ŋau^{31}

94 傍晚 暝□ mɛ^{21}ɦui^{22}

95 白天 白日 ɓɛ^{31}dʑip$^{\underline{42}}$

96 夜晚 暝头 me^{31}hau^{21}

97 半夜 □暝 su^{13}mɛ^{21}

98 正月农历 正月 tɕia^{13}gui^{31}

99 大年初一 大年初一 ɗua^{22}ɦi^{21}sau^{22}ʔip^{5}

100 元宵节 元宵节 zuam^{21}tiau^{22}tap^{5}

101 清明 清明 seŋ^{22}meŋ^{21}

102 端午 五月□ ŋau^{31}gui^{31}tui^{453}

103 七月十五 七月□ ɕip^{5}gui^{31}tui^{453}

104 中秋 中秋 toŋ^{22}ɕiu^{22}

105 冬至 冬□ ɗaŋ^{22}tui^{453}

106 腊月 （无）

107 除夕 三十暝 ta^{22}tap$^{\underline{42}}$mɛ^{21}

108 历书 历书 lɛ^{41}tu^{22}

109 阴历 阴历 ʔin^{22}lɛ^{41}

110 阳历	阳历 dʑiaŋ^{21}lɛ^{41}
111 星期天	礼拜日 li^{41}ɓai^{13}ʔip^{5}

（二）方位

调查条目	方言词/国际音标
112 地方	地方 ɗi^{31}phaŋ^{22}
113 什么地方	□地方 mi^{453}ɗi^{31}phaŋ^{22}
114 家里	家里 kɛ^{22}lai^{31}
115 城里	城里 tia^{21}lai^{31}
116 乡下	乡下 ʔio^{22}lai^{31}
117 上面	上边 tɕio^{22}ɓi^{22}
118 下面	下边 ʔɛ^{31}ɓi^{22}
119 左边	左边 to^{41}ɓi^{22}
120 右边	右边 dʑiu^{31}ɓi^{22}
121 中间	中间 toŋ^{22}kam^{22}
122 前面	前面 tai^{21}min^{22}
123 后面	后面 ʔau^{31}min^{22}
124 末尾	线尾 tua^{13}boi^{41}
125 对面	对面 ɗui^{13}tai^{21}
126 面前	面前 min^{22}tai^{31}
127 背后	背后 ɓoi^{13}ʔau^{31}
128 里面	里边 lai^{31}ɓi^{22}
129 外面	外面 gua^{21}min^{22}
130 旁边	旁边 phaŋ^{21}ɓi^{22}
131 上	上 tɕio^{22}
132 下	下 ʔɛ^{31}

133 边儿　边□ ɓi^{22}ki^{21}

134 角儿　角 kak^{5}

135 上来　上去 tɕio^{22}hu^{13}

136 下来　下来 lo^{31}lai^{21}

137 进去　进去 tɕin^{13}hu^{13}

138 出来　出来 suk^{5}lai^{21}

139 出去　出去 suk^{5}hu^{13}

140 回来　回来 ɗui^{41}lai^{21}

141 起来　起来 hi^{41}lai^{21}

三、植物

（一）一般植物

调查条目	方言词/国际音标
142 树	树 ɕiu^{22}
143 木头	柴 sa^{21}
144 松树	松树 toŋ^{22}ɕiu^{22}
145 柏树	柏树 ɓok^{5}ɕiu^{22}
146 杉树	杉树 sam^{22}ɕiu^{22}
147 柳树	柳树 liu^{41}ɕiu^{22}
148 竹子	竹 ɗiok^{5}
149 笋	笋 tum^{41}
150 叶子	叶 ɦio^{31}
151 花	花 ɦoi^{22}
152 花蕾	花蕾 ɦoi^{22}lui^{31}
153 梅花	梅花 boi^{21}ɦoi^{22}
154 牡丹	牡丹 mau^{41}ɗam^{22}

155 荷花	荷花 ɦo^{21}ɦoi^{22}
156 草	草 sau^{41}
157 藤	藤 ɗin^{21}
158 刺	刺 ɕi^{13}
159 水果	水果 tui^{41}koi^{41}
160 苹果	苹果 phin^{21}koi^{41}
161 桃子	桃 ho^{21}
162 梨	梨 li^{22}
163 李子	李子 li^{41}tɕi^{41}
164 杏	杏 ʔeŋ^{13}
165 橘子	橘囝 kip^{5}kia^{41}
166 柚子	柚 ʔiu^{453}
167 柿子	柿 ɕi^{13}
168 石榴	石榴 tɕio^{31}lau^{21}
169 枣	枣 tau^{41}
170 栗子	（无）
171 核桃	核桃 ʔuk^{5}ho^{21}
172 银杏	（无）
173 甘蔗	甘蔗 kam^{22}tɕia^{13}
174 木耳	木□ mok^{42}lu^{41}
175 蘑菇	蘑菇 mo^{41}ku^{22}
176 香菇	香菇 ɦiaŋ^{22}ku^{22}

（二）农作物

调查条目	方言词/国际音标
177 稻子	稻 ɗiu^{31}

178 稻谷　　粟 ɕiak^{5}

179 稻草　　稻解草 ɗiu^{31}koi^{41}sau^{41}

180 大麦　　大麦 ɗua^{22}bɛ^{31}

181 小麦　　□麦 toi^{13}bɛ^{31}

182 麦秸　　（无）

183 谷子　　粟 ɕiak^{5}

184 高粱　　（无）

185 玉米　　玉米 dʑi^{453}bi^{41}

186 棉花　　棉花 min^{21}ɦoi^{22}

187 油菜　　油菜 ʔiu^{21}sai^{13}

188 芝麻　　芝麻 tɕi^{22}mua^{21}

189 向日葵　　向日葵 dʑio^{13}dʑip$^{\underline{42}}$hui^{21}

190 蚕豆　　蚕豆 sai^{21}ɗau^{22}

191 豌豆　　（无）

192 花生　　落生 lak^{5}seŋ^{22}

193 黄豆　　黄豆 ʔui^{21}ɗau^{22}

194 绿豆　　绿豆 liak$^{\underline{42}}$ɗau^{22}

195 豇豆　　肠豆 ɗo^{21}ɗau^{22}

196 大白菜　　大白菜 ɗua^{22}ɓɛ^{31}sai^{13}

197 包心菜　　椰子菜 ʔia^{21}tɕi^{41}sai^{13}

198 菠菜　　（无）

199 芹菜　　芹菜 kin^{21}sai^{13}

200 莴笋　　拔叶菜 ɓuap^{5}ɦio^{31}sai^{13}

201 韭菜　　韭菜 kau^{41}sai^{13}

202 香菜　　芳菜 phaŋ^{22}sai^{13}

203 葱　　葱 $saŋ^{22}$

204 蒜　　蒜 tum^{13}

205 姜　　姜 kio^{22}

206 洋葱　　洋葱 $ʔio^{21}saŋ^{22}$

207 辣椒　　□椒 $ɦuam^{22}tɕio^{22}$

208 茄子　　茄 kio^{21}

209 西红柿　　西红柿 $tai^{22}ʔaŋ^{21}ɕi^{13}$

210 萝卜　　萝□ $lo^{21}ɓa^{31}$

211 胡萝卜　　红萝蔔 $ʔaŋ^{21}lo^{21}ɓa^{31}$

212 黄瓜　　黄瓜 $ʔui^{21}koi^{22}$

213 丝瓜　　丝瓜 $ti^{22}koi^{22}$

214 南瓜　　南瓜 $nam^{21}koi^{22}$

215 荸荠　　（无）

216 红薯　　□薯 $kuak^{5}tu^{21}$

217 马铃薯　　□□ $hau^{13}ɗau^{22}$

218 芋头　　芋 $ʔau^{22}$

219 山药　　排山 $ɓai^{21}tua^{22}$

220 藕　　藕 $ŋau^{41}$

四、动物

(一)一般动物

调查条目　　方言词/国际音标

221 老虎　　老虎 $lau^{31}ɦau^{41}$

222 猴子　　猴□ $kau^{21}tui^{13}$

223 蛇　　蛇 tua^{21}

224 老鼠　　老鼠 $lau^{31}ɕiu^{41}$

225 蝙蝠 吊鼠 ɗiau^{13}ɕiu^{41}

226 鸟儿 雀 ɕiak^{5}

227 麻雀 麻鹊 ma^{31}ɕiak^{5}

228 喜鹊 喜鹊 ɦi^{41}ɕiak^{5}

229 乌鸦 □□ ta^{13}ʔau^{22}

230 鸽子 白鸽 ɓɛ^{31}kap^{5}

231 翅膀 翅膀 tip^{42}p^{h}aŋ^{22}

232 爪子 爪 liau^{41}

233 尾巴 尾 boi^{41}

234 窝 □ tiu^{21}

235 虫子 虫 haŋ^{21}

236 蝴蝶 蝴蝶 ɦu^{21}ɦia^{31}

237 蜻蜓 龙□ loŋ^{21}ɓi^{22}

238 蜜蜂 晨蜂 tin^{21}phaŋ^{22}

239 蜂蜜 蜂糖 phaŋ^{22}ho^{21}

240 知了 □□ koŋ^{22}kin^{31}

241 蚂蚁 蚁 ɦia^{31}

242 蚯蚓 二龙 dʑi^{22}liaŋ^{21}

243 蚕 蚕 sai^{21}

244 蜘蛛 □□ ka^{22}liu^{453}

245 蚊子 蠓 maŋ^{41}

246 苍蝇 头□ hau^{21}tin^{22}

247 跳蚤 □蚤 ka^{22}tau^{41}

248 虱子 虱 tap^{5}

249 鱼 鱼 ɦu^{21}

250 鲤鱼	鲤鱼 li^{41}ɦu^{21}
251 鳙鱼	（无）
252 鲫鱼	（无）
253 甲鱼	鳖 ɓi^{453}
254 麟	鳞 lam^{21}
255 虾	虾 ɦɛ^{21}
256 螃蟹	蟹 ɦoi^{31}
257 青蛙	田鸡 sam^{21}koi^{22}
258 癞蛤蟆	□□ lau^{31}kak^{5}

（二）家畜家禽

调查条目	方言词/国际音标
259 马	马 bɛ^{41}
260 驴	驴 lu^{21}
261 骡	（无）
262 牛	牛 gu^{21}
263 公牛	牛公 gu^{21}koŋ^{22}
264 母牛	牛母 gu^{21}mai^{41}
265 放牛	饲牛 çi^{13}gu^{21}
266 羊	羊 ʔio^{21}
267 猪	猪 ɗu^{22}
268 种猪	猪□ ɗu^{22}kaŋ^{22}
269 公猪	猪公 ɗu^{22}koŋ^{22}
270 母猪	猪母 ɗu^{22}mai^{41}
271 猪崽	猪团 ɗu^{22}kia^{41}
272 猪圈	猪寮 ɗu^{22}liau^{21}

273 养猪	饲猪 $\text{çi}^{13}\text{ɗu}^{22}$
274 猫	猫 ba^{21}
275 公猫	公猫 $\text{koŋ}^{22}\text{ba}^{21}$
276 母猫	母猫 $\text{mai}^{41}\text{ba}^{21}$
277 狗	狗 kau^{41}
278 公狗	公狗 $\text{koŋ}^{22}\text{kau}^{41}$
279 母狗	母狗 $\text{mai}^{41}\text{kau}^{41}$
280 叫狗叫	叫 kio^{13}
281 兔子	兔 hiau^{13}
282 鸡	鸡 koi^{22}
283 公鸡	公鸡 $\text{koŋ}^{22}\text{koi}^{22}$
284 母鸡	母鸡 $\text{mai}^{41}\text{koi}^{22}$
285 叫公鸡叫	叫 kio^{13}
286 下鸡下蛋	下 ʔɛ^{31}
287 孵	孵 ɓu^{22}
288 鸭	鸭 ʔa^{453}
289 鹅	鹅 go^{21}
290 阉~公的猪	阉 ʔiam^{22}
291 阉~母的猪	（无）
292 阉~鸡	阉 ʔiam^{22}
293 喂~猪	饲 çi^{13}
294 杀猪	刣猪 $\text{hai}^{13}\text{ɗu}^{22}$
295 杀~鱼	杀 tua^{453}

五、房舍器具

（一）房舍

调查条目	方言词/国际音标
296 村庄	村 sui^{22}
297 胡同	巷 $haŋ^{453}$
298 街道	街道 $koi^{22}ɗau^{31}$
299 盖房子	作宿 $to^{453}su^{13}$
300 房子	房 $ɓaŋ^{21}$
301 屋子	宿 su^{13}
302 卧室	宿 su^{13}
303 茅屋	曹棚 $sau^{41}phoŋ^{21}$
304 厨房	□□ $tau^{13}tai^{22}$
305 灶	灶 tau^{13}
306 锅	鼎 $ɗia^{31}$
307 饭锅	糜鼎 $moi^{21}ɗia^{31}$
308 菜锅	鼎囝 $ɗia^{31}kia^{41}$
309 厕所	公房 $koŋ^{22}ɓaŋ^{21}$
310 檩	桁 $ʔɛ^{31}$
311 柱子	柱 $hiau^{31}$
312 大门	大门 $ɗua^{22}mui^{21}$
313 门槛儿	门头 $mui^{21}hau^{21}$
314 窗	窗 $hiaŋ^{22}$
315 梯子	梯 hui^{22}
316 扫帚	扫帚 $tau^{13}tɕiu^{41}$
317 扫地	扫地 $tau^{13}ɗi^{31}$

318 垃圾　　垃圾 $la^{21}tap^{5}$

（二）家具

调查条目	方言词/国际音标
319 家具	家具 $k\varepsilon^{22}ki^{31}$
320 东西	□ mi^{41}
321 炕	（无）
322 床	床 so^{21}
323 枕头	枕头 $t\text{ɕ}in^{41}hau^{21}$
324 被子	被 $\text{ɓ}i^{453}$
325 棉絮	棉花 $min^{21}\text{ɦ}oi^{22}$
326 床单	床单 $so^{21}\text{ɗ}am^{22}$
327 褥子	（无）
328 席子	席 $\text{ɕ}io^{31}$
329 蚊帐	蠓帐 $ma\text{ŋ}^{41}\text{ɗ}io^{13}$
330 桌子	桌 $\text{ɗ}o^{453}$
331 柜子	柜 kui^{31}
332 抽屉	拉落 $la^{13}lok^{5}$
333 案子长条形的	（无）
334 椅子	椅 $\text{ʔ}i^{41}$
335 凳子	凳 $\text{ɗ}in^{13}$
336 马桶	蹲便器 $tum^{22}\text{ɓ}in^{31}hi^{13}$

（三）用具

调查条目	方言词/国际音标
337 菜刀	菜刀 $sai^{13}\text{ɗ}o^{22}$
338 瓢舀水的	舀 $\text{ʔ}ia^{22}$

339 缸　　缸 ko^{22}

340 坛子　　坛 ham^{21}

341 瓶子　　觚 keŋ^{453}

342 盖子　　盖 kai^{13}

343 碗　　碗 ʔua^{41}

344 筷子　　糜箸 moi^{21}ɗu^{22}

345 汤匙　　陶羹 kau^{13}keŋ^{22}

346 柴火　　柴 sa^{21}

347 火柴　　火擦 ɦoi^{41}sua^{453}

348 锁　　锁 to^{41}

349 钥匙　　锁匙 to^{41}ti^{21}

350 暖水瓶　　水壶 tui^{41}ɓu^{21}

351 脸盆　　面盆 min^{22}phum^{21}

352 洗脸水　　洗面水 toi^{41}min^{22}tui^{41}

353 毛巾　　面帕 min^{22}phɛ^{13}

354 手绢　　手帕 ɕiu^{41}phɛ^{13}

355 肥皂　　□□ ʔuam^{22}kin^{41}

356 梳子　　梳 tiu^{22}

357 缝衣针　　天衫针 hi^{22}ta^{22}tɕiam^{22}

358 剪子　　铰刀 ka^{22}ɗo^{22}

359 蜡烛　　蜡烛 la^{31}tɕiak^{5}

360 手电筒　　手灯筒 ɕiu^{41}ɗeŋ^{22}ɗaŋ^{21}

361 雨伞　　雨伞 ɦau^{31}tua^{13}

362 自行车　　骹车 ha^{22}ɕia^{22}

六、服饰饮食

（一）服饰

调查条目	方言词/国际音标
363 衣服	衫裤 $ta^{22}hau^{13}$
364 穿	穿 $ɕiaŋ^{22}$
365 脱	□ $ɓap^{5}$
366 系~鞋带	□ $ɓap^{3}$
367 衬衫	热衫 $zua^{31}ta^{22}$
368 背心	二衫□ $ta^{22}kin^{453}$
369 毛衣	寒衫 $kua^{21}ta^{22}$
370 棉衣	棉衫 $min^{21}ta^{22}$
371 袖子	衫尾 $ta^{22}ʔui^{41}$
372 口袋	衫袋 $ta^{22}ɗe^{22}$
373 裤子	裤□ $hau^{13}hoŋ^{22}$
374 短裤	短裤 $ɗɛ^{41}hau^{13}$
375 裤腿	裤骹 $hau^{13}ha^{22}$
376 帽子	帽 mau^{453}
377 鞋子	鞋 $ʔoi^{21}$
378 袜子	袜 bap^{42}
379 围巾	围帕 $ʔui^{21}phɛ^{13}$
380 围裙	围裙 $ʔui^{21}kum^{21}$
381 尿布	尿布 $dʑio^{22}ɓau^{13}$
382 扣子	衫钮 $ta^{22}iu^{41}$
383 扣~扣子	结 kip^{5}
384 戒指	戒指 $kai^{13}tɕi^{41}$

385 手镯	手镯 ɕiu^{41}to^{31}
386 理发	剃头 hi^{453}hau^{21}
387 梳头	梳头 tiu^{22}hau^{21}

（二）饮食

调查条目	方言词/国际音标
388 米饭	糜 moi^{21}
389 稀饭	糜粥 moi^{21}tok^{5}
390 面粉	面粉 mi^{22}ɦum^{41}
391 面条	面条 mi^{22}ɗiau^{21}
392 面儿玉米~, 辣椒~	粉 ɦum^{41}
393 馒头	馒头 mam^{13}hau^{21}
394 包子	包子 ɓau^{22}tɕi^{41}
395 饺子	饺子 kiau^{22}tɕi^{41}
396 馄饨	馄饨 ɦum^{22}ɗum^{22}
397 馅儿	肚 ɗau^{41}
398 油条	油条 ʔiu^{21}ɗiau^{21}
399 豆浆	豆浆 ɗau^{22}tɕio^{13}
400 豆腐脑	豆腐脑 ɗau^{22}ɦu^{22}nau^{41}
401 元宵	正月粑 tɕia^{22}gui^{31}ɓua^{41}
402 粽子	粽粑 taŋ^{13}ɓua^{41}
403 年糕	点糕 ɗiam^{41}ɓua^{41}
404 点心	点心 ɗiam^{41}tin^{22}
405 菜	菜 sai^{13}
406 干菜	（无）
407 豆腐	豆腐 ɗau^{22}ɦu^{22}

408 猪血　猪血 ɗu^{22}ɦoi^{453}

409 猪蹄　猪骹□ ɗu^{22}ha^{22}liau^{41}

410 猪舌头　猪舌 ɗu^{22}tɕi^{31}

411 猪肝　猪肝 ɗu^{22}kua^{22}

412 下水猪牛羊的内脏　下水 ʔɛ^{31}tui^{41}

413 鸡蛋　鸡卵 koi^{22}nui^{31}

414 松花蛋　（无）

415 猪油　猪油 ɗu^{22}ʔiu^{21}

416 香油　芳油 phaŋ^{22}ʔiu^{21}

417 酱油　酱油 tɕio^{13}ʔiu^{21}

418 盐　盐 ʔiam^{21}

419 醋　醋 sau^{13}

420 香烟　洋烟 dʑiaŋ^{21}ʔin^{22}

421 旱烟　烟筒 ʔin^{22}ɗaŋ^{21}

422 白酒　白酒 ɓɛ^{31}tɕiu^{41}

423 黄酒　黄酒 ɦuaŋ^{21}tɕiu^{41}

424 江米酒　酒糟 tɕiu^{41}tau^{22}

425 茶叶　茶叶 dɛ^{21}ɦio^{31}

426 沏~茶　□ koktɕio^{13}

427 冰棍儿　冰棍 ɓeŋ^{22}kum^{13}

428 做饭　煮糜 tu^{41}moi^{21}

429 炒菜　炒菜 sa^{41}sai^{13}

430 煮　煮 tu^{41}

431 煎　煎 tɕi^{13}

432 炸　炸 tsa^{13}

433 蒸	蒸 tseŋ^{22}
434 揉	揉 nua^{41}
435 擀	擀 kua^{41}
436 吃早饭	食白头糜 tɕia^{41}ɓɛ^{31}hau^{21}moi^{21}
437 吃午饭	食日头灶 tɕia^{41}dʑip^{42}tau^{13}
438 吃晚饭	食暝□骹糜 tɕia^{41}mɛ^{21}ɦui^{22}ha^{22}moi^{21}
439 吃	食 tɕia^{41}
440 喝~酒	食 tɕia^{41}
441 喝~茶	食 tɕia^{41}
442 抽~烟	食 tɕia^{41}
443 盛~饭	探 ham^{13}
444 夹用筷子~菜	夹 kia^{453}
445 斟	斟 tsum^{22}
446 渴	渴 hua^{453}
447 饿	困 hum^{13}
448 噎	□ kɛ^{41}

七、身体医疗

（一）身体

调查条目	方言词/国际音标
449 头	头 hau^{21}
450 头发	头毛 hau^{21}mo^{21}
451 辫子	鬃□ taŋ^{22}tseŋ^{453}
452 旋	螺 lɛ^{21}
453 额头	头□ hau^{21}ʔia^{453}
454 相貌	□貌 teŋ^{22}mau^{453}

455 脸　　面 min^{22}

456 眼睛　　目 mak$^{\underline{42}}$

457 眼珠　　黑目 ʔau^{22}mak$^{\underline{42}}$

458 眼泪　　目汁 mak$^{\underline{42}}$tɕiep^{5}

459 眉毛　　眉 bai^{21}

460 耳朵　　耳囝 ɦi^{31}kia^{41}

461 鼻子　　鼻 phi^{22}

462 鼻涕　　鼻浊 phi^{22}do^{22}

463 擤　　擤 ɕiaŋ^{453}

464 嘴巴　　喙□ suei^{13}mu^{453}

465 嘴唇　　喙唇 suei^{13}ɗum^{21}

466 口水　　水□ tui^{41}nua^{453}

467 舌头　　舌螺 tɕi^{31}lɛ^{21}

468 牙齿　　牙 gɛ^{21}

469 下巴　　下□ ʔɛ^{31}ŋak^{5}

470 胡子　　须 ɕiu^{22}

471 脖子　　□□颈 ʔau^{21}li^{21}kin^{22}

472 喉咙　　□空 la^{31}haŋ^{22}

473 肩膀　　肩膀 kai^{22}ɓaŋ^{41}

474 胳膊　　手膊 ɕiu^{41}ɓo^{453}

475 手（只指手）　　手 ɕiu^{41}

476 左手　　戆手 ŋaŋ^{13}ɕiu^{41}

477 右手　　真手 tɕin^{22}ɕiu^{41}

478 拳头　　拳 hum^{21}

479 手指　　手囝 ɕiu^{41}kia^{41}

480 大拇指 手母 $ɕiu^{41}mai^{41}$

481 食指 手大 $ɕiu^{41}ɗua^{22}$

482 中指 中手 $toŋ^{22}ɕiu^{41}$

483 无名指 无名手 $bo^{21}mia^{21}ɕiu^{41}$

484 小拇指 手团 $ɕiu^{41}kia^{41}$

485 指甲 手甲 $ɕiu^{41}ka^{453}$

486 腿 腿 hui^{41}

487 脚 骹 ha^{22}

488 膝盖 □□ $hau^{13}tɕi^{22}$

489 背 □□ $ɓi^{21}tɕia^{453}$

490 肚子 肚 $ɗau^{41}$

491 肚脐 肚□脐 $ɗau^{41}ɗɛ^{41}tɕi^{21}$

492 乳房 奶 nin^{453}

493 屁股 尻脽 $ka^{13}sui^{22}$

（二）疾病

调查条目 方言词/国际音标

494 病了 恶□ $ʔok^{5}nai^{453}$

495 着凉 □凊 $ɕiak^{5}ɕin^{13}$

496 咳嗽 咳嗽 $ka^{22}tau^{13}$

497 发烧 发热 $ɦuap^{5}dʑip^{42}$

498 发抖 □扽 $həu^{31}tun^{13}$

499 肚子疼 肚痛 $ɗau^{41}hia^{13}$

500 拉肚子 泻屎 $tia^{13}tai^{41}$

501 患疟疾 □发□ $tua^{31}ɦuap^{5}kuai^{31}$

502 中暑 中热 $toŋ^{22}zua^{31}$

503 肿	肿 tɕiaŋ^{41}
504 化脓	化脓 ɦoi^{13}naŋ^{21}
505 疤	疤 ɓa^{22}
506 癣	癣 ɕi^{22}
507 痣	痣 ki^{13}
508 疙瘩	□□ koŋ^{13}huap^{3}
509 狐臭	膈□现 ka^{31}lo^{31}ɦin^{31}
510 看病	望病 mo^{22}ɓɛ^{22}
511 诊脉	拍脉 pha^{453}mɛ^{31}
512 针灸	针灸 tɕiam^{22}kiu^{453}
513 打针	拍针 pha^{453}tɕiam^{22}
514 打吊针	拍吊针 ph^{453}ɗiau^{13}tɕiam^{22}
515 吃药	食药 tɕia^{41}ʔio^{453}
516 汤药	汤药 ho^{22}ʔio^{453}
517 病轻了	病好滴团 ɓɛ^{22}ɦo^{41}ɗi^{453}kia^{41}

八、婚丧信仰

（一）婚育

调查条目	方言词/国际音标
518 说媒	讲亲家 koŋ^{41}ɕin^{22}kɛ^{22}
519 媒人	媒人 boi^{21}naŋ^{21}
520 相亲	见面 ki^{13}min^{22}
521 订婚	答命 ɗa^{453}mia^{22}
522 嫁妆	嫁妆 kɛ^{13}to^{22}
523 结婚	结婚 kip^{5}ɦum^{22}

524 取妻子　讨老婆 ho^{41}lau^{31}pho^{21}

525 出嫁　出嫁 suk^{5}kɛ^{13}

526 拜堂　拜堂 ɓai^{13}ɗo^{21}

527 新郎　新官 tin^{22}kua^{22}

528 新娘子　新娘 tin^{22}nio^{21}

529 孕妇　挂囝什母 kua^{13}kia^{41}ta^{13}ɓau^{41}

530 怀孕　挂囝 kua^{13}kia^{41}

531 害喜　反胃 pham^{41}ʔui^{31}

532 分娩　生囝 tɛ^{22}kia^{41}

533 流产　落囝 lak^{5}kia^{41}

534 双胞胎　□生□ tɛ^{13}tɛ^{22}ɗi^{453}

535 坐月子　□月 mok^{5}gui^{31}

536 吃奶　食奶 tɕia^{41}nin^{453}

537 断奶　隔奶 kɛ^{453}nin^{453}

538 满月　出月 suk^{5}gui^{31}

539 生日　生日 tɛ^{22}dʑip$^{\underline{42}}$

540 做寿　作寿 to^{453}tiu^{31}

（二）丧葬

调查条目	方言词/国际音标
541 死	死 ti^{41}
542 死$_{婉称}$	归引 kui^{22}ʔin^{41}
543 自杀	自杀 tɕi^{31}tua^{453}
544 咽气	断气 ɗui^{31}hui^{13}
545 入殓	入棺 zuk$^{\underline{42}}$kua^{22}
546 棺材	棺材 kua^{22}sai^{21}

调查条目	方言词/国际音标
547 出殡	出去 $sut^{5}hu^{13}$
548 灵位	牌位 $ɓai^{21}ʔui^{31}$
549 坟墓	坟墓 $phum^{21}mau^{22}$
550 上坟	上坟 $tɕio^{31}phum^{21}$
551 纸钱	鬼钱 $kui^{41}tɕi^{21}$

（三）信仰

调查条目	方言词/国际音标
552 老天爷	老天爷 $lau^{31}hi^{22}ze^{41}$
553 菩萨	菩萨 $phu^{21}sa^{22}$
554 观音	观音 $kuam^{22}ʔin^{22}$
555 灶神	灶公 $tau^{13}koŋ^{22}$
556 寺庙	寺庙 $ɕi^{21}bio^{22}$
557 祠堂	祠堂 $ɕi^{21}ɗo^{21}$
558 和尚	□尚ʔ $ua^{31}tiaŋ^{453}$
559 尼姑	尼姑 $ni^{21}ku^{22}$
560 道士	道士 $ɗau^{31}ɕi^{31}$
561 算命	算命 $tui^{13}mia^{22}$
562 运气	运气 $zum^{31}hui^{13}$
563 保佑	保佑 $ɓo^{41}dʑiu^{453}$

九、 人品称谓

（一）人品

调查条目	方言词/国际音标
564 人	侬 $naŋ^{21}$
565 男人	公爹 $koŋ^{22}dɛ^{22}$
566 女人	什母 $ta^{13}ɓau^{41}$

567 单身汉	光棍 kuaŋ^{22}kum^{13}
568 老姑娘	老什母团 lau^{31}ta^{13}kia^{41}
569 婴儿	㧟依团 ʔiu^{13}naŋ^{21}kia^{41}
570 小孩	㧟团 ʔiu^{13}kia^{41}
571 男孩	公爹团 koŋ^{22}ɗɛ^{22}kia^{41}
572 女孩	什母团 ta^{13}ɓau^{41}kia^{41}
573 老人	老侬 lau^{31}naŋ^{21}
574 亲戚	亲□ ɕin^{22}tɕia^{13}
575 朋友	朋友 phoŋ^{21}dʑiu^{41}
576 邻居	邻□ lin^{21}tia^{13}
577 客人	客人 hɛ^{453}naŋ^{21}
578 农民	农民 noŋ^{21}min^{21}
579 商人	商侬 tiaŋ^{22}naŋ^{21}
580 手艺人	手艺侬 ɕiu^{41}ŋi^{453}naŋ^{21}
581 泥水匠	土水工 hau^{21}tui^{41}kaŋ^{22}
582 木匠	柴工 sa^{21}kaŋ^{22}
583 裁缝	裁缝 sai^{21}phoŋ^{21}
584 理发师	剃头爹 hi^{453}hau^{21}ɗɛ^{22}
585 厨师	厨师 ɗu^{21}ɕi^{22}
586 师傅	大伯 ɗua^{22}ɓɛ^{41}
587 徒弟	徒弟 hu^{21}ɗi^{31}
588 乞丐	乞□ hip^{5}ɗap^{5}
589 妓女	妓女 tɕi^{22}ni^{41}
590 流氓	流氓 liu^{21}maŋ^{21}
591 贼	贼 sap$^{\underline{42}}$

592 瞎子　差明 $sa^{22}m\varepsilon^{21}$

593 聋子　青聋 $s\varepsilon^{22}la\eta^{21}$

594 哑巴　呜哑 $ʔu^{22}ʔ\varepsilon^{41}$

595 驼子　躬股 $ko\eta^{22}ku^{21}$

596 瘸子　拜骹囝 $ɓai^{13}ha^{22}kia^{41}$

597 疯子　□囝 $no^{13}kia^{41}$

598 傻子　戆囝 $\eta a\eta^{22}kia^{41}$

599 笨蛋　钝蛋 $ɗum^{21}ɗam^{41}$

（二）称谓

调查条目	方言词/国际音标
600 爷爷	阿公 $ʔa^{22}ko\eta^{22}$
601 奶奶	阿婆 $ʔa^{22}pho^{21}$
602 外祖父	家公 $k\varepsilon^{22}ko\eta^{22}$
603 外祖母	家婆 $k\varepsilon^{22}pho^{21}$
604 父母	爹母 $d\varepsilon^{22}mai^{41}$
605 父亲	父亲 $d\varepsilon^{22}\text{ç}in^{22}$
606 母亲	母亲 $mai^{41}\text{ç}in^{22}$
607 爸爸	爸 ba^{453}
608 妈妈	母 mai^{41}
609 继父	后伯 $ʔau^{31}ɓ\varepsilon^{41}$
610 继母	后母 $ʔau^{31}mai^{41}$
611 岳父	□家伯 $ɓa^{13}k\varepsilon^{22}ɓ\varepsilon^{41}$
612 岳母	□家母 $ɓa^{13}k\varepsilon^{22}mai^{41}$
613 公公	阿家翁 $ʔa^{22}k\varepsilon^{22}ʔa\eta^{22}$
614 婆婆	阿家婆 $lak^{3}k\varepsilon^{22}pho^{21}$

615 伯父 阿爸 ʔa^{22}ba^{453}

616 伯母 阿母 ʔa^{22}mai^{41}

617 叔父 叔父 ʔa^{22}su^{453}

618 排行最小的叔父 □叔 ni^{41}su^{453}

619 叔母 叔妈 su^{453}ma^{22}

620 姑 阿擘 ʔa^{22}ɓo^{453}/阿娘ʔa^{22}niaŋ^{22}

621 姑父 擘爹 ɓo^{453}ɗɛ^{22}/姑爹kau^{22}ɗɛ^{22}

622 舅舅 阿□ ʔa^{22}ɓui^{453}/阿爷ʔa^{22}ze^{41}

623 舅妈 阿母 ʔa^{22}mai^{41}/姑姩ku^{22}nin^{453}

624 姨 阿擘 ʔa^{22}ɓo^{453}/娘囝niaŋ^{22}kia^{41}

625 姨父 擘爹 ɓo^{453}ɗɛ^{22}/姨爹ʔi^{21}ɗɛ^{22}

626 弟兄 兄弟 ɦia^{22}ɗi^{31}

627 姊妹 姊妹 tɕi^{41}moi^{22}

628 哥哥 阿兄 ʔa^{22}ɦia^{22}

629 嫂子 阿嫂 ʔa^{22}to^{41}

630 弟弟 老弟 lau^{31}ɗi^{31}

631 弟媳 阿婶囝 ʔa^{22}ɕin^{41}kia^{41}

632 姐姐 阿姐 ʔa^{22}tse^{21}

633 姐夫 阿兄 ʔa^{22}ɦia^{22}

634 妹妹 姑□ kau^{22}hiaŋ^{41}

635 妹夫 姑爹 kau^{22}ɗɛ^{22}

636 堂兄弟 堂兄弟 haŋ^{21}ɦia^{22}ɗi^{31}

637 表兄弟 表兄弟 ɓiau^{41}ɦia^{22}ɗi^{31}

638 妯娌 婶嫂 ɕin^{41}to^{41}

639 连襟	（无）
640 儿子	公爹囝 koŋ^{22}ɗɛ^{22}kia^{41}
641 儿媳妇	新妇 tin^{22}ɓu^{31}
642 女儿	什母囝 ta^{13}ɓau^{41}kia^{41}
643 女婿	落家 lo^{31}kɛ^{22}
644 孙子	孙囝 tum^{22}kia^{41}
645 重孙子	□ ɗip^{5}
646 侄子	侄囝 tsek^{42}kia^{41}
647 外甥	外甥 ʔua^{21}tɛ^{22}
648 外孙	外孙 ʔua^{21}tum^{22}
649 夫妻	老公老婆 lau^{31}koŋ^{22}lau^{31}pho^{21}
650 丈夫	老公 lau^{31}koŋ^{22}
651 妻子	老婆 lau^{31}pho^{21}
652 名字	名 mia^{21}
653 绰号	外号 ʔua^{21}ɦo^{22}

十、农工商文

（一）农业

调查条目	方言词/国际音标
654 干活儿	作工 to^{453}kaŋ^{22}
655 事情	事情 ɕi^{31}tɕia^{21}
656 插秧	插秧 sa^{453}ʔo^{22}
657 割稻	割稻 kua^{453}ɗiu^{31}
658 种菜	种菜 tɕiaŋ^{13}sai^{13}
659 犁$_{名词}$	犁 loi^{21}

660 锄头	锄头 hu^{21}hau^{21}
661 镰刀	镰刀 liam^{21}ɗo^{22}
662 把儿	柄 ɓɛ^{13}
663 扁担	粪担 ɓum^{13}ɗa^{22}
664 箩筐	箩筐 lo^{21}huaŋ^{453}
665 筛子	筛 hai^{22}
666 簸箕$_{农具，有梁的}$	□箕 ɓo^{31}ki^{22}
667 簸箕$_{簸米用}$	□箕 min^{453}ki^{22}
668 独轮车	（无）
669 轮子	轮 lum^{21}
670 碓$_{整体}$	种□ tɕiaŋ^{13}hu^{31}
671 臼	种□囝 tɕiaŋ^{13}hu^{31}kia^{41}
672 磨$_{名词}$	磨 bua^{21}
673 年成	稻成 ɗiu^{31}seŋ^{31}

（二）工商业

调查条目	方言词/国际音标
674 走江湖	走江湖 tau^{41}kiaŋ^{22}ɦu^{21}
675 打工	拍工 pha^{453}kaŋ^{22}
676 斧子	斧 ɓau^{41}
677 钳子	钳 hiam^{21}
678 螺丝刀	螺丝刀 lo^{21}ɕi^{22}ɗo^{22}
679 锤子	锤 hui^{21}
680 钉子	钉 ɗam^{22}
681 绳子	绳 seŋ^{21}
682 棍子	棍 kum^{13}

683 做买卖　作生意 to^{453}tɛ^{22}ʔi^{13}

684 商店　商店 tiaŋ^{22}ɗiam^{13}

685 饭馆　糜店 moi^{21}ɗiam^{13}

686 旅馆$_{\text{旧}}$　旅店 li^{21}kuam^{41}

687 贵　贵 kui^{13}

688 便宜　便宜 ɓam^{21}ŋi^{21}

689 合算　□价 ɗio^{41}kɛ^{13}

690 折扣　拍折 pha^{453}hia^{453}

691 亏本　败本 ɓai^{31}ɓui^{41}

692 钱　钱 tɕi^{21}

693 零钱　□钱 lam^{13}tɕi^{21}

694 硬币　硬币 ŋɛ^{31}ɓi^{453}

695 本钱　本钱 ɓui^{41}tɕi^{21}

696 工钱　工钱 kaŋ^{22}tɕi^{21}

697 路费　路费 lau^{22}phui^{13}

698 花$_{\text{~钱}}$　花 ɦoi^{22}

699 赚　□ ɓo^{453}

700 挣　挣 tseŋ^{31}

701 欠　欠 hiam^{13}

702 算盘　算盘 tui^{13}ɓua^{21}

703 秤　称 ɕin^{13}

704 称　称 ɕin^{13}

705 赶集　赶市 kua^{41}ɕi^{31}

706 集市　集市 tɕip^{5}ɕi^{31}

707 庙会　庙会 bio^{22}ɦui^{31}

（三）文化娱乐

调查条目	方言词/国际音标
708 学校	学校 ʔo^{31}ʔiau^{31}
709 教室	教宿 ka^{13}su^{13}
710 上学	去学 hu^{13}ʔo^{31}
711 放学	放学 ɓaŋ^{13}ʔo^{31}
712 考试	考试 hau^{41}ɕi^{13}
713 书包	书爹 tu^{22}ɗɛ^{22}
714 本子	本 ɓui^{41}
715 铅笔	铅笔 ʔin^{21}ɓip^{5}
716 钢笔	钢笔ko^{13}ɓip^{5}
717 圆珠笔	圆珠笔 ʔi^{21}tu^{22}ɓip^{5}
718 毛笔	毛笔 mo^{21}ɓip^{5}
719 墨	墨 bak^{42}
720 砚台	（无）
721 信	信 tin^{13}
722 连环画	公□□ koŋ^{22}kia^{22}ɓak^{5}
723 捉迷藏	抓迷藏 tsua^{22}bi^{21}ɕiaŋ^{21}
724 跳绳	跳绳 hiau^{453}seŋ^{21}
725 毽子	（无）
726 风筝	放鹞 ɓaŋ^{13}ʔio^{31}
727 舞狮	舞狮 mau^{31}ɕi^{22}
728 鞭炮	碰杖 phoŋ^{13}tɕiaŋ^{453}
729 唱歌	唱歌 saŋ^{13}ko^{22}
730 演戏	作戏 to^{453}ɦi^{13}

731 锣鼓	锣鼓 lo^{21}kau^{41}
732 二胡	□机 ku^{21}ki^{22}
733 笛子	箫 tiau^{22}
734 划拳	划拳 ʔoi^{22}hum^{21}
735 下棋	落棋 lo^{31}ki^{21}
736 打扑克	拍牌 pha^{453}ɓai^{21}
737 打麻将	拍砖 pha^{453}tui^{22}
738 变魔术	变百戏 ɓin^{13}ɓɛ^{453}ɦi^{13}
739 讲故事	学古传 ʔo^{31}kau^{41}tuam^{31}
740 猜谜语	猜谜 sai^{22}bi^{21}
741 玩儿	ŋam^{13}
742 串门儿	（无）
743 走亲戚	走亲戚 tau^{41}ɕin^{22}sek^{5}

十一、动作行为

（一）具体动作

调查条目	方言词/国际音标
744 看~电视	望 mo^{22}
745 听用耳朵~	听 hia^{22}
746 闻	鼻 phi^{22}
747 吸	吸 kip^{5}
748 睁	□ ɓɛ^{453}
749 闭闭眼	关 koi^{22}
750 眨	眨 ʔiam^{31}
751 张	□ ɓɛ^{453}

752 闭$_{\text{闭嘴}}$	闭 ɓi^{453}
753 咬	咬 ka^{31}
754 嚼	□ ɓau^{22}
755 咽	吞 hum^{22}
756 舔	舌 tɕi^{31}
757 含	□ kam^{31}
758 亲嘴	□□ təu^{21}ɓu^{453}
759 吮吸	啜 tui^{453}
760 吐$_{\text{上声}}$	□ phu^{31}
761 吐$_{\text{去声，呕吐}}$	吐 hau^{13}
762 打喷嚏	拍甲□ pha^{453}ka^{453}sai^{13}
763 拿	拎 neŋ^{453}
764 给	分 ɓum^{22}
765 摸	摸 mau^{21}
766 伸	伸 sum^{22}
767 挠	□ naŋ^{453}
768 掐	捏 niep^{5}
769 拧$_{\text{~螺丝}}$	□ nau^{453}
770 拧$_{\text{~毛巾}}$	□ nau^{453}
771 捻	□ nin^{453}
772 掰	剥 ɓak^{5}
773 剥	□ ɓɛ^{453}
774 撕	□ ɓɛ^{453}
775 折	拗 ʔa^{453}
776 拔	□ mam^{453}

777 摘	摘 tia^{453}
778 站	□ hia^{453}
779 倚	□ ʔua^{453}
780 蹲	□ mok^{42}
781 坐	坐 tse^{31}
782 跳	跳 hiau^{453}
783 迈	跨 ɦua^{31}
784 踩	踏 ɗa^{453}
785 翘~腿	翘 hiau^{13}
786 弯	弯 ʔuam^{22}
787 挺	挺 heŋ^{41}
788 趴	伏 phak^{5}
789 爬	爬 hiau^{13}
790 走	行 kia^{21}
791 跑	走 tau^{41}
792 逃	逃 hau^{21}
793 追	□ leŋ^{22}
794 抓	□ leŋ^{22}
795 抱	揽 lam^{41}
796 背~孩子	揽 nau^{453}
797 搀	扶 phu^{21}
798 推	□ ʔoi^{22}
799 摔跌：小孩~倒了	跌 tiak^{5}
800 撞	撞 phoŋ^{13}
801 挡	挡 ɗaŋ^{41}

802 躲	躲 ɗo^{21}
803 藏	躲 ɗo^{21}
804 放	放 ɓaŋ^{13}
805 摞把砖~起来	沓 ha^{453}
806 埋	坮 ɗai^{21}
807 盖	沓 ha^{453}
808 压	压 ɗɛ^{453}
809 摁	按 ʔam^{13}
810 捅	□ liaŋ^{453}
811 插	插 sa^{453}
812 戳	戳 ɗok$^{\underline{42}}$
813 砍	砍 ham^{41}
814 剁	剁 ɗok^{5}
815 削	□ phoi^{22}
816 裂木板~开了	□ ɓip^{5}
817 皱	绕 niau^{13}
818 腐烂	烂 nua^{22}
819 擦	擦 sua^{453}
820 倒把剩饭倒掉	倒 ɗau^{41}
821 扔丢弃	□ ɗeŋ^{13}
822 扔投掷	扔 hau^{21}
823 掉	落 lak^{5}
824 滴	滴 ɗek^{5}
825 丢丢失	落 lak^{5}
826 找	寻 heŋ^{21}

827 捡	抾 hio^{453}
828 提$_{提篮子}$	提 hoi^{21}
829 挑$_{\sim担}$	担 ɗa^{22}
830 扛$_{\sim在肩上}$	扛 ko^{22}
831 抬	抬 hai^{21}
832 举$_{\sim旗子}$	举 ku^{41}
833 撑	担 ɗa^{22}
834 撬	撬 hiau^{13}
835 挑$_{挑选}$	拣 ka^{22}
836 收拾	抾□ ɗiu^{31}hio^{453}
837 挽$_{\sim袖子}$	□ ɗi^{453}
838 涮	涮 sua^{453}
839 洗	洗 toi^{41}
840 捞$_{\sim鱼}$	捞 lau^{21}
841 拴	缚 ɓak$^{\underline{42}}$
842 捆	缚 ɓak$^{\underline{42}}$
843 解	解 koi^{41}
844 挪	□ tua^{41}
845 端	抱 ɓoŋ^{41}
846 摔$_{摔碎}$	跌 tip^{5}
847 掺$_{掺水}$	掺 sam^{22}
848 烧	烧 tio^{22}
849 拆	拆 hia^{453}
850 转	转 tuam^{31}
851 捶	捶 ɗui^{21}

852 打	拍 pha^{453}
853 打架	拍架 pha^{453}kɛ^{13}
854 休息	休息 ʔiu^{22}tek^{5}
855 打哈欠	哈欠 ʔua^{22}ʔi^{13}
856 打瞌睡	□□ ku^{453}lu^{21}
857 睡	瞌 hui^{453}
858 打呼噜	鼾 ʔua^{22}
859 做梦	作梦 to^{453}maŋ^{22}
860 起床	起床 hi^{41}so^{21}
861 刷牙	刷牙 sua^{453}gɛ^{21}
862 洗澡	水澡 tui^{41}ʔiak$^{\underline{42}}$

（二）抽象动作

调查条目	方言词/国际音标
863 想$_{\text{思索}}$	想 tio^{31}
864 想$_{\text{想念}}$	想 tio^{31}
865 打算	拍算 pha^{453}tui^{13}
866 记得	记得 ki^{13}ɗip^{5}
867 忘记	无记 bo^{21}ki^{13}
868 怕$_{\text{害怕}}$	惊 kia^{22}
869 相信	相信 tio^{22}tin^{13}
870 发愁	发闷 ɦuap^{5}mum^{22}
871 小心	细心 ʔiu^{13}tin^{22}
872 喜欢	喜欢 ɦi^{41}ʔua^{22}
873 讨厌	讨厌 ho^{41}ʔiam^{13}
874 舒服	舒服 ɕi^{22}phok$^{\underline{42}}$

875 难受$_{\text{生理的}}$　恶□ ʔokɗo^{22}

876 难过$_{\text{心理的}}$　恶耐 ʔok^{5}nai^{31}

877 高兴　高兴 kau^{21}ɦeŋ^{13}

878 生气　生火 tɛ^{22}ɦoi^{41}

879 责怪　怨 ʔuam^{13}

880 后悔　怨叹 ʔuam^{13}ham^{13}

881 忌妒　眼红 mak^{42}ʔaŋ^{21}

882 害羞　□羞 kui^{13}sum^{41}

883 丢脸　败色水 ɓai^{31}tek^{5}tui^{41}

884 欺负　欺讹 hi^{22}ŋo^{21}

885 装$_{\text{装病}}$　装 to^{22}

886 疼　痛 hia^{13}

887 要　要 ʔio^{453}

888 有　有 ʔu^{31}

889 没有　无 bo^{21}

890 是　是 ti^{31}

891 不是　无是 bo^{21}ti^{31}

892 在$_{\text{在家}}$　在 tai^{31}

893 不在$_{\text{不在家}}$　无在 bo^{21}tai^{31}

894 知道　知 tai^{22}

895 不知道　无知 bo^{21}tai^{22}

896 懂　会 ʔoi^{31}

897 不懂　无会 bo^{21}ʔoi^{31}

898 会　会 ʔoi^{31}

899 不会　无会 bo^{21}ʔoi^{31}

900 认识	认别 dʑin^{22}ɓap^{42}
901 不认识	无认别 bo^{21}dʑin^{22}ɓap^{42}
902 行	可以 ho^{41}dʑi^{41}
903 不行	无可以 bo^{21}ho^{41}dʑi^{41}
904 肯	肯 hin^{41}
905 应该	应该 ʔeŋ^{22}kai^{22}
906 可以	可以 ho^{41}dʑi^{41}

（三）言语

调查条目	方言词/国际音标
907 说	讲 koŋ^{41}
908 话	话 ʔoi^{22}
909 聊天儿	学古 ʔo^{31}kau^{41}
910 叫	叫 kio^{13}
911 吆喝	□□ ɦiam^{13}lu^{453}
912 哭小孩哭	啼 hi^{21}
913 骂	骂 mɛ^{22}
914 吵架	骂架mɛ^{22}kɛ^{13}
915 骗	骗 phin^{13}
916 哄~小孩	谎 ɦuaŋ^{22}kɛ^{41}
917 撒谎	讲假话 koŋ^{41}ʔoi^{22}
918 吹牛	炒垃圾 sa^{41}la^{21}tap^{5}
919 拍马屁	抱大骹腿 ɓau^{22}ɗua^{22}ha^{22}hui^{41}
920 开玩笑	□笑 ɓoi^{13}ɕio^{13}
921 告诉	讲 koŋ^{41}
922 谢谢	谢谢 tia^{31}tia^{31}

923 对不起	对无起 ɗui^{13}bo^{21}hi^{41}
924 再见	再见 tsai^{13}ki^{13}

十二、性质状态

（一）形貌

调查条目	方言词/国际音标
925 大	大 ɗua^{22}
926 小	孧 niau^{453}
927 粗	粗 sau^{22}
928 细	幼 ʔiu^{13}
929 长$_{\text{线长}}$	长 ɗo^{21}
930 短$_{\text{线短}}$	短 ɗɛ^{41}
931 长$_{\text{时间长}}$	长 ɗo^{21}
932 短$_{\text{时间短}}$	短 ɗɛ^{41}
933 宽	阔 hua^{453}
934 宽敞	阔巷 hua^{453}haŋ^{453}
935 窄	狭 hiep$^{\underline{42}}$
936 高$_{\text{飞得高}}$	悬 kuai^{21}
937 低$_{\text{飞得低}}$	低 ɗoi^{22}
938 高$_{\text{他比我高}}$	悬 kuai^{21}
939 矮	矮 ʔoi^{41}
940 远	远 ɦui^{31}
941 近	近 kin^{31}
942 深	深 sum^{22}
943 浅	浅 hin^{41}
944 清	清 seŋ^{22}

945 浑 浊 lo^{21}

946 圆 圆 ʔi^{21}

947 扁 扁 ɓin^{453}

948 方 方 phaŋ^{22}

949 尖 尖 tɕiam^{22}

950 平 平 ɓɛ^{21}

951 肥肥肉 肥 ɓui^{21}

952 瘦 瘖 tam^{41}

953 肥猪等动物 肥 ɓui^{21}

954 胖 肥 ɓui^{21}

955 瘦人和动物 瘖 tam^{41}

956 黑 乌 ʔau^{22}

957 白 白 ɓɛ^{31}

958 红 红 ʔaŋ^{21}

959 黄 黄 ʔui^{21}

960 蓝 蓝 lam^{21}

961 绿 绿 liak$^{\underline{42}}$

962 紫 紫 tɕi^{41}

963 灰 灰 ɦui^{22}

（二）状态

调查条目	方言词/国际音标
964 多	多 toi^{22}
965 少	少 tɕio^{41}
966 重	重 ɗaŋ^{31}
967 轻	轻 hin^{22}

968 直	直 ɗip^{42}
969 陡	陡 ɗia^{41}
970 弯	弯 ʔuam^{22}
971 歪	歪 sua^{41}
972 厚	厚 kau^{31}
973 薄	薄 ɓo^{31}
974 稠	结 kip^{5}
975 稀$_{\text{饭稀}}$	漖 ka^{13}
976 密	□ kau^{453}
977 稀$_{\text{稀疏}}$	□ loŋ^{22}
978 亮$_{\text{指光线}}$	光 kui^{22}
979 黑$_{\text{指光线}}$	乌 ʔau^{22}
980 热	热 zua^{31}
981 暖和	□ ʔua^{31}
982 凉$_{\text{天气}}$	凉 lio^{21}
983 冷$_{\text{天气}}$	寒 kua^{21}
984 热$_{\text{水}}$	烧 tio^{22}
985 凉$_{\text{水}}$	瀙 ɕin^{13}
986 干$_{\text{干燥}}$	干 kua^{22}
987 湿$_{\text{潮湿}}$	澸 ɗam^{22}
988 干净	洁 he^{453}kui^{453}
989 脏	甲脏 ka^{31}to^{22}
990 快$_{\text{锋利}}$	利 lai^{22}
991 钝$_{\text{刀钝}}$	钝 ɗum^{21}
992 快$_{\text{快慢}}$	快 hoi^{13}

993 慢	□ li^{21}
994 早	早 ta^{41}
995 晚$_{\text{来晚了}}$	□ li^{21}
996 晚$_{\text{天色晚}}$	暗 ʔam^{13}
997 松	松 taŋ^{22}
998 紧	紧 kin^{42}
999 容易	容易 zoŋ^{21}dʑi^{31}
1000 难	难 nam^{21}
1001 新	新 tin^{22}
1002 旧	旧 ku^{22}
1003 老$_{\text{人\textasciitilde}}$	老 lau^{31}
1004 年轻$_{\text{人\textasciitilde}}$	年青 ɦi^{21}hin^{22}
1005 软$_{\text{糖软}}$	软 nui^{41}
1006 硬$_{\text{骨头硬}}$	硬 ŋɛ^{31}
1007 烂$_{\text{肉煮得烂}}$	烂 nua^{22}
1008 糊$_{\text{饭糊了}}$	糊 ɦu^{21}
1009 结实	硬 ŋɛ^{31}
1010 破	破 phua^{13}
1011 富	富 phu^{13}
1012 穷	穷 kiaŋ^{21}
1013 忙	无闲 bo^{21}ai^{21}
1014 闲	闲 ʔai^{21}
1015 累	累 lui^{41}
1016 疼	痛 hia^{13}
1017 痒	痒 tɕio^{31}
1018 热闹	热闹 dʑip^{42}nau^{13}

调查条目	方言词/国际音标
1019 熟悉	熟悉 $tiak^{42}tek^{5}$
1020 陌生	陌生 $ɓo^{22}tɛ^{22}$
1021 味道尝尝~	味道 $bi^{22}ɗau^{31}$
1022 气味闻闻~	气味 $hui^{13}bi^{22}$
1023 咸	咸 $kiam^{21}$
1024 淡	飷 $tɕia^{31}$
1025 酸	酸 tui^{22}
1026 甜	甜 $ɗiam^{21}$
1027 苦	苦 hau^{41}
1028 辣	辣 lua^{31}
1029 鲜鱼汤~	鲜 $ɕi^{22}$
1030 香	芳 $phaŋ^{22}$
1031 臭	臭 $ɕiau^{13}$
1032 馊	□ $hiau^{13}$
1033 腥	腥 $sɛ^{22}$

（三）品性

调查条目	方言词/国际音标
1034 好好人	好 $ɦo^{41}$
1035 坏坏人	坏 $ɦuai^{22}$
1036 差	差 sa^{22}
1037 对	对 $ɗui^{13}$
1038 错账算错了	错 so^{13}
1039 漂亮	□ $ɕiaŋ^{13}$
1040 丑	惷 sum^{41}
1041 勤快	勤快 $hin^{21}hoi^{13}$
1042 懒	惰 $ɗua^{31}$

1043 乖	乖 kuai^{22}
1044 顽皮	蛮 mam^{21}
1045 老实	老实 lau^{31}tip$^{\underline{42}}$
1046 傻$_{\text{痴呆}}$	戇 ŋaŋ^{31}
1047 笨	笨 ɓum^{31}
1048 大方	大方 ɗua^{22}phaŋ^{22}
1049 小气	简□ kam^{41}ɗeŋ^{22}
1050 直爽	直爽 ɗip$^{\underline{42}}$suaŋ^{41}
1051 犟$_{\text{脾气～}}$	态度硬 hai^{13}ɗau^{22}ŋɛ^{31}

十三、数量

(一) 数字

调查条目	方言词/国际音标
1052 一	一 dʑiak$^{\underline{42}}$ /ʔip^{5}
1053 二	二 no^{31}/dʑi^{22}
1054 三	三 ta^{22}
1055 四	四 ti^{13}
1056 五	五 ŋau^{31}
1057 六	六 lak$^{\underline{42}}$
1058 七	七 çip^{5}
1059 八	八 ɓoi^{453}
1060 九	九 ku^{41}
1061 十	十 tap$^{\underline{42}}$
1062 二十$_{\text{有无合音}}$	二十 dʑi^{22}tap$^{\underline{42}}$
1063 三十$_{\text{有无合音}}$	三十 ta^{22}tap$^{\underline{42}}$
1064 一百	一百 dʑiak$^{\underline{42}}$ɓɛ^{453}

1065 一千	一千 dʑiak$^{\underline{42}}$sai^{22}
1066 一万	一万 dʑiak$^{\underline{42}}$bam^{22}
1067 一百零五	一百零五 dʑiak$^{\underline{42}}$ɓɛ^{453}leŋ^{21}ŋau^{31}
1068 一百五十	一百五十 dʑiak$^{\underline{42}}$ɓɛ^{453}ŋau^{31}tap$^{\underline{42}}$
1069 第一	第一 ɗoi^{22}ʔip^{5}
1070 二两$_{重量}$	二两 no^{31}lio^{41}
1071 几个	几个 kui^{41}kai^{21}
1072 俩	（无）
1073 仨	（无）
1074 个把	几个 kui^{41}kai^{21}

（二）量词

调查条目	方言词/国际音标
1075 个	个 kai^{21}
1076 匹	匹 phip$^{\underline{42}}$
1077 头$_{一头牛}$	个 kai^{21}
1078 头$_{一头猪}$	个 kai^{21}
1079 只$_{狗}$	条 tɕia^{453}
1080 只$_{鸡}$	条 tɕia^{453}
1081 只$_{蚊子}$	枚 mo^{41}
1082 条$_{鱼}$	条 ɗiau^{21}
1083 条$_{蛇}$	条 ɗiau^{21}
1084 张$_{一张嘴}$	个 kai^{21}
1085 张$_{桌子}$	条 ɗiau^{21}
1086 床$_{一床被子}$	弯 ʔuam^{22}
1087 领$_{一领席子}$	弯 ʔuam^{22}

1088 双	双 tiaŋ^{22}
1089 把$_{一把刀}$	把 ɓɛ^{41}
1090 把$_{一把锁}$	把 ɓɛ^{41}
1091 根	条 ɗiau^{21}
1092 支	支 ki^{22}
1093 副	个 kai^{21}
1094 面$_{一面镜子}$	个 kai^{21}
1095 块$_{一块香皂}$	个 kai^{21}
1096 辆$_{一辆车}$	架 kɛ^{13}
1097 座$_{房子}$	座 tse^{31}
1098 座$_{桥}$	条 ɗiau^{21}
1099 条$_{河}$	条 ɗiau^{21}
1100 条$_{路}$	条 ɗiau^{21}
1101 棵$_{一棵树}$	棵 taŋ^{21}
1102 朵	葩 pha^{22}
1103 颗	粒 liep$^{\underline{42}}$
1104 粒	粒 liep$^{\underline{42}}$
1105 顿	顿 ɗui^{13}
1106 剂	剂 tɕi^{453}
1107 股	股 ku^{21}
1108 行	行 ʔo^{22}
1109 块$_{钱}$	个 kai^{21}
1110 毛$_{一毛钱}$	角 kak^{5}
1111 件	件 kin^{31}
1112 点儿	堆囝 ɗum^{21}kia$^{\underline{42}}$

1113 些　　呢 nai^{453}

1114 下打一下　　下 ʔɛ^{31}

1115 会儿坐了一会儿　　无久 bo^{21}ku^{41}

1116 顿打一顿　　阵 tun44

1117 阵　　阵 tum^{22}

1118 趟　　（无）

十四、代副介连词

（一）代词

调查条目	方言词/国际音标
1119 我	我 gua^{41}
1120 你	汝 lu^{41}
1121 您	汝 lu^{41}
1122 他	伊 ʔi^{22}
1123 我们不包括听话人	我们 ʔua^{41}naŋ^{21}
1124 咱们	我们 ʔua^{41}naŋ^{21}
1125 你们	汝们 lu^{41}naŋ^{21}
1126 他们	伊侬 ʔi^{22}naŋ^{21}
1127 大家	大家 ɗua^{22}kɛ^{22}
1128 自己	什己 ta^{31}ki^{41}
1129 别人	别侬 ɓap^{42}naŋ^{21}
1130 我爸	我爸 gua^{41}ba^{453}
1131 你爸	汝爸 lu^{41}ba^{453}
1132 他爸	伊爸 ʔi^{22}ba^{453}
1133 这个	这个 tsɛ^{13}kai^{21}
1134 那个	那个 na^{13}kai^{21}

1135 哪个	□个 $ɗɛ^{13}kai^{21}$
1136 谁	[底侬]底侬合音 $ɗiaŋ^{41}$
1137 这里	这来 $tsɛ^{13}lai^{21}$
1138 那里	那来 $na^{13}lai^{21}$
1139 哪里	□来 $ɗɛ^{13}lai^{21}$
1140 这样	这样 $tsɛ^{13}ʔio^{22}$
1141 那样	那样 $na^{13}ʔio^{22}$
1142 怎样	□样 $ɗɛ^{13}ʔio^{22}$
1143 这么	□作 $ʔo^{41}to^{453}$
1144 怎么	怎么 $tsa^{13}mo^{31}$
1145 什么什么字	□ mi^{453}
1146 什么找什么	□ mi^{453}
1147 为什么	物个物 $mi^{453}kai^{21}mi^{453}$
1148 干什么	作物 $to^{453}mi^{453}$
1149 多少多少人	偌多 $ʔua^{31}toi^{22}$

（二）副词

调查条目	方言词/国际音标
1150 很很热	很 $heŋ^{31}$
1151 非常	非常 $phui^{22}tiaŋ^{21}$
1152 更	那 na^{453}
1153 太	太 hai^{13}
1154 最	最 $tsui^{453}$
1155 都	都 $ɗau^{22}$
1156 一共	一共 $dʑiak^{42}koŋ^{31}$
1157 一起	一起 $dʑiak^{42}hi^{41}$

1158 只	只 na^{22}
1159 刚刚合适	刚 kaŋ44
1160 刚我刚到	刚刚 $kiaŋ^{22}kiaŋ^{22}$
1161 才	只 na^{22}
1162 就	就 $tɕiu^{31}$
1163 经常	经常 $keŋ^{22}tiaŋ^{21}$
1164 又	又 $dʑiu^{31}$
1165 还还没回家	还 $ɦuam^{21}$
1166 再	再 $tsai^{13}$
1167 也	也 $ʔia^{22}$
1168 反正	反正 $pham^{41}tɕia^{13}$
1169 没有	无 bo^{21}
1170 不	无 bo^{21}
1171 别	无用 $bo^{21}zoŋ^{31}$
1172 甭	无用 $bo^{21}zoŋ^{31}$
1173 快	□ $ɓi^{13}$
1174 差点儿	差滴囝 $sa^{22}ɗik^{5}kia^{41}$
1175 宁可	愿 $zuam^{31}$
1176 故意	想干 $ɕiaŋ^{31}kam^{21}$
1177 随便	随便 $sui^{21}ɓin^{31}$
1178 白白跑	去无用 $hu^{13}bo^{21}zoŋ^{31}$
1179 肯定	就地 $tɕiu^{31}ɗi^{31}$
1180 可能	可能 $ho^{41}neŋ^{21}$
1181 一边一边说一边走	一边 $dʑiak^{42}ɓi^{22}$

（三）介词连词

调查条目	方言词/国际音标
1182 和$_{\text{我和他}}$	和 ɦua^{21}/共 kaŋ^{22}
1183 和$_{\text{我和他去}}$	和 ɦua^{21}/共 kaŋ^{22}
1184 对$_{\text{他对我好}}$	对 ɗui^{13}
1185 往	向 dʑio^{13}
1186 向$_{\text{向他借}}$	向 dʑio^{13}
1187 按$_{\text{~他的要求做}}$	按 ʔam^{13}
1188 替	替 hoi^{13}
1189 如果	假□ kɛ^{41}ɕin^{41}
1190 不管$_{\text{~怎么劝都不听}}$	无管 bo^{21}kuam^{41}

参考文献

Hashimoto, Mantaro J. (桥本万太郎):《The Bon-shio(文昌) Dialect of Hainan — A Historical and Comparative Study of Its Phonological Structure, First part: The Initials》,《Linguistics》(德国) 1960年第38期。

贝先明, 石锋:《方言的接触影响在元音格局中的表现——以长沙、萍乡、浏阳方言为例》,《南开语言学刊》2008年第1期。

柴俊星, 孙丹:《海南文昌话语气词的功能表达义》,《海南大学学报(人文社会科学版)》2015年第3期。

陈波:《海南方言研究》, 海口: 海南出版社/南方出版社, 2008年。

陈波:《海南语言的分区》,《海南大学学报(社会科学版)》1986年第2期。

陈波:《谈海南方言"波""刀"声母的性质》,《海南大学学报(社会科学版)》1986年第1期。

李荣, 陈鸿迈:《海口方言词典》, 南京: 江苏教育出版社, 1996年。

陈鸿迈:《海口方言的"坏"》,《语言研究》1992年第1期。

侯精一, 陈鸿迈:《海口话音档》, 上海: 上海教育出版社, 1997年。

陈鸿迈:《海南方言词探源》,《海南大学学报(社会科学版)》1992年第2期。

陈鸿迈:《琼州方言训读字补》,《方言》1993年第1期。

陈江雨:《海南屯昌闽语语音研究》, 硕士学位论文, 海南师范大学，2020年。

寸熙，朱晓农：《回辉话的内爆音：对音法类型学和演化音法学的意义》，《民族语文》2017年第5期。

杜依倩：《海口方言（老派）同音字汇》，《方言》2007年第2期。

杜依倩：《海口方言的文白异读》，《海南大学学报（人文社会科学版）》2007年第1期。

杜依倩：《海口方言训读字再补》，《语文研究》2008年第4期。

杜依倩：《海口方言音系与北京音系的比较》，《海南广播电视大学学报》2006年第4期。

冯成豹：《海南话与普通话常用词比较述略》，《广东民族学院学报（社会科学版）》1990年第1期。

冯成豹：《海南省板桥话的语音特点》，《方言》1989年第1期。

冯成豹：《海南省琼海方言记略》，《广东民族学院学报（社会科学版）》1992年第2期。

冯成豹：《崖州话的语音特点》，《海南大学学报（社会科学版）》1986年第2期。

冯成豹：《综论海南话语音若干特点》，《广东民族学院学报（社会科学版）》1991年第1期。

冯法强，王旭东：《中国语言资源集·海南（汉语方言）》，海口：南方出版社，2023年。

冯法强：《海南闽语声调演变补论》，《海南师范大学学报（社会科学版）》，2023年第4期。

符其武，李如龙：《海南闽语声调的演变》，《中国语文》2004年第4期。

符其武，梁鲜：《海南闽语的“异序词”》，《新东方》2008年第10期。

符其武，梁鲜：《海南闽语的特征词》，《海南大学学报（人文社会科学版）》，2009年第2期。

符其武：《海南闽语语素分析》，《新东方》2010年第3期。

符其武：《琼北闽语词汇研究》，成都：四川大学出版社，2008年。

陵水黎族自治县地方志编纂委员会:《陵水县志》,北京:方志出版社,2007年。

万宁县地方志编纂委员会:《万宁县志》,海口:南海出版公司,1994年。

文昌市地方志编纂委员会:《文昌县志》,北京:方志出版社,2000年。

何大安:《澄迈方言的文白异读》,载于《中央研究院历史语言研究所集刊》,第52本第1分,1981年。

胡方:《论厦门话[-mb - ŋg - nd]声母的声学特性及其他》,《方言》2005年第1期。

黄谷甘,冯成豹:《文昌方言两字组的连读变调》,《海南大学学报(社会科学版)》1993年第1期。

黄谷甘,朱运超:《文昌方言常用虚词的用法》,《海南大学学报(社会科学版)》,1993年第3期。

黄谷甘:《海南省乐东县黄流话音系》,《广东民族学院学报(社会科学版)》,1988年第2期。

黄谷甘:《海南省三亚市汉语方言的分布》,《方言》1991年第4期。

黄谷甘:《论海南话的声母系统》,《广东民族学院学报(社会科学版)》1998年第2期。

梁明江:《海南方言的特点》,《海南大学学报(社会科学版)》1994年第1期。

梁明江:《海南方言说要》,海口:海南出版社,1994年。

梁猷刚:《广东省海南岛汉语方言的分类》,《方言》1984年第4期。

梁猷刚:《海南岛海口方言中的吸气音》,《中国语文》1958年第1期。

梁猷刚:《海南岛琼文话与闽语的关系》,《方言》1984年第4期。

梁猷刚:《海南岛文昌方言音系》,《方言》1986年第2期。

华南师范大学中文系《方音字典》编写组,梁猷刚:《海南音字典(普通话对照)》,广州:广东人民出版社,1988年。

梁猷刚:《琼州方言的训读字(二)》,《方言》1984年第3期。

梁猷刚:《琼州方言的训读字》,《方言》1984年第2期。

林明康:《海南陵水闽方言同音字汇》,《海南开放大学学报》2023年第2期。

林永锐：《〈海南音字典〉增补刍议（上）》，《海南广播电视大学学报》2012年第1期。

林永锐：《〈海南音字典〉增补刍议（下）》，《海南广播电视大学学报》2012年第2期。

陵水黎族自治县方志编撰委员会：《陵水黎族自治县志（2001—2010）》，http://www.hnszw.org.cn/index.php/index/Guazai/info.html?classfly_id=694，2024年1月22日。

刘剑三：《从地名看海南闽语的分布》，《海南师范学院学报（人文社会科学版）》2001年第3期。

刘剑三：《海南地名及其变迁研究》，海口：海南出版社/南方出版社，2008年。

刘剑三：《海南汉语方言姑姨舅类亲属称谓研究》，《海南大学学报（人文社会科学版）》2001年第2期。

刘新中，王茂林：《中古唇音字在海南文昌话中读音的语音学分析》，载于《第八届中国语音学学术会议暨庆贺吴宗济先生百岁华诞语音科学前沿问题国际研讨会论文集》，2008年。

刘新中，詹伯慧：《海南诸语-om -ɔm -op -ɔp的相关分布》，《民族语文》2006年第4期。

刘新中：《广东、海南闽语若干问题的比较研究》，广州：暨南大学出版社，2010年。

刘新中：《海南闽语的语音研究》，北京：中国社会科学出版社，2006年。

刘新中：《海南闽语声调的调值与调类研究》，《海南师范学院学报（社会科学版）》2006年第6期。

刘新中：《海南闽语文昌话的文白异读》，《暨南学报（哲学社会科学版）》2006年第3期。

刘祉成：《文昌方言多模态生理语音数据库的建立和语音特征分析研究》，硕士学位论文，天津大学，2019年。

罗海燕：《海南闽语人称代词研究》，硕士学位论文，华南师范大学，2003年。

罗丽丽：《海南闽语乐东话中的“无”字考察》，硕士学位论文，华中师范大学，2019年。

钱奠香：《海南屯昌闽语语法研究》，昆明：云南大学出版社，2002年。

万宁市地方志编撰委员会：《万宁市志（1991—2010）》，http://www.hnszw.org.cn/index.php/index/Guazai/info.html?classfly_id=705，2024年1月22日。

王彩：《海南西南闽语九所话音系研究》，硕士学位论文，福建师范大学，2009年。

王彩：《琼南闽语的语法特点及其研究状况》，《琼州大学学报》2005年第4期。

王莉宁：《汉语方言声调分化研究》，北京：语文出版社，2016年。

王连清：《海南方言的通用量词“枚”》，载于《汉语方言语法研究的新视角——第五届汉语方言语法国际学术研讨会论文集》，2010年。

魏桂英：《海南方言程度词语初探》，《琼州大学学报》2002年第5期。

魏桂英：《海南方言词语——“硬”和“险”初探》，《琼州大学学报》2001年第2期。

翁培：《海南方志方言词研究》，硕士学位论文，西南交通大学，2022年。

吴惠娟：《海南闽语与普通话常用词汇的异同比较研究》，硕士学位论文，东北师范大学，2011年。

辛世彪：《海口方言入声演变的特点》，《海南师范学院学报（人文社会科学版）》2001年第3期。

辛世彪：《海南闽语比较研究》，北京：商务印书馆，2013年。

辛世彪：《海南闽语精庄章组声母的塞化与底层语言的影响》，《民族语文》2005年第1期。

辛世彪：《海南闽语送气音的消失及其相关问题》，《语言研究》2005年第3期。

辛世彪：《闽方言次浊上声字的演变》，《语文研究》1999年第4期。

徐辉丽：《海南话谚语修辞特点的探析》，《海南开放大学学报》2023年第2期。

燕海雄，江荻：《论东亚语言内爆音的地理分布与族群渊源》，《南开语言学刊》2011年第2期。

杨蔚：《湘西乡话古心生书邪禅母读塞擦音现象探析》，《湖南师范大学社会科学学报》2010年第5期。

杨秀芳：《试论万宁方言的形成》，载于《毛子水先生九五寿庆论文集》，1987年。

余旭文：《基于深度学习的海南方言语音识别》，硕士学位论文，海南大学，2020年。

云惟利：《海南方言》，澳门：东亚大学，1987年。

詹伯慧:《万宁方音·概述》,《武汉大学人文科学学报》1958年第1期。

张惠英:《海南岛及周围语言比较研究》,北京:中国社会科学出版社,2017年。

张惠英:《海南方言的分区(稿)》,《方言》2006年第1期。

张惠英,冯冬梅,吴正伟:《海南澄迈方言研究》,北京:中国社会科学出版社,2023年。

张贤豹(张光宇):《海口方言》,硕士学位论文,台湾大学,1976年。

赵元任:《中国方言当中爆发音的种类》,载于《中央研究院历史语言研究所集刊》第5本第4分,1935年。

中国社会科学院,澳大利亚人文科学院:《中国语言地图集》,香港:朗文出版(远东)有限公司,1987年。

中国社会科学院语言研究所,中国社会科学院民族学与人类学研究所,香港城市大学语言咨讯科学研究中心:《中国语言地图集(第2版)·汉语方言卷》,北京:商务印书馆,2012年。

朱晓农,洪英:《潮州话中来自清爆音的内爆音》,载于《第八届中国语音学学术会议暨庆贺吴宗济先生百岁华诞语音科学前沿问题国际研讨会论文集》,2008年。

朱晓农,关英伟:《桂北全州文桥土话音节的四分发声活动——兼论自发内爆音》,《方言》2010年第4期。

朱晓农:《内爆音》,《方言》2006年第1期。

朱晓农:《内爆音二三事》,《东方语言学》2021年第2期。